O Livro de Referência
Para a Depressão Infantil

O LIVRO DE REFERÊNCIA PARA A DEPRESSÃO INFANTIL

JEFFREY A. MILLER, PH.D.

M.Books do Brasil Editora Ltda.

Rua Jorge Americano, 61 - Alto da Lapa
05083-130 - São Paulo - SP - Telefones: (11) 3645-0409/(11) 3645-0410
Fax: (11) 3832-0335 - e-mail: vendas@mbooks.com.br
www.mbooks.com.br

Dados de Catalogação na Publicação

Jeffrey A. Miller, Ph.D.
O Livro de Referência para a Depressão Infantil
2003 – São Paulo – *M. Books* do Brasil Editora Ltda.
1. Parenting

ISBN: 85-89384-09-8

Do Original: The Childhood Depression Sourcebook

© 2002 by NTC/Contemporary Publishing Group.
© 2003 by M. Books do Brasil Editora Ltda.
Original em inglês publicado por Bowell House, divisão da NTC/Contemporary
Todos os direitos reservados

Editor: Milton Mira de Assumpção Filho

Produção Editorial
Cleusa de Souza Quadros

Copy
Josias Aparecido Andrade

Revisão
Vergínia Helena C. Rodrigues

Tradução
Marcel Murakami Iha

Capa
Flávio Bacco

**Editoração
Crontec**

2003
1ª edição
Proibida a reprodução total ou parcial.
Os infratores serão punidos na forma da lei.
Direitos exclusivos cedidos à
M. Books do Brasil Editora Ltda.

Para meu colega e amigo, Dr. Michael Tansy

Sumário

Prefácio IX

1	Visão Geral Sobre a Depressão Infantil	1
2	Diagnóstico da Depressão	15
3	Teorias Sobre a Depressão	43
4	Problemas Emocionais que Podem Ocorrer com a Depressão	83
5	Tratamento da Depressão	103
6	Administrando Crises	153
7	Trabalhando em Conjunto com a Escola do seu Filho	177
8	Estratégias para os Pais Diminuírem a Depressão	217
Apêndice A	Referências	251
Apêndice B	Siglas Usadas Frequentemente na Educação Especial	255
Bibliografia		259
Índice		261

Prefácio

A depressão é um problema grave entre os jovens. Embora durante anos as crianças com depressão não fossem tratadas, finalmente elas estão sendo identificadas e auxiliadas. Pesquisas atuais sobre este assunto estão trazendo bons resultados com tratamentos farmacológicos e psicológicos para a depressão. É bastante encorajador o fato de que as informações encontradas estão proporcionando respostas reais sobre como prevenir a depressão em crianças. As barreiras à divulgação dessas informações são a falta de conhecimento geral sobre como identificar crianças que estejam deprimidas e o modo como pais, funcionários de escolas e outras pessoas importantes na vida das crianças podem reduzir significativamente seu sofrimento. O propósito deste livro é fornecer informações sobre a depressão de uma maneira relativamente não-técnica, conscientizando as pessoas sobre a depressão infantil.

No primeiro capítulo apresento uma visão geral particular sobre a história da depressão infantil, uma descrição geral dos sintomas e uma teoria organizacional para ser utilizada ao longo do livro. O capítulo 2 apresenta a definição exata da depressão infantil e dos sintomas associados a ela, além de uma descrição detalhada de como psicólogos e psiquiatras diagnosticam a depressão. Espero que isso desmistifique o processo de exame psicológico e encoraje os pais a avaliar seus filhos se houver suspeita de depressão. No capítulo 3 são descritas as diferentes teorias sobre a depressão, com ênfase em sua aplicação na vida real.

O capítulo 4 trata dos diversos problemas emocionais que costumam ocorrer durante a depressão. As consequências dela na vida das crianças que ficam propensas a sofrer de ansiedade, alteração no comportamento, uso de drogas, sendo por isso importante compreender as características desses diferentes problemas. A grande variedade de tratamentos para a depressão é abordada no capítulo 5. Minha intenção nesse capítulo é descrever os tratamentos profissionais mais aceitos e eficazes, sem idealizar terapias populares, mas não-comprovadas.

Os capítulos 6, 7 e 8 tratam daquilo que você, como membro da família ou pessoa importante na vida de uma criança deprimida, pode fazer para ajudá-la. O capítulo 6 explica o que fazer quando uma criança deprimida age de forma exacerbada e às vezes assustadora. O que as escolas podem oferecer a uma criança deprimida e como ter acesso a esses serviços é discutido no capítulo 7. O capítulo 8 fornece informações claras sobre como cuidar de uma criança com depressão e como prevenir a depressão infantil quando possível.

Espero sinceramente que todos obtenhamos uma compreensão melhor sobre a depressão infantil para facilitar a identificação e o tratamento precoce. Devo a Lowell House a oportunidade de ajudar a fazer com que isso seja possível. Também gostaria de agradecer a meus diversos mentores e professores que me ajudaram a compreender melhor a depressão infantil. Finalmente, gostaria de agradecer às diversas crianças e adolescentes com quem trabalhei e que compartilharam suas experiências interiores e me ajudaram a desenvolver uma empatia por seus desafios. Convido os leitores a partilharem comigo suas opiniões a respeito deste livro e da depressão infantil por meio do e-mail millerjeff@duq.edu.

JEFFREY A. MILLER
Duquesne University
Pittsburgh, Pensilvânia

Estou com aquela sensação de que, se estivesse debaixo d'água, dificilmente faria algum esforço para chegar à superfície.

– *John Keats sobre a depressão, maio de 1818.*

Capítulo 1

Visão Geral Sobre a Depressão Infantil

A depressão pode ter um impacto devastador na vida das crianças. Ela afeta o comportamento em casa, na escola, com os amigos e, no caso dos adolescentes, no trabalho. Até recentemente, a depressão infantil não era amplamente aceita como um distúrbio real. Consequentemente, apenas nos últimos vinte anos surgiram as pesquisas científicas necessárias para compreender como as crianças passam pela depressão, por que se deprimem e como ajudá-las. Felizmente, desde o início da era de avaliação crítica da depressão infantil, foram obtidos grandes avanços rumo à compreensão desse distúrbio, de modo que se possa oferecer uma esperança real para crianças com depressão e para suas famílias.

O diagnóstico da depressão pode ser confuso porque há diversos tipos de distúrbio. As duas categorias principais são a unipolar e a bipolar. *Unipolar* significa que a pessoa sente apenas "melancolia" e experiencia os sintomas clássicos de depressão, incluindo uma sensação de inutilidade, falta de apetite, problemas de sono, falta de motivação e pensamentos suicidas. *Bipolar* significa que, além de períodos melancólicos, o indivíduo experiencia episódios maníacos, caracterizados por alto-astral, grande auto-estima, verbosidade e mudança rápida de pensamentos. A *depressão* é um distúrbio cíclico, com períodos de alívio ou bem-estar alternando-se com períodos apenas de depressão ou de depressão e mania. Às vezes há apenas um episódio de depressão, mas na maioria dos casos, particularmente com crianças, ocorre mais de um.

Crianças e adolescentes com depressão sofrem de quatro classes principais de distúrbios: problemas relacionados ao pensamento, emocionais, comportamentais ou processos psicológicos. Os problemas com o pensamento incluem dificuldade de concentração, indecisão, pensamentos mórbidos, sensações de inutilidade e culpa excessiva; os problemas emocionais incluem abatimento, irritabilidade, interesse ou prazer reduzido em suas atividades e uma falta de expressão ou variação emocional; os problemas comportamentais incluem agitação ou letargia. E finalmente, os sintomas psicológicos incluem muito ou pouco sono, falta ou excesso de apetite, fadiga e falta de energia. Essas são as características ou os sintomas que um psicólogo ou psiquiatra identifica para diagnosticar a depressão.

Quando uma determinada criança realmente experiencia ou manifesta a depressão e qual o impacto desta em sua vida pode variar bastante. Além disso, a criança pode não saber que está deprimida. Como está vivenciando o mundo pela primeira vez e tem apenas informações comparativas limitadas, pode pensar que a depressão é absolutamente normal. Isso tem a ver com a natureza egocêntrica dos pensamentos infantis. Por exemplo, se é criada numa cidade, é normal ela pensar que todas as crianças vivem em cidades ou que o mundo inteiro parece uma cidade. Do mesmo modo, crianças com depressão podem acreditar que as demais crianças se sentem deprimidas. Infelizmente, pais com experiência limitada podem cometer o mesmo erro e pensar que os sintomas depressivos que seus filhos demonstram são normais e que todas as crianças passam por isso. Contudo, esse não é o caso.

É importante compreender as diferenças entre as perspectivas do pesquisador, do terapeuta e da criança em relação à depressão para apoiar melhor seu filho ao longo das aflições desse mal comum, que muitas vezes é devastador. Neste capítulo irei apresentar uma visão geral integrada sobre a depressão infantil e desenvolver uma estrutura, a partir da qual você poderá assimilar as informações do restante do livro ou outras que por ventura tenha contato no futuro por meio de outras fontes.

SIM, AS CRIANÇAS FICAM DEPRIMIDAS

Estudos recentes mostram que até 2,5% das crianças e 8,5% dos adolescentes passam por depressão. Considerando essas taxas de prevalência relativamente elevadas, pode-se constatar que até a década de 1970 não se aceitava amplamente a ideia de que as crianças ficassem deprimidas. Em 1970, Warren Weinberg e seus colegas desenvolveram os primeiros critérios para o diagnóstico da depressão, em que as diferenças de desenvolvimento entre crianças e adultos eram consideradas. Pesquisas sobre depressão infantil não eram comuns até o fim da década de 1970, seguindo as especificações aprimoradas de Weinberg sobre o diagnóstico e a difusão de conceitos historicamente equivocados sobre a depressão infantil, como a "depressão encoberta".

O diagnóstico e o tratamento moderno de complicações mentais em adultos começaram no fim do século XIX, com o nascimento da psicologia. Por que se levou tanto tempo para compreender que crianças também podiam sofrer de depressão, o "resfriado comum" das complicações mentais? Em grande parte se deve ao trabalho extremamente influente de Sigmund Freud o fato de, por aproximadamente cinquenta anos, as crianças não serem diagnosticadas com depressão. Em 1917, Freud acreditava que a depressão incluía, entre outras coisas, a "diminuição do sentimento de auto-estima" e "expectativas ilusórias de punição". Ele concluiu que as crianças não tinham capacidade de auto-estima (função do superego) ou a habilidade de vislumbrar suficientemente o futuro para ter sentimentos de desesperança. Desse modo, não podiam ficar deprimidas.

Durante a adolescência, acreditava-se que o jovem tinha o desenvolvimento de personalidade necessário para vivenciar depressões. Apesar disso, antes da década de 1970, os sintomas depressivos em adolescentes eram considerados por alguns estudiosos uma parte normal de seu desenvolvimento. Por exemplo, D.W. Winnicott identificou a fase do "desânimo" em adolescentes como necessária para um desenvolvimento emocional saudável. Sabemos atualmente que a depressão não é uma parte normal do desenvolvimento de adolescentes ou de qualquer outra pessoa.

Finalmente, na década de 1960, pesquisadores começaram a aceitar a existência da depressão em crianças. No entanto, eles se dividiram em dois grupos de teorias divergentes. Um, acreditava que a depressão em crianças era muito parecida com aquela em adultos. Isto é, crianças experienciavam abatimento, uma imagem negativa de si mesmas, autodepreciação, alterações no apetite, no sono e reclusão. O outro, acreditava que as crianças experienciavam a depressão, mas era "encoberta" por sintomas que não seriam vistos normalmente na depressão em adultos. Em crianças pequenas, acreditava-se que a depressão era encoberta por sintomas como mau humor, fobias escolares e rebeldia. E nas mais velhas, era caracterizada por inquietação, tédio, delinquência, agressão e ansiedade. Os estudiosos que defendiam a depressão encoberta pensavam que os sintomas tradicionais do distúrbio não eram observados até o fim da adolescência. Por fim, o grupo da depressão encoberta não convenceu a maioria dos pesquisadores e, desde então, essa noção foi deixada de lado. Embora as crianças com depressão pudessem exibir alguns sintomas descritos historicamente como depressão encoberta, esse diagnóstico genérico não servia para diferenciar a depressão infantil de outras formas de problemas emocionais infantis. Tais termos genéricos não ajudavam a avançar nas pesquisas necessárias para determinar como tratar um distúrbio.

Desde a década de 1970, quando a depressão infantil foi descrita pela primeira vez com critérios e diagnósticos precisos, há um consenso de que as crianças exibem sintomas depressivos semelhantes aos dos adultos, com algumas características identificadas às da depressão encoberta. Especificamente, a irritabilidade pode substituir o abatimento no diagnóstico para crianças. As recentes pesquisas na área do diagnóstico comparativo de depressão entre crianças e adultos foram conduzidas pela Dra. Maria Kovacs, do Western Psychiatric Institute and Clinic, de Pittsburgh. Nesta pesquisa ela descobriu que a apresentação clínica da depressão em crianças é muito semelhante àquela em adultos.

Este relato sobre a história da depressão infantil pode dar a impressão de que ninguém estava preocupado com sintomas depressivos em crianças antes da década de 1960. Entretanto, isso não é verdade, vários profissionais notaram sintomas depressivos em crianças quando trabalhavam em outras áreas, como problemas físicos e vínculo. Esses trabalhos são muito úteis para compreender alguns dos aspectos mais sutis da depressão, discutidos mais tarde neste livro.

No fim da década de 1950, um pediatra, Dr. Leon Cytryn, percebeu que crianças hospitalizadas para cirurgia às vezes demonstravam tristeza e reclusão. Ele conduziu vários estudos e descobriu que cerca de 50% das crianças com problemas médicos crônicos vivenciavam sintomas de depressão, incluindo tristeza, reclusão, desamparo, desesperança e isolamento social. Essas crianças também experienciavam sintomas de ansiedade, incluindo ansiedade da separação, evasão, irritabilidade, distúrbios de sono e fobias. O trabalho precoce do Dr. Cytryn é importante em diversos aspectos. Primeiro, por ter previsto a presença dos mesmos distúrbios depressivos em adultos e crianças. Segundo, por ter observado que crianças experienciavam depressão causada pela sua situação, chamada depressão reativa; isto é, quando as pessoas são expostas a acontecimentos ou condições muito estressantes, elas ficam deprimidas. Finalmente, por ter notado uma relação íntima entre os sintomas da depressão e da ansiedade em crianças. Essa análise final – ansiedade e depressão misturadas – representa uma das áreas mais importantes a serem abordadas por pesquisadores da depressão na década seguinte.

Em 1946, René Spitz descreveu um fenômeno conhecido como "depressão anaclítica". Bebês separados de suas mães entre seis meses e um ano de idade apresentavam uma expressão triste, reclusão, incapacidade de interagir e recusa a comer. John Bowlby também descobriu que crianças entre seis meses e três anos de idade exibiam reclusão, uma expressão triste, murmúrios e uma recusa a comer quando separadas de suas mães. As respostas de bebês e crianças pequenas deprimidas demonstravam que incidentes traumáticos experienciados até mesmo num estágio muito precoce de desenvolvimento cognitivo podem resultar em episódios parecidos com depressão. Pesquisas recentes sobre causas genéticas e ambientais para a depressão sugerem que esses estressores emocionais podem iniciar um ciclo biologicamente predisposto de depressão. Estes trabalhos serão discutidos posteriormente e representam outra área importante de pesquisa sobre a depressão infantil para a próxima década.

Atualmente não se questiona o fato de que as crianças podem ficar deprimidas e realmente ficam. Agora que sabemos que a depressão infantil existe, é preciso saber quão comum ela é. Entre as crianças com sete e doze anos encaminhadas para serviços de cuidado mental, aproximadamente 10% a 20% sofriam de depressão. Em grupos aleatórios de crianças que não foram encaminhadas para cuidado mental, a depressão foi encontrada em até 2,5% das crianças e em 8,5% dos adolescentes. Isso mostra que a prevalência de depressão varia conforme a idade e implica a existência de algumas correlações de desenvolvimento com a depressão, como a puberdade e o desenvolvimento cognitivo.

A prevalência da depressão também varia com o sexo. Sintomas depressivos são duas vezes mais comuns em garotos, entre crianças na pré-puberdade de sete e doze anos. Entretanto, sintomas depressivos eram duas vezes mais comuns em garotas, entre crianças na pós-puberdade com mais de doze anos. Essa descoberta consistente na pesquisa sobre a depressão e sugere que fatores genéticos, biológicos, sociais e culturais estão relacionados com o distúrbio.

No fim da adolescência, os jovens ficam deprimidos com padrões de frequência e sexo semelhantes ao dos adultos. O fato de que os sintomas da depressão sejam semelhantes em crianças e adultos e sua prevalência seja semelhante entre adolescentes e adultos não significa que a manifestação da depressão seja a mesma para crianças e adultos. A grande diversidade de sintomas depressivos, distúrbios associados ou comórbidos, taxas de recuperação e padrões de recaída na verdade são diferentes para crianças e adultos.

Diferenças da Depressão Adulta e Infantil

Apesar das semelhanças diagnósticas, há muitas diferenças importantes entre a depressão adulta e a infantil. A maioria delas foi descoberta pela Dra. Kovacs. Uma diferença bastante clara é a de que, quando diagnosticado em crianças, o episódio depressivo normalmente é o primeiro, enquanto em adultos frequentemente já ocorreram vários episódios depressivos. Isso traz duas implicações. A primeira é boa para crianças; isto é, a identificação e o tratamento precoce da depressão são associados a uma adaptação melhor mais tarde. A segunda não é tão boa. Episódios múltiplos de depressão, especialmente se não forem tratados, são associados a resultados ruins. Como crianças experienciam seus primeiros episódios depressivos muito cedo, a probabilidade de que sofrerão outros episódios é alta. Está surgindo uma pesquisa de desenvolvimento que indica a existência de um efeito cumulativo de episódios depressivos repetidos. Isso leva um indivíduo a ficar deprimido mais facilmente e com maior gravidade no futuro. Desse modo, há uma grande vantagem em detectar logo os sintomas da depressão e fornecer um tratamento imediato.

Infelizmente, a depressão infantil não costuma ser identificada e muitas crianças não são tratadas. Vários distúrbios emocionais e comportamentais em crianças não são percebidos até que elas comecem a educação formal. Contudo, crianças com depressão costumam ser calmas e obedientes e não causam confusões. Embora suas notas não sejam boas, raramente são encaminhadas para auxílio porque não atrapalham o ambiente de aula. Normalmente elas só recebem tratamento quando agem de maneira drástica ao faltar às aulas com frequência, irritar-se, frustrar-se nas aulas ou tentar o suicídio. Além disso, com a depressão, a ocorrência de um episódio depressivo pode não acontecer até que a criança se torne um adolescente. Infelizmente, como vimos com os primeiros estudiosos, o surgimento dos sintomas depressivos muitas vezes é considerado uma parte normal ou pelo menos esperada do desenvolvimento do adolescente. Como resultado, esse adolescente não recebe a ajuda necessária.

Embora pareça contraditório, as crianças que já sofreram um episódio depressivo têm uma probabilidade menor que os adultos de sofrer outro episódio. Esse é apenas um exemplo das diferenças nos estágios de desenvolvimento da depressão em grupos de crianças e adultos. As pesquisas demonstraram que aproximadamente 70% das crianças em que se identificou um episódio depressivo sofrerão de depressão recorrente. Todavia, os adultos terão episódios recorrentes de depressão em até 90% dos casos. Essa diferença é explicada pelo fato de que a maioria dos adultos já sofreu episódios múltiplos de depressão (o principal predisponente de episódios futuros). No entanto, em grupos pesquisados, uma recorrência de depressão foi observada 100% das vezes quando alguém com depressão infantil teve pelo menos um novo episódio após os dezessete anos. Dessa forma, se o primeiro episódio depressivo ocorre na infância, ele deve ser considerado grave em termos de chance de recorrência.

Como já disse, a recorrência está relacionada com resultados ruins de tratamento. Há uma característica bastante conhecida relacionada à recorrência de depressão, observada em adultos por Emil Kraeplin no fim do século XIX. Ele viu que o período de normalidade entre episódios depressivos se tornava menor a cada episódio sucessivo. Isto é, cada novo episódio depressivo ocorria mais rapidamente do que o anterior. Kraeplin também notou que o primeiro episódio de depressão era causado por um estressor razoavelmente grave, mas os episódios subsequentes não exigiam tanto estresse para induzir a um episódio depressivo.

Quando pessoas deprimidas experienciam seu primeiro episódio depressivo durante a infância, elas têm um risco maior de sofrer depressão unipolar do que bipolar. Em adultos, aproximadamente 10% dos indivíduos com depressão grave desenvolvem depressão bipolar. Em crianças, a conversão da depressão unipolar para bipolar ocorre em 20% a 30% dos casos. Em alguns aspectos, isso representa uma perturbação emocional grave e difícil de ser tratada. Essa mudança costuma acontecer durante um episódio depressivo ativo, mas normalmente não ocorre até que a criança tenha sofrido vários episódios anteriores de depressão. Se a mudança ocorre durante um episódio depressivo, ela normalmente se dá no começo dessa fase depressiva. O intervalo típico é de quatro meses desde o início do episódio depressivo. Essa mudança de unipolar para bipolar acontece aproximadamente no quarto mês do episódio depressivo tanto para adultos como para crianças.

As crianças costumam se recuperar de seus episódios depressivos mais rapidamente que os adultos. O tempo médio de recuperação desde o início do episódio depressivo é de sete a nove meses para as crianças e mais ou menos doze meses para os adultos. Essa característica, aparentemente positiva para a depressão infantil, é contrabalançada pelo fato de que inícios precoces são um indicativo de um quadro clínico pior em termos de recorrência e mudança para distúrbio bipolar.

ESTRESSE E DEPRESSÃO

Quando algo estressante ocorre na vida de uma criança, ela pode sofrer uma alteração em suas atividades cotidianas. Incidentes como divórcio dos pais, doenças na família, mudança, nascimento de um irmão ou a morte de um parente podem levar a sintomas semelhantes à depressão. No entanto, se o estressor for removido ou estabilizar-se e os sintomas depressivos desaparecerem após seis meses, o termo *distúrbios de ajuste* é usado em vez de *depressão*. Você pode encontrar orientadores ou médicos que diagnosticam crianças com distúrbios de ajuste após um acontecimento estressante, mas, se os sintomas persistirem por mais de seis meses, o diagnóstico é alterado para depressão. Isso é normal e adequado para o diagnóstico, mas, não traz impactos significativos para o regime de terapia. Há uma linha tênue entre o ajuste a estressores e a depressão. Quando os sintomas duram mais que seis meses e a depressão é diagnosticada, esta é considerada uma depressão reativa (depressão associada a algo externo à pessoa, como um acontecimento ou experiência estressante). De fato, uma pessoa poderia argumentar que em casos em que há uma resposta parecida com depressão a um estressor, a única diferença entre um distúrbio de ajuste e a depressão é a duração dos sintomas.

Essa é uma questão importante a ser lembrada quando começarmos a compreender melhor as causas da depressão discutidas no capítulo 3. O termo *depressão reativa* normalmente não é mais usado, pois se descobriu que a maioria dos ciclos depressivos duradouros começou com um acontecimento estressante, como observara Kraeplin. A combinação de predisposição biológica (denominada *diátese*) e ocorrência de estressores, incluindo uma criação inadequada por parte dos pais ou acontecimentos estressantes graves, causa a depressão. Dessa forma, não é útil usar o termo *depressão reativa* – a maioria das depressões começa como uma reação a um estressor por parte de uma pessoa predisposta a experienciar um padrão depressivo de resposta ao estresse.

Diátese-estresse: Uma Base para a Depressão e seu Tratamento

No modelo de diátese-estresse, os problemas emocionais surgem devido à vulnerabilidade fisiológica e biológica de uma pessoa, acompanhada pela introdução de estressores ambientais que afetam esta vulnerabilidade. É algo como fazer um pequeno corte num pedaço de madeira e dobrá-lo até que ele se quebre. Ele quebrará no ponto em que foi enfraquecido pelo corte. Em termos psicológicos, um indivíduo tem uma propensão genética e biológica para ficar deprimido, exibindo os sintomas da depressão ante a acontecimentos estressantes.

Peter Whybrow conduziu algumas das primeiras pesquisas sobre o modelo de diátese-estresse de depressão. Sua teoria de diátese-estresse de depressão era um modelo biocomportamental, que inclua vulnerabilidade genética, temperamento, idade, sexo, falta de desenvolvimento de um vínculo adequado na infância e estilos diferentes de personalidade como fatores predisponentes para a depressão. Ele concluiu que há diversos elementos que precipitam ou provocam a resposta depressiva em indivíduos vulneráveis. Os precipitantes incluem perda de um vínculo, perda de apoio social, perda de controle e múltiplos acontecimentos estressantes ao longo da vida. Considerava-se que alguma combinação desses estressores e a predisposição do indivíduo alteravam o sistema nervoso central e afetavam os sistemas neurológicos associados ao estímulo, ao temperamento, à motivação e às funções psicomotoras. O modelo de diátese-estresse de depressão foi apurado posteriormente e é descrito no capítulo 3, sob o título Modelos de Depressão Ligados ao Desenvolvimento.

À medida que você começa a digerir as informações sobre a depressão, é útil pensar sobre o modelo de diátese-estresse. As causas e os tratamentos para a depressão estão associados a esses dois aspectos do funcionamento humano.

Diátese

A diátese é a predisposição biológica, neurológica e genética para a depressão. Para prevenir ou tratar a depressão, devemos ser capazes de intervir na diátese na tentativa de reduzir sua influência sobre a resposta ao estresse. Nos capítulos a seguir você vai descobrir que, para prevenir a depressão em termos de diátese, uma criança deve dominar adequadamente as primeiras tarefas de desenvolvimento para reduzir a influência biológica da depressão ao longo da vida. O tratamento com medicação pode corrigir o colapso biológico, que ocorre uma vez que a criança se deprima.

Estressores

Estressores são acontecimentos ambientais que ativam o distúrbio depressivo. Para prevenir ou tratar a depressão, devemos controlar os estressores que causam o episódio depressivo inicial e propiciar aos indivíduos as habilidades necessárias para lidar com o estresse. Especificamente, para prevenir a depressão devemos corrigir problemas que ocorreram durante os dois primeiros anos de vida, permitindo que a criança se sinta segura quanto a si mesma, regular suas reações emocionais ao estresse, ser compreensiva para com os outros e experienciar todo tipo de emoção de um modo socialmente apropriado. Para tratar a depressão, devemos apurar mecanismos comportamentais e cognitivos para lidar com diferentes situações e ensinar os filhos como e quando usá-los para combater a influência do estresse. Em casos graves, também devemos ensinar a pessoa a conviver com a depressão.

Capítulo 2

Diagnóstico da Depressão

Há diversos tipos de depressão. Alguns são definidos pelo *Diagnostic and Statistical Manual of Mental Disorders, Fourth Edition*[1] (*DSM-IV*) Manual de Diagnóstico e Estatística dos Distúrbios Mentais (ele descreve os sintomas de vários problemas mentais). Os tipos de depressão descritos no *DSM-IV* são a depressão grave, a distimia, a ciclotimia e o distúrbio bipolar. Esses distúrbios são listados como distúrbios de Temperamento. Outros tipos de depressão são relatados por psicólogos e psiquiatras que pesquisam a depressão, mas não são relacionados no *DSM-IV*. Esses tipos de depressão incluem a depressão exógena, a depressão psicótica, a depressão agitada, a depressão dupla e a afetividade negativa (estes serão discutidos posteriormente).

Diagnósticos de Depressão do Dsm-IV

Há basicamente dois tipos de episódios ou fases pelos quais pode passar uma criança ou um adolescente com um distúrbio de temperamento. Um deles é chamado de episódio depressivo. Ele está presente nos quatro tipos de depressão listados no *DSM--IV*, ou seja, para ser diagnosticada com um distúrbio de temperamento, uma pessoa deve experienciar algum episódio de tempe-

---

1. Manual de Diagnóstico e Estatística dos Distúrbios Mentais, Quarta Edição.

ramento deprimido ou perda de interesse no prazer durante algum período de tempo. O outro tipo de fase é chamado de episódio maníaco e só é experienciado por pessoas diagnosticadas com os seguintes distúrbios de temperamento: ciclotimia e distúrbio bipolar. Nestes distúrbios, uma pessoa vivencia episódios de temperamento deprimido em alguns momentos e episódios de temperamento anormalmente animado em outros.

Um conjunto de sintomas normalmente é observado em pessoas que experienciam um episódio depressivo, enquanto outro conjunto de sintomas é visto em pessoas que passam por um episódio maníaco. Um sintoma indica a presença de um distúrbio. Para essas duas manifestações, os sintomas podem ser categorizados como problemas de pensamento, problemas sentimentais, problemas comportamentais e problemas fisiológicos (às vezes chamados de sintomas vegetativos ou somáticos). Cada um dos sintomas específicos de um episódio depressivo ou maníaco será descrito para cada categoria. É útil pensar nos sintomas da depressão em termos de categorias, pois os diferentes tratamentos para a depressão costumam ter como alvo um determinado conjunto de sintomas e suas causas.

Para que os sintomas tenham uma relevância clínica, deve haver uma mudança nos pensamentos, sentimentos, comportamento ou fisiologia, devendo essa mudança ser experienciada por um período significativo de tempo, como por exemplo duas semanas. Além disso, um sintoma isolado não representa um diagnóstico, assim como uma pessoa não necessita apresentar todos os sintomas para estar deprimida. De fato, há regras específicas no *DSM-IV* que indicam quantos sintomas de cada categoria devem estar presentes para se fazer o diagnóstico. Por outro lado, um sintoma isolado pode ser um sinal de um problema grave e não deve ser ignorado categoricamente. Se uma criança demonstra uma alteração significativa em uma ou mais áreas, resultando em algum prejuízo em suas atividades, é uma boa oportunidade levá-la para uma avaliação. Essa complexidade é apenas uma das razões pelas quais um profissional deve ser consultado para diagnosticar a depressão.

Sintomas do Episódio Depressivo

Problemas de Pensamento

Crianças com depressão muitas vezes experienciam problemas com seus pensamentos. Esse é um aspecto importante da depressão. Algumas das teorias mais influentes sobre a depressão, como a teoria cognitiva da depressão de Aaron Beck, a teoria do desamparo aprendido de Martin Seligman e a teoria racional-emotiva da depressão de Albert Ellis estão relacionadas aos problemas com os pensamentos de um indivíduo. Essas teorias são descritas nos capítulos que tratam das causas e dos tratamentos da depressão.

É importante apontar que aquilo que uma pessoa deprimida pensa está ligado a seu ponto de vista e pode não ter fundamentos na realidade. Isso é conhecido como a natureza subjetiva ou fenomenológica dos pensamentos. Por exemplo, uma criança pode considerar-se um fracasso acadêmico simplesmente por errar um problema numa prova de matemática, mesmo que obtenha um A nessa matéria. Nesse tipo de caso, muitas vezes é difícil fazer com que a criança se concentre no aspecto positivo, e não negativo, de seu desempenho na matemática. Desse modo, embora não seja verdade que a criança seja incompetente em matemática, ela acredita subjetivamente que é de fato um fracasso.

Um problema com pensamento está relacionado com sentimentos de inutilidade. Nesse caso, uma criança pode dizer que não merece ter amigos ou ser feliz. Uma criança pode pensar que não é digna de vencer, aceitar recompensas ou passar de ano. Uma criança numa fase deprimida experiencia culpa excessiva. Ela aceita inapropriadamente a responsabilidade pelos problemas dos outros. Em casos graves, ela pode expressar abertamente sua culpa sobre coisas sem nenhuma relação com ela. Por exemplo, a mãe de uma criança pode derrubar algo e a criança vai se desculpar, mostrando que isso foi culpa dela. Além da culpa, essas crianças sentem vergonha de si mesmas. Elas podem ter vergonha de como aparentam ser, como andam, como falam ou como sorriem. São extremamente autocríticas e procuram todas as oportunidades para mencionar quão ruim elas são. Muitas vezes os sentimentos de inutilidade resultam numa ênfase excessiva em determinada característica física. Espinhas parecem piores do que realmente são ou um nariz pode se tornar parecido com o de Cyrano de Bergerac.

Outro problema com pensamentos que é visto durante episódios depressivos é uma capacidade menor de pensar ou de se concentrar. Uma criança com esse problema pode não ser capaz de fazer tanta lição de casa quanto costumava fazer ou ter menos competência ou interesse em tomar decisões por si só. Às vezes as crianças têm dificuldades em concentrar-se ou entender o que está sendo ensinado na escola. Outros problemas são pensamentos relacionados à morte e ao suicídio. Este último é chamado de *ideação suicida* e não precisa necessariamente incluir um plano de suicídio. Algumas crianças pensam que querem morrer, enquanto outras pensam especificamente em como iriam se matar. Esses sintomas são abordados em maiores detalhes no capítulo 6.

Problemas Sentimentais

O sintoma característico de um episódio depressivo é um sentimento de abatimento quase diário, isto é, indivíduos podem dizer que se sentem cabisbaixos, tristes ou chateados ou podem parecer tristes, magoados ou cabisbaixos a maior parte do tempo. Isso inclui uma expressão facial triste ou pouca mudança em relação às suas emoções. Estas podem resistir à mudança mesmo quando ocorrem momentos de alegria ou êxito. De acordo com os critérios de diagnósticos do *DSM-IV*, a irritabilidade pode substituir o abatimento na obtenção do diagnóstico.

O sintoma seguinte é o interesse menor em atividades prazerosas. Uma criança dirá que não sente vontade de fazer coisas que normalmente gostava muito. Além disso, a criança pode achar que não merece ter prazer ou aparentemente não vai buscar o prazer em diversas situações.

Problemas Comportamentais

Durante uma fase deprimida, o indivíduo pode apresentar agitação ou retardo psicomotor. A agitação psicomotora é quando a pessoa fica inquieta, sempre ativa e/ou agitada. O retardo psicomotor é a forma clássica de agir letárgica, desmotivada e passivamente associada à depressão. Esse é um daqueles sintomas que cobrem os dois extremos do espectro. Indivíduos deprimidos não têm todos o mesmo conjunto de sintomas, sendo este um exemplo perfeito. Uma pessoa deprimida pode ficar agitada ou letárgica durante uma fase deprimida. Os dois casos afetam negativamente o funcionamento adaptativo do indivíduo.

Problemas Fisiológicos

Há diversos processos fisiológicos básicos que podem causar perturbações numa pessoa com depressão. Muitas vezes esses sintomas são tidos como vegetativos porque eles estão relacionados às funções corporais básicas. Sintomas vegetativos normalmente surgem num dos extremos. O distúrbio dos processos fisiológicos básicos sustenta a ideia de que a depressão é em parte biológica e não simplesmente induzida pelo ambiente.

Na fase deprimida, uma criança pode sofrer uma perda considerável de peso sem fazer dieta ou ganhar peso significativamente. Isso se manifesta num apetite continuamente maior ou menor. Em crianças pequenas, não conseguir obter o ganho de peso esperado como parte do desenvolvimento também é considerado um sintoma. Os sintomas fisiológicos seguintes são a insônia ou hipersônia quase todo dia. Crianças com insônia reclamam que não conseguem adormecer, que andam frequentemente durante o sono ou acordam muito cedo e não são capazes de voltar a dormir. A hipersônia é o sono excessivo durante a noite ou dormir demais de dia após uma noite normal de sono. Outro sintoma fisiológico de um episódio depressivo é a fadiga ou falta de energia. A fadiga crônica pode se apresentar como reclamações de cansaço, não se sentir motivado ou ter várias dores e desconfortos difusos.

Sintomas do Episódio Maníaco
Problemas de Pensamento
As crianças podem experienciar dois problemas de pensamento durante um episódio maníaco: pensamentos rápidos ou revoada de ideias. Pensamentos rápidos se manifestam por meio de uma mudança rápida de assuntos numa discussão ou pela incapacidade de terminar um raciocínio completo. Um caso mais grave de pensamentos rápidos é chamado de revoada de ideias. Nele as crianças apresentam um fluxo praticamente ininterrupto de conversação que muda de um assunto para outro. As associa-

Diagnóstico da Depressão

ções costumam ser compreensíveis ou baseadas em rimas, mas obviamente não são normais. Uma revoada de ideias deve ser considerada um sintoma extremamente grave, exigindo cuidados imediatos. Outro sintoma de pensamento observado durante um episódio maníaco é a distração. Uma criança terá muita dificuldade em concentrar-se em algo, desviando sua atenção rápida e frequentemente. Esse sintoma é confundido facilmente com a distração vista no distúrbio de déficit de atenção/hiperatividade (DDAH). A diferença é que, na depressão, a distração ocorre apenas durante o episódio maníaco, enquanto no DDAH ela parece ser relativamente consistente desde o começo do desenvolvimento da criança.

Problemas Sentimentais

Problemas sentimentais durante um episódio maníaco incluem auto-estima ou grandiosidade exacerbadas. Durante esses episódios uma criança pode sentir-se particularmente invencível ou tende a exagerar suas capacidades. Isso não é simplesmente a volta à auto-estima normal após o abrandamento de uma fase depressiva; na verdade, a criança pode fazer afirmações absurdas sobre sua popularidade ou capacidades físicas em face de evidências contraditórias. Embora às vezes seja difícil identificar esse sintoma, um bom médico pode perceber prontamente quando uma criança está experienciando esse nível de grandiosidade.

Problemas Comportamentais

Em episódios maníacos, há diversos problemas comportamentais. Uma criança pode tornar-se extremamente falante e ter dificuldades para ficar quieta. Ela age como se houvesse pressão para continuar falando, quase como se algo ruim acontecesse se ela parasse. Outro sintoma é uma atividade maior visando a um objetivo específico. A criança não consegue parar de realizar uma dada tarefa ou parece obcecada com algum aspecto de uma atividade. Esse sintoma também pode se manifestar como uma agitação psicomotora. O terceiro sintoma comportamental é um envolvimento excessivo em atividades prazerosas que pode ser prejudicial. Para as crianças, isso inclui o gasto irresponsável de todo seu dinheiro, tentativa de manter uma relação com colegas que rejeitam sua amizade ou outros atos impulsivos.

Problemas Fisiológicos

O sintoma fisiológico experienciado durante um episódio maníaco é uma necessidade menor de dormir. Esse sintoma é apenas um extremo, mas está relacionado ao quadro de sintomas de um episódio maníaco, em que o indivíduo tem muita energia e permanece bastante ativo. Apesar de falantes e superativas, essas crianças afirmam sentir-se descansadas após muito pouco tempo de sono durante a noite.

Depressão Grave

Para o diagnóstico de depressão, uma criança deve experienciar cinco dos sintomas de um episódio depressivo durante duas semanas ou mais. Além disso, ela deve apresentar um temperamento deprimido ou uma perda de interesse no prazer. No caso de uma criança, o temperamento deprimido pode ser substituído pela irritabilidade que é usada no diagnóstico de crianças porque elas passam por mais complicações físicas, problemas temperamentais e reclusão social do que os adultos. Veja o relato a seguir:

> Melanie é uma estudante do ensino médio e tem dezesseis anos. Ela mora com seus pais e seu irmão mais velho. Fala regularmente com a orientadora de sua escola, com quem tem uma relação de confiança.

Um dia ela chega à sala da orientadora dizendo que havia tentado cortar seus pulsos com uma faca na noite anterior. Disse que queria morrer, mas que cortar-se doeria muito, e ela tinha medo da dor. Melanie apresentava cortes superficiais em um pulso, mas dizia que ainda pensava no suicídio e estava planejando uma overdose com as pílulas de um amigo. A orientadora considerou isso inesperado e chamou o psicólogo da escola para ajudar na situação. Melanie apresentava alguns sinais sutis de depressão antes do incidente. Ela se mostrava mais abatida do que o normal, mas atribuía isso ao estresse com os trabalhos escolares. Ela não queria revelar seus sentimentos verdadeiros porque sentia vergonha e não sabia exatamente o que fazer. Ela se sentia confusa em relação às suas amizades, dormindo mais do que o normal, deixando de comer e não conseguindo concentrar-se nas aulas. Melanie reclamava, dizendo-se desanimada e cansada durante o dia, afirmando que não poderia aguentar outro dia com os problemas que estava tendo com seus amigos, mas que queria que tudo isso acabasse.

O psicólogo e a orientadora enfrentaram seu maior desafio – dizer a Melanie que eles teriam de ligar para sua mãe. Melanie ficou chateada com isso e implorou para que eles não ligassem para seus pais. Ela disse que sua mãe não iria se preocupar, pois estava ocupada com seu trabalho. Melanie prometeu que não iria mais se machucar se eles não ligassem para sua mãe. Essa era uma decisão difícil para os profissionais porque notificar os pais de algo baseado em confidências poderia comprometer a confiança estabelecida com a estudante. Por outro lado, era seu dever garantir a segurança da criança e, consequentemente, avisar os pais.

Para a surpresa de Melanie, sua mãe deixou tudo de lado e veio direto para a escola. Quando ela chegou, abraçou a filha e perguntou o que havia de errado. Sua mãe percebera a mudança em Melanie, mas não sabia o que significava. Ela ficou chocada ao saber do modo drástico como sua filha estava agindo. Embora a princípio estivesse ressentida, Melanie ouviu sua mãe e concordou em submeter-se a um tratamento. A família tinha a sorte de ter um bom plano de saúde: Melanie permaneceu hospitalizada por três dias e começou a tomar remédios antidepressivos. Ela foi tratada com um plano extenso de acompanhamento, que incluía orientação individual e familiar, monitoramento da medicação e instruções sobre o que fazer caso pensasse outra vez no suicídio. Ao retornar à escola, Melanie retomou seu contato com a orientadora e estava grata por ela ter notificado sua mãe.

Distúrbio Distímico

O distúrbio distímico é uma forma diferente de depressão, mas não é necessariamente menos devastadora. Para ser diagnosticada com distimia, uma criança deve experienciar um sentimento deprimido ou uma irritabilidade por um ano. Esse critério é diferente daquele aplicado aos adultos, que exige um sentimento deprimido por dois anos. Além da irritabilidade e do sentimento deprimido, a criança deve experienciar dois ou mais dos seguintes sintomas: pouco apetite ou excesso de apetite, insônia ou hipersônia, fadiga ou pouca energia, baixa auto-estima, problemas de concentração ou dificuldade para tomar decisões ou sentimento de desamparo. O distúrbio distímico é mais crônico do que a depressão grave, mas o indivíduo tende a demonstrar menos sintomas.

Joe é um garoto de dez anos que foi encaminhado à orientação devido a seu comportamento alterado na escola. Sua mãe é viciada em drogas e seu pai um trabalhador sazonal numa comunidade rural. Os pais de Joe nunca se casaram. Até os três anos, Joe vivia com sua mãe. Atualmente vive com seus avós paternos, que o criaram desde então. Ele já passou várias vezes por terapias nos últimos três anos. É descrito como irritável, destemperado e hipersensível a críticas. Seus professores têm dificuldade em fazê-lo prestar atenção em qualquer tarefa que ele acredita não ser capaz de realizar, ele foi reprovado em todas as matérias. Ele adora ler, mas os professores reclamam que, após começar a ler, ele se recusa a realizar outras tarefas acadêmicas. Foi expulso da classe várias vezes por desobediência.

Joe não acreditava ter qualquer tipo de problema, mas admitia sentir-se triste. Quando questionado sobre esses sentimentos, ele não sabia dizer por que estava triste. Quando se perguntava sobre seus pais, ele tendia a idealizá-los bastante e negar que seu relacionamento com eles era diferente do que aquele de outras crianças. Ele observa frequentemente que voltará a viver com sua mãe quando ela conseguir algum dinheiro. Seus avós dizem que a mãe dele não tem intenção de voltar a cuidar dele, sendo esta uma fantasia criada por ele. Está tomando o antidepressivo Paxil, prescrito pelo médico de sua família, tendo começado oito meses antes de ser encaminhado para orientação. Joe afirmou que a coisa mais importante em sua vida era o cachorro de seu pai, que vivia com ele. Um ano antes do tratamento, seus sintomas foram exacerbados com a morte de seu tio paterno. Seu tio era particularmente carinhoso com ele e permaneceu muito próximo deste até sua morte. Recentemente, quando seu cachorro ficou doente, Joe começou a falar sobre seu tio na terapia.

Como Joe experienciou diversas perdas durante sua curta vida, incluindo a morte de seu tio e a perda com a separação de seus pais, seu tratamento se concentrou em corrigir problemas relacionados a vínculos. Ele gostava de jogar, sendo isso utilizado para fazer com que participasse e ajudasse a criar um relacionamento com o terapeuta. Uma questão que o terapeuta considerou foi o fato de que o comportamento opositor de Joe poderia ser uma forma de testar seus avós para ver se estes iriam abandoná-lo. Como Joe estava disposto a falar sobre seu cão, isso serviu como metáfora e ponto de apoio para falar sobre a questão de vínculos e perdas. O tratamento também se concentrou em fazê-lo se abrir, particularmente em relação ao abandono por parte de seus pais.

Distúrbio Bipolar

Há duas variedades de distúrbio bipolar, chamadas de *bipolar I* e *bipolar II*. O distúrbio bipolar costumava ser chamado de distúrbio *maníaco-depressivo* devido à alternância que ocorre entre episódio de depressão e mania. Essas alternâncias foram classificadas em subcategorias (estas estão além do escopo deste livro). Para que o bipolar I seja diagnosticado, três sintomas de um episódio maníaco, descritos anteriormente, devem estar presentes por um período de pelo menos uma semana. O temperamento da criança deve ser anormal ou persistentemente animado, expansivo ou irritável pelo mesmo período de tempo. Tecnicamente falando, uma pessoa nunca precisaria ter ficado deprimida para preencher os critérios do bipolar I, no entanto, esse é um caso extremamente raro em crianças. Normalmente elas experienciaram diversos episódios depressivos graves antes de sofrer seu primeiro episódio maníaco.

Para o diagnóstico do bipolar II, uma pessoa não tem um episódio maníaco "completo"; em vez disso, ela sofre um episódio hipomaníaco. Este é caracterizado por um temperamento animado, expansivo ou irritável que dura quatro dias, mas os sintomas não são tão extremos quanto num episódio maníaco. Além dos distúrbios comportamentais, a criança também experiencia três ou mais sintomas de um episódio maníaco, descrito anteriormente. Ao contrário do bipolar I, deve haver um histórico ou presença de um episódio depressivo grave. Como discutimos anteriormente, esse requisito não costuma ser relevante, pois as crianças normalmente experienciam primeiro os episódios depressivos.

Jim foi encaminhado à orientação por seu psiquiatra. Foi à consulta uma semana após a alta do hospital. Ele tem quinze anos e quase dois metros de altura. Seus pais são divorciados e atualmente ele vive com sua mãe. Ela tem um histórico de distúrbio bipolar e está tomando o medicamento carbonato de lítio como parte do tratamento. Seu pai, que não vive na mesma cidade, visita Jim periodicamente e não tem um histórico de problemas mentais. Jim tem um antecedente de lutas com seu irmão mais novo porque Jim é muito protetor em relação à sua mãe.

Estas lutas foram o acontecimento que o levou à hospitalização: Uma manhã ele não se despediu de sua mãe quando foi à escola (incomum para ele). A família o encontrou no jardim, dentro da piscina, apenas com a cabeça fora d'água e completamente vestido, com a roupa de sua mãe sobre ele. Jim esteve na água por pelo menos trinta minutos, aparentemente num estado psicótico. Antes disso, ele apresentara pensamentos de grandiosidade, afirmando ser um artista fabuloso e que estava trabalhando para o governo na criação de uma nova geração de dinheiro colorido. Ele exibia níveis excessivos de energia; ficava noites em claro trabalhando em projetos. Quando Jim foi hospitalizado, a princípio lhe prescreveram o medicamento antipsicótico Risperdal e carbonato de lítio. Diminuiu-se a dose de Risperdal durante a hospitalização, até que sua utilização fosse descontinuada.

Antes de ser hospitalizado, ele foi reprovado em todas as matérias na escola. Não tinha amigos e sempre teve dificuldades para estabelecer e manter relações. Jim afirma que deseja ter amigos, mas tende a se isolar. Ele diz que costumava convidar amigos, mas eles o visitavam apenas de vez em quando. Em seu retrospecto, Jim indicava que provavelmente passou por muitos episódios depressivos. Por exemplo, uma garota que ele queria namorar começou a namorar outro garoto. Isso foi arrasador: ele se lembrava de que se sentiu "morto" por várias semanas.

Jim gostava de desenhar, algo em que ele não era muito bom, e de jogar videogame. O primeiro objetivo do terapeuta foi fazê-lo aceitar o tratamento com remédios; ele finalmente concordou a contragosto em tomar voluntariamente sua medicação por via oral para evitar injeções. Jim compareceu a sessões semanais de orientação por cinco meses. Algumas sessões eram individualmente com Jim e outras incluíam sua mãe e seu irmão. Jim começou a expor seus sentimentos na terapia e disse que ficava muito irritado quando sua mãe saía para encontros. Um homem que sua mãe namorou abusava emocionalmente tanto de Jim como dela. Certa vez, esse homem agrediu Jim fisicamente. Ao refletir sobre isso, Jim percebeu que optou por ser agredido para proteger seu irmão mais novo e sua mãe. Ele acredita que se fosse espancado, esse homem não bateria nos outros membros de sua família. Jim ficou tremendamente bravo e traumatizado por isso e não mencionava o nome desse homem. Num dado momento da terapia, ele expressou sua raiva e tristeza, chorando durante várias sessões. Ele descreveu o incidente da piscina como o momento em que "se deu conta". Para ele, esse foi um acontecimento relativamente discreto.

Ele tinha consciência de seu histórico de episódios depressivos, mas não reconheceu o desenvolvimento do episódio maníaco que resultou em sua hospitalização. Como parte da terapia, lhe foi ensinado como identificar os sinais dos episódios depressivos e maníacos. Ele pediu para descontinuar o tratamento, sendo isso aceito porque lhe dava controle de sua vida; acreditou-se que ele voltaria à terapia quando dela necessitasse. Embora o progresso do tratamento fosse lento, ele apresentou uma melhora no desempenho escolar e conseguiu uma boa nota para passar em algumas matérias. Contudo, Jim não fez jus à sua capacidade intelectual. Ele se tornou mais participativo socialmente e começou a convidar amigos para sua casa e conversar com garotas. O tratamento foi descontinuado com o acordo de que ele continuaria as medicações e retornaria quando necessário.

Distúrbio Ciclotímico

Como o nome sugere, o distúrbio ciclotímico inclui períodos de temperamento animado com ciclos marcados por períodos de temperamento deprimido. No caso específico crianças diagnosticadas com ciclotimia experienciam vários episódios hipomaníacos e diversos episódios depressivos que não preenchem os critérios para depressão grave (como observado no distúrbio distímico). Para as crianças, esse padrão deve ocorrer por pelo menos um ano. Isso é diferente do critério para os adultos, para quem os padrões ocorrem por um período de pelo menos dois anos.

> Kenny é um garoto de onze anos, colocado por sua escola numa classe para crianças com problemas emocionais. Ele experiencia períodos que duram de três a quatro dias em que fica extremamente ativo, alterado e falante. Durante esses dias, os professores têm dificuldade

para trabalhar com ele, que muitas vezes precisa ser retirado das classes de educação física por falta de autocontrole. Kenny também sofre períodos de afeto (expressões emocionais) claramente deprimidos, ficando mais letárgico e desmotivado, às vezes durante uma semana ou mais. Ele participa de um grupo terapêutico para crianças com problemas emocionais que estão sob a custódia do Estado.

Kenny vai à escola num ônibus da educação especial porque às vezes ele fica extremamente alterado num ônibus comum. O ônibus especial transporta apenas cinco crianças, além de um motorista e um assistente e é do mesmo tamanho de um ônibus comum. Os professores da educação especial esperam o ônibus todas as manhãs e, quando Kenny chega, podem ver se ele está num estado animado ou deprimido. Ele tem períodos de temperamento relativamente normais durante os quais se comporta adequadamente, sendo um prazer estar em sua companhia. Kenny apresenta uma resistência incrível à interação com seus colegas. Ele pode ofendê-los terrivelmente um dia e ignorá-los completamente no dia seguinte. No entanto, durante os dias normais, ele se aproxima deles, conversa de forma adequada e brinca como se nada tivesse acontecido.

Isso provavelmente está relacionado com a natureza de seu mundo e, por necessidade, ele precisa experienciar cada dia como se fosse um novo dia, reprimindo o passado com que precisa lidar.

Critérios Adicionais de Diagnóstico

Os distúrbios definidos no *DSM-IV* são caracterizados por conjuntos de sintomas. Além desses sintomas, outros critérios devem ser preenchidos e outros diagnósticos devem ser considerados. O diagnóstico da depressão não é uma simples contagem de sintomas, exige o conhecimento de um médico treinado. Pois muitas vezes os sintomas podem não ser considerados por leigos e isso pode resultar em problemas ou dificuldades significativos no campo social, ocupacional ou de outra área importante de funcionamento. Para as crianças, isso significa problemas na escola e/ou relacionamento social. Os adolescentes também podem sofrer de dificuldades de relacionamento ocupacional.

OUTRAS FORMAS DE DEPRESSÃO

Os tipos de depressão descritos anteriormente são as formas mais rigorosamente pesquisadas e universalmente aceitas. Eles são importantes não apenas para uma pesquisa e uma classificação consistente; eles costumam ser usados para determinar os reembolsos de tratamento dos planos de saúde. Há outras formas de depressão registradas por médicos e pesquisadores. A maioria não hesita em usar termos diferentes dos apresentados no *DSM-IV* porque podem não ter de se preocupar com reembolsos ou acreditam que outras descrições são mais significativas para o tratamento.

Depressão Endógena e Exógena

Endógena define a depressão motivada por algo "interior" à pessoa ou por uma causa biológica. Normalmente não há um antecedente significativo que precipita um episódio depressivo endógeno. A depressão endógena está associada a sintomas basicamente físicos, como problemas de sono, mudanças de apetite e fadiga. A probabilidade de haver episódios múltiplos teoricamente é maior devido ao importante componente biológico. Por outro lado, *exógeno* define a depressão causada por algo "exterior" à pessoa. A depressão exógena é causada basicamente por acontecimentos externos, como perdas importantes, humilhação pública ou dificuldades crônicas de lidar com o estresse. A depressão exógena às vezes é chamada de depressão reativa ou situacional. Ela está associada a sintomas ligados ao pensamento ou sentimento, incluindo a sensação de inutilidade, desânimo e incapacidade de concentrar-se.

As depressões exógena e endógena não são mutuamente excludentes. Se uma criança tem uma depressão endógena, ainda assim pode e.o da depressão exógena, há poucas pesquisas que defendem que ela seja realmente independente ou diferente da depressão endógena. Descobertas como essa fundamentam substancialmente a ideia de que a diátese-estresse é a causa da depressão.

Depressão Psicótica e Neurótica

Em alguns casos de depressão grave e, mais frequentemente no distúrbio bipolar, uma criança pode experienciar o que é conhecido como sintomas psicóticos, que incluem alucinações ou ilusões. As alucinações são percepções sensoriais falsas, como ouvir algo que outras pessoas não ouvem ou ver coisas que outros não vêem. Ilusões são crenças falsas, como acreditar que está sendo perseguido por alguém ou que está sendo monitorado por aparelhos eletrônicos. Estes também são os sintomas da esquizofrenia. Entretanto, quando a depressão é o diagnóstico primário, o episódio é chamado de depressão psicótica. Na terminologia do *DSM-IV*, o episódio seria chamado de depressão grave com características psicóticas ou distúrbio bipolar I com características psicóticas. A depressão neurótica, por outro lado, é sinônimo de depressão reativa, depressão exógena ou depressão branda. Assim como a depressão exógena, o termo *depressão neurótica* não é muito útil para descrever um tipo específico de depressão.

Depressão Agitada e Morosa

A distinção entre a depressão agitada e morosa é útil, pois descreve dois grupos diferentes de sintomas que uma criança pode experienciar. A depressão agitada inclui um temperamento irritado, insônia, falta de apetite e agitação psicomotora. Em termos clínicos, a depressão agitada está associada à assunção de riscos e, nos adolescentes, à promiscuidade, ao excesso de festas e à sensação de busca por algo. Uma depressão agitada pode ser facilmente ignorada, sendo às vezes o comportamento associado a ela descrito como típico dos adolescentes. No entanto, ela é uma forma grave de depressão e pode levar a consequências ruins, como gravidez na adolescência, acidentes com automóveis ou vício em drogas.

A depressão morosa consiste em um número enorme de sintomas normalmente ligados à depressão. Os sintomas incluem excesso de sono e apetite, fadiga, falta de motivação e desinteresse em ter prazer. A distinção entre a depressão agitada e amorosa tem implicações para o tratamento medicamentoso. Especificamente, se a depressão agitada for primária, os medicamentos devem ajudar a refrear a pessoa e diminuir sua agitação. Em casos de depressão morosa, a medicação deve fazer a pessoa se animar e proporcionar uma certa energia.

Depressão Dupla

A depressão dupla ocorre quando uma criança com um diagnóstico de distúrbio distímico experiencia um episódio depressivo grave. Após o episódio passar, a criança retorna ao estado de distimia.

Afetividade Negativa

A afetividade negativa é um tipo de depressão que inclui sintomas de depressão e ansiedade. Acredito que esse padrão é visto em crianças porque sua diátese ou vulnerabilidade biológica em resposta ao estresse não se diferenciou completamente. Normalmente, a afetividade negativa vai se diferenciar conforme o amadurecimento da criança, até chegar à idade adulta e tornar-se basicamente depressão ou ansiedade. A afetividade negativa é caracterizada pelo temperamento deprimido ou irritabilidade, sensação de inutilidade, preocupação crônica, uma visão irreal de si mesmo e uma visão geralmente negativa em relação ao mundo e ao futuro. Em minhas experiências, crianças com afetividade negativa tiveram pais excessivamente críticos e mensagens humilhantes relativamente constantes por parte das pessoas que as criaram.

Lista dos Sintomas da Depressão em Relação ao Desenvolvimento

Bebês	• Sem resposta ao falar com eles ou tocá-los, nunca sorriem ou choram, ou podem chorar com muita frequência, sendo difícil acalmá-los
	• Incapazes de ganhar peso (que não seja consequência de outra enfermidade)
	• Sem motivação nas brincadeiras
	• Problemas para comer ou dormir
	• Distúrbios digestivos (constipação/diarreia)
	• Inquietos, excessivamente sensíveis a barulhos ou ao toque
Crianças	• Tristeza persistente, negatividade, reclamação de tédio crônico, falta de iniciativa
	• Desobediência constante
	• Facilmente se frustram, choram frequentemente, baixa auto-estima, excessivamente sensíveis

Crianças *continuação*	• Incapacidade de prestar atenção, lembrar ou tomar decisões, distraem-se facilmente, esquecem o que estavam pensando • Problemas de alimentação e sono • Urinam na cama, têm constipação, diarreia, impulsividade, estão sujeitos a acidentes • Preocupação ou medo crônico • Grande constrangimento • Fala ou movimentos corporais lentos • Sintomas físicos, como tontura, dor de cabeça, dor de estômago, dores nos braços ou pernas, ato de roer as unhas (que não sejam consequência de outras causas médicas) • Pensamentos sobre o suicídio ou tentativas de realizá-lo
Adolescentes	• Sintomas físicos, como tontura, dor de cabeça, dores nos braços ou nas pernas por causa de tensão muscular, problemas digestivos (que não sejam consequência de outras causas médicas) • Tristeza persistente, negatividade, irritabilidade • Raiva ou acessos de raiva incontroláveis • Excessos de autocrítica, culpa injustificada, auto-estima baixa • Incapacidade de concentrar-se, pensar ordenadamente, lembrar-se de coisas ou tomar decisões • Fala ou movimentos corporais lentos ou hesitantes • Perda de interesse em atividades outrora prazerosas • Pouca energia, fadiga crônica, morosidade • Alteração do apetite, perda ou ganho de peso flagrante, padrões anormais de alimentação • Preocupação crônica, excesso de medo • Interesse por temas relacionados à morte em livros, músicas, desenhos; conversa repetidamente sobre a morte, fascinação por armas/facas • Pensamentos, planos ou tentativas suicidas

Avaliação da Depressão

Até este ponto, discutimos as várias formas de depressão infantil e descrevemos os sintomas normalmente associados a cada uma. Como um médico determina se seu filho está passando por depressão e, caso esteja, de que tipo? Essa é a questão que discutiremos a seguir. O diagnóstico de um determinado tipo de depressão tem implicações importantes para planejar o tratamento. Você pode argumentar que não importa o tipo de depressão que uma pessoa tem, na verdade, o que realmente importa são as causas do padrão específico de sintomas de uma pessoa. Basicamente é isso que o médico faz quando realiza seu diagnóstico. Diagnósticos são apenas relatórios resumidos para um padrão de comportamento. Particularmente no tratamento para a depressão baseado em conversas, o médico deve procurar ativamente determinar as causas do padrão de sintomas de uma pessoa durante sua avaliação. No entanto, em modelos de tratamento puramente farmacológicos, a causa tem menos importância que o padrão ou a topografia do distúrbio. A discussão a seguir apresenta um método típico de avaliação para determinar tanto o padrão de sintomas como o diagnóstico, além de ajudar a definir as causas da depressão.

Questionários

Quando você e seu filho chegam ao consultório médico, o primeiro passo normalmente é preencher uma pilha de questionários. Além dos formulários dos planos de saúde, os questionários são uma parte importante do processo de avaliação. Normalmente, vão perguntar a você sobre o histórico médico e de desenvolvimento de seu filho. Deve haver uma ampla variedade de perguntas sobre membros da família, histórico de problemas mentais na família, histórico de tratamento de saúde mental e possíveis estressores. Esses fatores são importantes para avaliar a depressão, pois indicam as causas biológicas e ambientais. Além disso, um histórico familiar de problemas mentais é particularmente importante; a depressão frequentemente é passada geneticamente entre os parentes.

Outro conjunto de questionários que você pode preencher faz muitas perguntas do tipo verdadeiro/falso ou escala sobre seu filho. Escalas usadas normalmente são o *Levantamento de Personalidade para Crianças*, a *Lista de Comportamento Infantil de Achenbach* e o *Sistema de Avaliação Comportamental para Crianças*. Esses questionários são projetados para fornecer uma visão "de banda larga" sobre a personalidade e funcionamento emocional de seu filho. Banda larga significa questionários que abordam uma variedade de tipos de funcionamento emocional, incluindo a depressão. Outras áreas avaliadas são ansiedade, distúrbios de pensamento, agressividade, problemas sociais, liderança e relacionamento escolar. Como esses questionários são instrumentos de banda larga, algumas das perguntas podem não parecer relevantes para seu filho, mas é importante responder a todas as perguntas do modo mais preciso possível, pois o médico usa os valores em diferentes áreas do conhecimento para ajudá-lo a compreender a personalidade geral de seu filho.

Alguns médicos podem pedir que os professores de seus filhos preencham questionários semelhantes. Há versões para professores da maioria dos questionários que avaliam os mesmos tipos de funcionamento emocional das versões dos pais. Os professores normalmente estão acostumados a preencher esses formulários para os orientadores ou psicólogos da escola. O ponto de vista dos professores é importante para determinar qual a situação de seu filho em ambientes diferentes. Ele age do mesmo modo na escola e em casa? Além disso, parte do diagnóstico determina se os sintomas emocionais interferem no comportamento de seu filho no dia-a-dia.

Também pode-se pedir a seu filho que preencha questionários semelhantes. Se ele tiver oito anos ou mais, pode preencher questionários de banda larga, como o *Sistema de Avaliação Comportamental para Crianças*. Crianças mais velhas podem completar questionários com centenas de perguntas, como o *Levantamento Multifásico de Personalidade de Minesota para Adolescentes*. Também há escalas de banda estreita que seu filho pode preencher. Estes são questionários com menos questões, que avaliam apenas uma área do funcionamento emocional. Por exemplo, o Levantamento de Depressão Infantil é um teste muito popular para identificar a depressão em crianças. São cada vez mais importantes as mensurações da inteligência emocional que avaliam as capacidades de empatia, habilidades sociais e solução de problemas sociais. Há muitos questionários bons disponíveis para pais, professores e crianças, assim como novos estão sendo desenvolvidos todos os dias. Os questionários representam um método importante de avaliação padronizada, devendo ser preenchidos do modo mais preciso possível.

Entrevista Clínica

A próxima fonte de informação para definir um diagnóstico de depressão é a entrevista clínica. Nesse ponto, você e seu filho devem se reunir com o médico, que vai fazer uma série de perguntas. Muitas delas são bastante pessoais e podem deixá-los um pouco desconfortáveis. Bons médicos farão o possível para deixar você e seu filho à vontade, mas, se houver algo que você não está pronto para relatar, deixe isso para uma próxima sessão. Durante a entrevista clínica, o médico estará tentando esclarecer o que foi relatado nos questionários e fará perguntas importantes relacionadas aos mesmos. Nesse momento, o médico estará avaliando a condição mental de seu filho. A condição mental inclui a prontidão, a orientação de tempo e espaço, a aparência física, a fala e outros aspectos funcionais. A entrevista clínica é um bom momento para fazer perguntas e apresentar qualquer preocupação que você possa ter.

Teste Formal

Durante a sessão de avaliação, seu filho pode realizar testes individuais de personalidade, inteligência, desempenho acadêmico ou funcionamento neuropsicológico. Se seu filho preencheu questionários, certamente eles se classificam como testes formais; no entanto, neste item, estou me referindo aos testes apresentados a seu filho pelo médico ou pelo seu assistente. Há diversos testes de personalidade realizados individualmente que você pode fazer. Seu filho pode receber o *Teste Psicodiagnóstico de Rorschach*, também conhecido como teste da mancha de tinta. Ele é conhecido como um teste projetivo porque não faz diretamente uma pergunta sobre a depressão ou a ansiedade; em vez disso, as respostas ao teste são interpretadas pelo médico. O *Rorschach* exige bastante habilidade e treino para ser realizado e interpretado, mas é um dos testes de personalidade mais usados no mundo. Outro teste projetivo é o *Teste de Apercepção Temática*. Nele, figuras são mostradas à criança e pede-se que ela conte uma história a partir delas. Esse teste também está sujeito a níveis elevados de interpretação por parte do médico, mas pode ser muito útil para compreender como seu filho se vê em relação aos outros e ao mundo a seu redor. O teste de completar frases é outro teste diretivo de personalidade sujeito a níveis elevados de interpretação.

Outra forma de avaliação projetiva analisa as brincadeiras de seu filho. O médico pode pedir a seu filho que desenhe figuras ou brinque com argila ou com diferentes tipos de brinquedo. A avaliação baseada em brincadeiras pode ser interpretada a partir de várias perspectivas teóricas diferentes, mas o consenso é de que os pensamentos e sentimentos de seu filho são demonstrados em seus desenhos e brincadeiras. Essa é uma técnica particularmente útil usada com crianças pequenas, que não respondem bem a métodos mais estruturados de avaliação ou perguntas diretas.

Teste de inteligência podem ser realizados em crianças a partir de seis meses de idade e adultos até cem anos. A inteligência é razoavelmente estável ao longo da vida e pode ser avaliada com bastante precisão quando uma criança tem apenas cinco ou seis anos. A inteligência pode ser incluída na avaliação "ampla" de seu filho por diversas razões. É usada para determinar diagnósticos, que podem ajudar a explicar problemas acadêmicos. Por exemplo, dificuldades de aprendizado, inteligência marginal ou lesão cerebral traumática podem explicar as dificuldades acadêmicas de seu filho; assim sendo, os testes de inteligência ajudam a descobrir ou desconsiderar outros problemas. Além disso, estilos de funcionamento intelectual podem ajudar a explicar os pontos fortes e fracos de seu filho, importantes para o plano de tratamento. Por exemplo, certas crianças podem ter uma orientação muito verbal, enquanto outras podem ter uma orientação mais perceptiva ou "mãos na massa". Os testes de inteligência são realizados individualmente e normalmente duram em torno de uma hora. Pede-se à criança que resolva uma grande variedade de problemas usando palavras, relações espaciais e raciocínio indutivo ou dedutivo. Testes de inteligência típicos são a *Escala de Inteligência para Crianças de Wechsler* e a *Escala de Habilidades Diferenciais*.

Testes de desempenho acadêmico são realizados como parte de uma avaliação abrangente para determinar o nível de habilidade de leitura, escrita e matemática de seu filho. As notas de desempenho são importantes para determinar outros diagnósticos que podem explicar problemas e frustrações acadêmicas, como dificuldades de aprendizado e lesão cerebral traumática. Testes de desempenho acadêmico são realizados individualmente e incluem testes de visão com leitura de palavras, compreensão de parágrafos, matemática aplicada, matemática computacional, soletrar palavras e escrita de parágrafos. Testes de desempenho acadêmico comuns incluem o *Teste de Desempenho Individual de Wechsler* e o *Teste de Desempenho de Woodcock-Johnson*.

Em casos de suspeita de lesão na cabeça, males crônicos, lesão neonatal ou tonturas que possam estar relacionadas ao episódio depressivo, testes neuropsicológicos podem ser indicados. Testes neuropsicológicos são projetados para medir as relações de comportamento cerebral que possam ter sido alteradas por diferentes tipos de trauma cerebral. Esses testes medem especificamente a atenção, a concentração, a organização, o planejamento, o raciocínio, a velocidade de processamento mental e a memória. Todas essas são áreas do funcionamento cognitivo. Além disso, um trauma na cabeça pode resultar em mudanças de personalidade, incluindo o início de depressão. Embora este não seja o foco do livro, é importante saber que a depressão pode ser o resultado de uma lesão na cabeça ou outro problema neurológico.

Relatório de Avaliação

Após completar a avaliação, o médico fará um relatório da sessão, em que resumirá o resultado dos testes, apresentará um diagnóstico e decidirá o plano de tratamento. Em alguns casos, você pode receber um relatório por escrito, que também é abordado numa sessão pessoal com o médico. Em casos de avaliação abrangente, você deve receber um relatório completo detalhando o histórico obtido, os testes realizados, os resultados dos testes, a interpretação de todos os dados clínicos, as impressões diagnósticas e as recomendações. Isso é importante se a escola estiver envolvida no tratamento (*ver o capítulo 7*), se você levar seu filho a outro médico ou se houver uma recaída anos depois.

Desenvolvendo um Plano de Tratamento

O último passo numa avaliação psicológica é o desenvolvimento de um plano de tratamento. Vi muitos pacientes que foram tratados por outros médicos e não sabiam qual era seu plano de tratamento ou até mesmo o que estava sendo trabalhado na terapia. Seja claro sobre quais são os problemas específicos e exatamente o que está sendo tratado. Um plano de tratamento deve incluir uma descrição do comportamento ou problema definido pelos resultados da avaliação; isto é, quais são os aspectos específicos do comportamento da criança que estão sendo abordados no tratamento? Por exemplo, se seu filho experiencia sensações de inutilidade, a descrição de seu comportamento deve incluir o tipo exato de pensamentos e sensações que seu filho tem. Após descrever esses comportamentos, objetivos específicos devem ser traçados. Neste exemplo, o objetivo pode ser aumentar a capacidade de seu filho de perceber seus atributos positivos e expressá-los verbalmente duas vezes por dia.

Capítulo 3

Teorias Sobre a Depressão

No último capítulo discutimos sobre com o que a depressão se parece ou como ela se manifesta no comportamento. Além disso, discutimos o que um médico faz para determinar se uma criança está deprimida ou não. Este capítulo aborda as teorias que tentam explicar ou prever a depressão. O que causa a depressão e por que algumas pessoas ficam deprimidas e outras não. Esses modelos ou teorias são o que os médicos usam para interpretar os dados obtidos durante a avaliação. Ao compreender as causas da depressão infantil, os terapeutas são capazes de tratar efetivamente a criança. Num espectro mais amplo, as teorias sobre a depressão também são importantes porque apontam o que precisa ser alterado na sociedade e nas famílias para evitar a ocorrência da depressão. A depressão é um problema disseminado, e tudo aquilo que um pai puder fazer para combater seu início ou gravidade vale a pena. Esses assuntos são discutidos no capítulo 8.

Há várias teorias sobre a depressão. Cada uma lida com alguns dos tipos de depressão que discutimos. Como as pessoas são complexas, mais de uma teoria pode explicar a depressão de uma determinada criança. Conforme você lê este capítulo e suas diferentes teorias sobre a depressão, pense sobre seu filho e considere até que ponto cada uma das teorias ou todas elas se encaixam ou são relevantes para ele. Vamos examinar várias formas de compreender a depressão infantil, incluindo os aspectos de desenvolvimento, comportamentais, cognitivos e biológicos. Também vamos examinar o modelo de depressão infantil de diátese-estresse, que integra muitas das ideias discutidas em outras teorias e proporciona uma boa base geral e modelo organizacional para compreender as causas e os tratamentos da depressão.

Modelos de Depressão Ligados ao Desenvolvimento

Os modelos de depressão ligados ao desenvolvimento se preocupam com o que acontece durante o período de desenvolvimento de uma criança, que pode deixá-la deprimida. Essa ideia de que acontecimentos na infância podem determinar o funcionamento da personalidade no futuro não é nova. Na virada do século XX, Sigmund Freud afirmou que a personalidade de uma criança era, em grande parte, desenvolvida até seu quinto ano de vida. Freud acreditava que o modo como a criança aprendia a ajustar-se a experiências precoces definia sua personalidade futura. Por exemplo, uma criança pode aprender a controlar as próprias emoções e o mundo a seu redor por meio do uso de mecanismos de defesa desenvolvidos no começo da infância. Esses mecanismos de defesa, uma vez considerados eficazes, são em seguida aperfeiçoados e cultivados. Freud acreditava que a estrutura ou alicerces básicos da personalidade se estabeleciam num momento muito precoce da vida e que, após os cinco anos, qualquer mudança seria um aperfeiçoamento dessa base da personalidade. Freud considerava a depressão como o resultado de uma solução ruim dos conflitos entre os impulsos primitivos (id) e a interiorização ou aceitação de tabus sociais contra a expressão desses impulsos (superego).

Freud e os terapeutas que aderiram às suas teorias (conhecidos como psicanalistas) não acreditavam que a criança podia sofrer de depressão como a conhecemos porque ela, em virtude de sua idade, não podia desenvolver suficientemente o superego de modo a passar por esses conflitos. Ao aderir tão rigidamente a essa posição, os estudiosos psicanalistas chegaram a uma compreensão sobre o desenvolvimento infantil, que não conseguiu explicar a realidade, agora óbvia, de que as crianças ficam deprimidas, sendo obrigados a negá-la. Esse postulado foi mais tarde revisto por aqueles que praticam a psicanálise.

Desde a época de Freud e seus seguidores psicanalistas, outras teorias apresentaram formas de compreender a depressão à luz do desenvolvimento de uma criança. Particularmente, há duas teorias da depressão ligadas ao desenvolvimento. A primeira lida com o vínculo ou a ligação entre a criança e as pessoas que cuidam dela; a segunda é uma teoria muito mais abrangente, chamada de organizações depressotípicas.

Vínculo e Depressão

A teoria do vínculo afirma que a ligação entre a criança e a pessoa que cuida dela, normalmente a mãe, é fundamental para seu ajuste imediato e a longo prazo. A partir do nascimento e particularmente durante os primeiros anos de vida, a qualidade da relação entre o bebê e sua mãe é crucial. Quando há amor e segurança consistentes, a criança desenvolve uma ligação forte com a pessoa que cuida dela. Esta pessoa proporciona uma base segura, a partir da qual a criança pode explorar um mundo mais amplo, sabendo que, quando houver dificuldades e o mundo exterior for ameaçador, ela pode retornar a esse refúgio emocional seguro. Quando esse vínculo não se desenvolve de forma adequada, há um potencial para a ocorrência de depressão.

Para compreender como o desenvolvimento do vínculo pode ser comprometido, é preciso entender como esse vínculo é formado. Há diversas teorias sobre como ele é desenvolvido. Freud acreditava que no primeiro estágio da vida, a fase oral, que ocorre durante o primeiro ano de vida da criança, quando se alimentar é de importância primordial, o bebê cria um vínculo com a pessoa que lhe fornece a satisfação oral. A forma primária de gratificação da criança é encontrada quando ela chupa e come, gerando uma dependência pelo objeto de sua gratificação oral. Durante esse estágio inicial da vida, a criança desenvolve um sentimento intenso de dependência porque necessita completamente do cuidado e da proteção de outros. De acordo com os psicólogos freudianos, quando as necessidades orais não são atendidas satisfatoriamente, a ansiedade e a insegurança podem persistir por toda a vida.

Erik Erikson, um psicólogo com orientação psicanalítica, aceitou muitas das hipóteses de Freud, mas também divergiu dele de modo importante. Erikson enfatizou o desenvolvimento ao longo da vida e afirmou que durante todos os momentos somos desafiados a resolver questões que são fundamentais para nosso ajuste a longo prazo. De acordo com Erikson, nossos primeiros desafios, que ocorrem ao longo do primeiro ano de vida, desenvolvem nossa capacidade de confiar em outras pessoas do modo mais fundamental possível. Ele acreditava que o bebê, ao receber segurança física e psicológica, estabelecerá uma base de confiança e enfrentará a vida com o mínimo de medo e apreensão sobre o futuro. Acreditava que a confiança era cultivada por meio da criação responsiva e sensitiva.

Desde Freud, outros psicólogos estudaram o vínculo. Na década de 1950, Harry Harlow conduziu uma série de estudos engenhosos e agora famosos sobre o vínculo, usando filhotes de macacos resos e "mães substitutas". Em parte, Harlow desafiava a ideia de Freud de que o ato de chupar era fundamental para o vínculo. Para fazê-lo, ele criou filhotes de macacos com dois tipos de mães substitutas. Alguns dos filhotes eram criados em jaulas com mães substitutas feitas de uma malha de arame com um aparelho de alimentação que saía dela. Outros filhotes tinham mães idênticas de malha de arame, exceto pelo fato de que Harlow envolveu o arame com um material macio, tornando mais fácil abraçar essas mães substitutas. O que permaneceu consistente para todos os macacos era o potencial de gratificação oral das mães substitutas. Confirmando seu raciocínio, os filhotes preferiam subir e abraçar as mães substitutas que eram macias e aconchegantes. De fato, os macacos que tiveram apenas a mãe substituta de arame demonstraram uma grande variedade de problemas comportamentais. Como esses macacos foram estudados ao longo de um período de tempo, Harlow foi capaz de demonstrar que eles tinham dificuldade para se reintegrar à família e que seus problemas perduravam por muito tempo. Harlow questionou a afirmação de Freud de que o vínculo está relacionado fundamentalmente à alimentação. Ele afirmou que o contato físico associado ao contato de bem-estar era a variável mais importante do vínculo. É importante observar que essa ideia de contato de bem-estar é usada hoje em dia em unidades neonatais dos hospitais para os respiradores das crianças. Para promover o vínculo adequado, os pais vão diariamente ao hospital e seguram seus filhos numa cadeira de balanço próxima ao respirador.

Outro grupo de psicólogos que contribuíram de forma significativa para o entendimento sobre o comportamento humano foi o dos etólogos. Eles estudam o comportamento dos animais selvagens e fazem deduções sobre o comportamento humano a partir dessas observações. Exemplos de contribuições etológicas válidas para a compreensão humana são a comparação da territorialidade do peixe esgana-gata e a territorialidade dos seres humanos ou da disposição dos pombos nos fios telefônicos e a disposição dos seres humanos em uma sala de espera. O etólogo Konrad Lorenz observou em primeira mão filhotes de pato com vínculos a objetos num momento crucial de suas vidas. Ele se referiu a esse fenômeno como impressão. Enquanto criava patos em sua fazenda, Lorenz se viu como objeto inesperado do vínculo de diversos filhotes de pato. Como estava presente em momentos específicos da vida dos filhotes, eles se imprimiram a Lorenz, seguindo-o ao redor da fazenda em linha, como fariam com suas mães verdadeiras. A partir de fatos como esse, os etólogos afirmaram que os primeiros meses de vida são um período crucial para a formação de vínculos. Durante esses meses, o afeto e a atenção da pessoa que cuida do indivíduo são essenciais para que se crie um vínculo. Se um cuidado afetuoso consistente não for proporcionado durante esse período crucial, a criança tende a desenvolver um vínculo fraco e provavelmente terá dificuldade de relacionamento mais tarde em sua vida.

Outro grupo de estudiosos, o da relação do objeto, como John Bowlby, Margaret Mahler e Mary Ainsworth, estudou o vínculo humano observando em primeira mão a interação ou "dança" entre mães e crianças. Eles afirmam que, no nascimento, o bebê não tem a capacidade cognitiva para o vínculo, pois o mundo do recém-nascido ainda não foi definido e o comportamento é, em grande parte, o resultado de reflexos. Após as primeiras semanas de vida, a criança começa a desenvolver um vínculo com a mãe, assim como uma linguagem universal de barulhos, balbucios e choros, mas mesmo assim única para mãe e filho em particular. De acordo com esses estudiosos, em princípio a criança não se diferencia dos outros. O bebê não faz uma distinção entre ele e o objeto (mãe) que supre todas as suas necessidades. Ele pensa que está com fome e magicamente é alimentado, sem saber que a alimentação resulta dos atos de outra pessoa. Após as primeiras semanas a criança começa a diferenciar-se dos outros, percebendo que não está fundida com sua mãe e que eles não são uma só pessoa. Conforme a criança amadurece, a percepção de si mesma e dos outros torna-se mais complexa. Os primeiros dois anos de vida são cruciais para desenvolver um equilíbrio saudável entre a dependência e a autonomia. Dois exemplos de conflito normal, mas difícil, entre a dependência e a autonomia podem ser observados diretamente quando a criança experiencia a ansiedade pela separação ou a ansiedade em relação ao estranho. Na ansiedade da separação, a criança demonstra um medo exagerado sobre a separação real ou antecipada das pessoas que cuidam dela. Na ansiedade em relação ao estranho, a criança apresenta um grande medo de estranhos, sendo normalmente acalmada pelas pessoas que cuidam dela. Um exemplo final da negociação da criança pelo equilíbrio entre a dependência e a autonomia é a reaproximação. É um caso familiar em crianças entre 18 e 24 meses de vida, saindo de perto de sua mãe para, digamos, o quarto ao lado, retornando em seguida para contar com o cuidado de sua mãe. Normalmente conhecida como os "dois terríveis", a criança vai exigir independência e em seguida proteção, sem um padrão aparente. A reaproximação também é chamada de *recarregamento emocional*.

De acordo com o resultado da relação entre a criança e a pessoa que cuida dela, há três tipos de vínculo que podem surgir. O primeiro é o vínculo seguro. Nele a criança move-se livremente para longe de sua mãe, usa a pessoa que cuida dela como uma base segura para explorar o ambiente e responde positivamente ao ser segurada por outros. O segundo é o vínculo ansioso-evasivo. A criança com esse tipo de vínculo ignora a mãe, evita seu olhar e não tenta se aproximar dela. O terceiro é o vínculo ansioso-resistente, em que a criança se mantém ao lado de sua mãe, mas ao mesmo tempo evita a proximidade, chuta e empurra a mãe e resiste a ela.

Embora esses estudiosos discordem quanto ao mecanismo que gera o vínculo, todos concordam que ele é uma questão fundamental no primeiro ano de vida. Além disso, esses estudiosos concordam que o bebê precisa de alguém que cuide dele e lhe proporcione segurança física e psicológica consistente. A partir dessa ligação, a criança desenvolve uma base de confiança e confidência, o fundamento a partir do qual vai lidar com desafios futuros. O desenvolvimento de um vínculo apropriado tem implicações extensas e serve para organizar as emoções, as representações cognitivas e os comportamentos de acordo com a qualidade da disponibilidade emocional e física da pessoa que cuida da criança.

Então o que determina vínculos inseguros ou com resistências? Uma resposta óbvia indica a pessoa que cuida da criança. Pais que promovem esse tipo de vínculo costumam não completar interações interrompidas com seus filhos; ou seja, a criança é ignorada quando o pai tem a oportunidade de falar com um adulto ou telefona para alguém. Deve haver um desfecho nas interações criança-pai, mesmo que elas sejam momentaneamente interrompidas. Além disso, os pais de uma criança com vínculos inseguros e com resistências têm menos possibilidades de manter interações boas com seus filhos. De forma constante, os pais interagem apenas brevemente com seus filhos, conforme necessário, e esforçam-se pouco para ter consistência nas trocas sociais. Finalmente, esses pais manifestam atividades menos coordenadas com seus filhos. Vínculos seguros são desenvolvidos, em parte, por meio de relações tranquilas, quase coreográficas, entre a criança e os pais. Contudo, esse último problema nem sempre é culpa dos pais. Crianças nascem com um determinado temperamento e esse pode ter responsabilidade no fato de os pais e os filhos não "se darem bem".

O temperamento é um estilo comportamental e é forma característica de resposta em crianças e bebês. É uma característica estável dos recém-nascidos, que sofre influências e modificações por meio das experiências posteriores da criança, tornando-se mais maleável com o tempo.

Os pesquisadores sugerem que há uma influência moderada da hereditariedade no temperamento. O que é importante sobre o temperamento em termos de vínculo é a relação entre a natureza da criança e a dos pais. Há uma interação recíproca entre o pai e a criança quanto ao temperamento. Os pais influenciam o temperamento da criança, assim como as crianças influenciam o temperamento de seus pais.

Alexander Thomas e Stella Chess são pesquisadores do temperamento e descrevem três dimensões desse estado fisiológico. Primeiro temos o temperamento fácil, caracterizado por uma disposição geralmente positiva. Uma criança com um temperamento fácil estabelece prontamente rotinas regulares na infância e adapta-se facilmente a novas experiências. Segundo há o temperamento difícil, marcado pela tendência a agir negativamente e chorar frequentemente. Uma criança com um temperamento difícil não estabelece prontamente rotinas regulares e demora para ajustar-se a novas experiências. Terceiro há o temperamento demora-para-esquentar, caracterizado pelo baixo nível de atividade e reações de certo modo negativas. Essas crianças demonstram uma baixa intensidade de expressão da sua disposição.

Outros pesquisadores, Arnold Buss e Robert Plomin, descreveram aspectos diferentes, mas importantes, do temperamento. Primeiro temos a emotividade, que é a tendência a angustiar-se na infância. Respostas emocionais à angústia são o medo e a raiva. As crianças são rotuladas como "fáceis" ou "difíceis" de acordo com sua emotividade. Segundo está a sociabilidade, que é a tendência a preferir a companhia de outros ou responder a elas de forma cordial. Terceiro está o nível de atividade; isso está relacionado ao ritmo e ao vigor da movimentação da criança, podendo variar de extremamente energética até tranquila.

Não há temperamento certo ou errado, embora o temperamento de algumas crianças facilite o trabalho dos pais. O que é importante para os pais é o desenvolvimento desse vínculo precoce. Em casos em que os temperamentos do filho e dos pais são muito diferentes, estes ficam incumbidos de reconhecer essas diferenças e ajustar-se conforme o necessário. Obviamente, isso está além da capacidade da criança, mas o mais importante é que isso é uma indicação a ela de que os pais estão fazendo todo o necessário para satisfazer suas necessidades básicas.

Outra variável mais importante que os pais devem entender durante o período inicial de desenvolvimento são as emoções. As emoções são sentimentos ou afetos que envolvem uma mistura de estímulo fisiológico, como o ritmo cardíaco acelerado, e comportamentos evidentes, como expressões faciais. As emoções são consideradas a primeira linguagem entre os pais e as crianças. As demonstrações corporais e faciais têm um papel importante na compreensão das emoções da criança. Obviamente, a criança expressa emoções por meio do choro, sorriso, riso e franzir das sobrancelhas. Já os pais estão se comunicando constantemente com a criança por meio das emoções dela, particularmente por meio de suas expressões faciais. Se um pai está sempre carrancudo, imagine a mensagem que essa emoção passa para a criança!

Há três tipos principais de funções das emoções. A primeira é a adaptação e a sobrevivência. Por exemplo, o medo é altamente adaptativo, pois há uma relação clara entre acontecimentos que se temem e possíveis ameaças ao bem-estar da criança. Argumenta-se que a criança expressa emoções positivas e fica visivelmente feliz quando suas necessidades básicas de sobrevivência são atendidas. Segunda há a regulação da informação, em que as emoções da criança regulam as informações que selecionam do mundo perceptivo e os comportamentos que demonstram. Por exemplo, uma criança com um temperamento fácil normalmente expressará emoções positivas e provocará o mesmo por parte dos outros. Por outro lado, uma criança com um temperamento difícil tende a atrair uma atenção negativa. A terceira função das emoções é a comunicação. É a forma principal com que as crianças expressam verbalmente seus sentimentos e suas necessidades.

Uma falta de resposta e reciprocidade por parte das pessoas que cuidam da criança quanto às suas emoções podem resultar em distúrbios no seu desenvolvimento. Há resultados adversos relacionados à depressão para o desenvolvimento emocional tardio. A criança pode ser incapaz de reconhecer as emoções dos outros ou expressar as emoções em situações sociais. Isso leva a uma reação negativa por parte dos outros, fazendo com que a criança se sinta como um proscrito, sem fazer parte da sociedade. As crianças podem expressar emoções inadequadas para certas situações e parecer socialmente estranhas ou infelizes. Além disso, as crianças têm menos habilidade para regular as informações que recebem do ambiente. Um exemplo é a criança ser incapaz de filtrar informações que não estejam relacionadas a ela ou personalizar as ações dos outros.

John Bowlby é um pesquisador eminente na área dos vínculos e acredita que um vínculo inseguro e a falta de amor e afeição na formação de uma criança produzem esquemas cognitivos negativos que levam à depressão. A combinação de vínculos inseguros e a falta de resultados emocionais recíprocos resultam em representações psicológicas negativas e expectativas de resultados negativos. Por outro lado, atribui-se ao desenvolvimento de um vínculo seguro a capacidade de regular as emoções de um indivíduo. Isso é descrito no exemplo a seguir.

A perda do vínculo não ocorre apenas com uma criação ruim por parte dos pais. A principal pessoa que cuida da criança pode deixá-la por diversas razões, como a morte. Um garoto de sete anos com quem trabalhei foi encaminhado para tratamento em razão da tremenda falta de controle comportamental na escola. Ele corria para fora da sala de aula, escondia-se sob as carteiras ou batia em seus colegas. Às vezes ele tinha uma personalidade bastante dominante, enquanto em outros momentos ele era razoavelmente passivo. Isso acontecia todo dia. Quando o encontrei pela primeira vez ele estava brincando no escritório do diretor. Não demorou para ele começar a correr e ter um comportamento inverso. Num dado momento ele saiu do prédio e escondeu-se no *playground*, o que exigiu de várias pessoas uma busca por ele. Durante a avaliação descobriu-se que os pais do garoto morreram num acidente de carro quando ele tinha cinco anos; ele estava no banco de trás. Ele viu o sangue e a morte de seus pais por um bom tempo enquanto se limpava a cena do acidente. Esse realmente foi um acontecimento traumático, mas o que foi mais devastador para a criança foi a perda do vínculo com sua mãe. Ele demonstrou muitos dos sintomas clássicos de perda de vínculo, incluindo o armazenamento, que é quando uma criança junta itens que acredita serem pertinentes para sua segurança, como se estivesse se preparando para um futuro desastre de "perda". Ele preencheu os requisitos para o diagnóstico de depressão agitada. É importante observar que a perda dos pais durante esse momento do desenvolvimento resultou numa perda significativa do controle de suas emoções e comportamentos.

Organizações Depressotípicas

A obra de Dante Cicchetti é tremendamente importante para nosso entendimento atual sobre o desenvolvimento da depressão em crianças devido à sua integração de fatores causais múltiplos. Consequentemente, suas ideias são um pouco complicadas. Muitas delas foram desenvolvidas realizando pesquisas com as mães de crianças deprimidas. A seguir, vou resumir os aspectos mais importantes de sua teoria de uma forma que possa ser aplicável para o papel dos pais na criação dos filhos.

Em primeiro lugar, algumas definições: *Depressotípico* significa indicativo de depressão. Outra palavra usada às vezes no lugar de depressotípico é *depressogênico*, ou causador da depressão. A organização depressotípica significa que há muitas variáveis, que serão descritas posteriormente, que podem ser organizadas de modo a causar a depressão infantil. Como exemplo, uma organização de variáveis que podem levar a um acidente de automóvel poderia ser (1) uma tendência a dirigir em alta velocidade, (2) tomar bebida alcoólica enquanto se dirige e (3) viver numa região com estradas muito sinuosas. Você pode perceber que a organização dessas variáveis ocorrendo juntas aumenta o risco de uma pessoa sofrer um acidente. É fácil usar sua imaginação para acrescentar variáveis que possam aumentar a probabilidade de um acidente, como chuva, sono ou o uso de um celular ao volante. Acredita-se que um padrão ou organização das variáveis a seguir, além de muitas outras, resulta na depressão infantil.

Uma hipótese importante elaborada por Cicchetti e discutida em outros capítulos deste livro é a de que a depressão não é um distúrbio unidimensional (por exemplo, padrões diferentes de sintomas, como depressão agitada e depressão morosa), mas provavelmente é causada por diversos processos de desenvolvimento. Portanto, essa teoria não se baseia em um único sistema para explicar a depressão. O objetivo é integrar o que se conhece sobre os componentes cognitivos, emocionais, interpessoais e biológicos da depressão em uma teoria unificada. Nesse modelo de depressão, Cicchetti propõe um sistema de quatro tarefas iniciais de desenvolvimento que contribuem futuramente para a depressão. Elas estão relacionadas com a organização do desenvolvimento psicológico e biológico de uma criança. O modo como ela soluciona cada uma dessas tarefas, influencia na forma como esse sistema em particular é incorporado à personalidade da criança e, de fato, influencia seu grau de sucesso ao ser confrontada com a próxima tarefa. Uma dessas tarefas está relacionada com o vínculo, um conceito que já foi descrito detalhadamente. Se um vínculo seguro foi estabelecido, a criança vai desfrutar de todos os seus benefícios e estará melhor preparada para enfrentar o próximo desafio no desenvolvimento da autoconsciência. Após discutir essas tarefas e como elas se relacionam com a formação de uma organização depressotípica, descreverei resumidamente os outros sistemas que Cicchetti acredita contribuírem para o desenvolvimento da depressão.

Regulação Homeostática e Fisiológica

O nome para esta tarefa é complicado, mas a essência do que ele significa é extremamente importante. A homeostase é a estabilidade ou equilíbrio num sistema. Um exemplo de homeostase é o termostato numa casa. O termostato liga o aquecimento, quando a casa fica fria e desliga quando a temperatura fica adequada. Ele liga automaticamente quando houver uma variação de apenas alguns graus em relação à temperatura estabelecida. Imagine se a temperatura tivesse de variar cinco ou dez graus para que o aquecedor fosse ligado.

Manter uma homeostase fisiológica para a criança inclui não deixar que ela passe frio ou calor demais ou que se alimente apenas quando estiver com fome. As crianças dependem das pessoas que cuidam dela para manter a homeostase, pedindo ajuda conforme o necessário por meio de demonstrações emocionais, como choro, inquietação ou expressões faciais. Se um pai consegue compreender a linguagem emocional da criança, o cérebro dela vai se desenvolver de uma forma que permita sua auto-regulação. Por outro lado, se as necessidades homeostáticas básicas da criança não forem atendidas, ela ficará angustiada e demonstrará expressões emocionais negativas, enquanto o desenvolvimento cerebral não se dará de modo a permitir que ocorra uma auto-regulação emocional de forma adequada. A capacidade comprometida de auto-regular as emoções na infância continua sendo um problema no final dessa fase e na adolescência. Nesse caso, os indivíduos sofrem de níveis elevados de culpa e sensibilidade aos problemas dos outros, tornando-se excessivamente sensíveis. Crianças que não conseguem controlar suas emoções podem ser incapazes de motivar-se quando estão desanimadas ou de controlar sua raiva. Por exemplo, um adolescente deprimido que esteja sendo alvo de gozações pode perder o controle a ponto de tentar por várias vezes atacar qualquer pessoa que encontre.

Diferenciação Afetiva

O afeto é a expressão das emoções. Após uma criança ter supridas as suas necessidades de homeostase fisiológica, ela começa a procurar estímulos no mundo exterior. Expressões afetivas ou emocionais tornam-se uma forma primordial de comunicação. Nesse momento, as pessoas que cuidam da criança devem ser sensíveis aos diferentes estados de estimulação de seu filho, causados pelo ambiente, incluindo pessoas ou situações desconhecidas. Os pais ensinam o filho a expressar as emoções adequadas nessas novas situações por meio da imitação e da atenção seletiva. Por exemplo, quando um tio desconhecido da criança faz uma visita, os pais sorriem para o tio e a criança aponta para ele. Ela aprende que, quando uma pessoa nova que teve a aprovação dos pais se aproxima, o afeto apropriado são o sorriso e a alegria. Esse processo poderia ser descrito como socialização emocional. Ele também funciona negativamente. Quando um pai expressa emoções ambivalentes numa grande variedade de situações, a criança não aprende a diferenciar a resposta afetiva apropriada para cada uma.

Vínculo Seguro

Esta tarefa de desenvolvimento é muito parecida com a informação sobre o vínculo, descrita anteriormente. Há três tipos de vínculo: seguro, inseguro-evasivo e inseguro-resistente. Apenas vínculos seguros são adaptativos neste modelo. O desenvolvimento de um vínculo seguro permite que uma criança seja capaz de controlar seu nível de estimulação e mantenha uma sensação de segurança. Por exemplo, se você se sente protegido e seguro, não precisa manter um nível elevado de estimulação. Se você está no Central Park no meio da noite e não se sente tão seguro, você fica estimulado e bastante atento àquilo que acontece a seu redor.

Aqueles que não desenvolvem um vínculo seguro sentem-se assim na maior parte do tempo.

O tipo de vínculo que uma criança desenvolve tem implicações muito amplas no desenvolvimento. A experiência da criança em relação ao vínculo é interiorizada e representada como um objeto. Um objeto interiorizado é um modelo ou esquema da reação que se espera que as pessoas tenham em relação a você. É fácil imaginar que a criança com vínculos inseguro-resistentes não espera que os outros atendam às suas necessidades, de modo que resistem ativamente a laços emocionais com outras pessoas. Outro exemplo desse conceito de representações internas está relacionado com a forma como a criança vê pessoas com autoridade. É comum para uma criança considerar autoridades ameaçadoras e assustadoras, sendo ainda mais comum vê-las como auxiliadoras e úteis. Você pode encarar essas visões diferentes em relação às autoridades como objetos ou representações interiorizadas dessas pessoas. Os indivíduos desenvolvem uma grande variedade de objetos internalizados, incluindo pais, avós, homens, mulheres, colegas e irmãos, entre outros. Esses objetos interiorizados resultam em expectativas sobre como as relações interpessoais são vistas e negociadas. Isso leva por sua vez aos pensamentos e sentimentos associados ao resultado de um encontro interpessoal. Para continuar com o exemplo da autoridade, se uma criança com depressão e uma representação hostil a autoridades é encaminhada para a sala do diretor, espera-se que ela antecipe um encontro severo e humilhante. Por outro lado, vínculos seguros liberam os indivíduos para que estes desenvolvam objetos interiorizados consistentes e experienciem relações interpessoais de forma segura, sem muitos preconceitos provenientes de objetos interiorizados negativos.

Autoconsciência

Durante a segunda metade do segundo ano de vida, a criança começa a experienciar uma diferenciação entre si e os outros. Ela desenvolve objetos ou representações de si mesma e de relacionamentos entre si e os outros. Também nessa época as crianças estão adquirindo linguagens e aprendendo formas simbólicas de expressar emoções. A linguagem nos fornece símbolos ou palavras para diferentes experiências abstratas, incluindo as emoções. Há uma evidência substancial de que os estilos cognitivos autocríticos dos pais sejam transmitidos para seus filhos. Isso resulta em representações internas negativas de si mesmo e que desafiam constantemente a auto-estima do indivíduo. Infelizmente, nesse ponto do desenvolvimento, as percepções de si mesma que uma criança desenvolve são duradouras e resistentes à mudança. É função das pessoas que cuidam dela estabelecer-lhe uma auto-avaliação realista por meio de formas verbais e não-verbais. Por exemplo, você pode dizer que está satisfeito consigo mesmo, mas discutir com seu filho ou desrespeitá-lo. Apesar de sua mensagem verbal, a verdade é óbvia até mesmo para uma criança de dois anos.

Até agora discutimos as quatro tarefas importantes do desenvolvimento que precisam ser superadas para prevenir a depressão. Deve ter ficado claro que, neste modelo, a forma como os pais criam seus filhos está estreitamente relacionada com o início da depressão. Cicchetti descreve três outros sistemas que devem ser considerados no desenvolvimento da depressão: o microssistema, o exossistema e o macrossistema. Não deixe que esses termos o assustem – eles são muito fáceis de serem compreendidos e importantes para entender por que crianças e adolescentes ficam deprimidos.

O Microssistema

Este termo se refere ao sistema dos familiares diretos da criança. Um histórico familiar de distúrbio depressivo é um indicador significativo de que uma criança sofrerá de depressão. Além disso, há diversas variáveis que podem antever a depressão. Se uma pessoa que cuida de uma criança sofre de alguma forma de psicopatologia, há um risco maior de essa criança futuramente sofrer de depressão. Pesquisas demonstraram que depressão, ansiedade, dependência química e comportamento criminoso dos pais estão correlacionados à depressão infantil.

Outros fatores familiares incluem uma condição socioeconômica ruim. Isso representa a condição econômica da família em comparação com outras famílias, considerando renda familiar, tipo de emprego (operário ou executivo) e nível de escolaridade dos pais. Não é propriamente o fato de essas famílias terem menos dinheiro que predispõe a criança à depressão; na verdade é o estresse maior por que passam essas famílias para atender às suas necessidades.

Famílias que estão constantemente em crise ou que passam por experiências negativas têm um risco maior de criar crianças deprimidas. Famílias baseadas em crises são aquelas que têm muitas dificuldades para resolver os próprios problemas. Essas famílias buscam frequentemente apoio social e financeiro de órgãos públicos sem antes tentar resolver a situação. Essa incapacidade de solucionar os problemas pode ser o resultado de uma capacidade ainda menor ou pode ser uma escolha consciente. Um sinal claro de uma família baseada em crises é quando os pais visitam diversos órgãos de assistência social num único dia ao longo de várias semanas, de modo que isso se torne um estilo de vida duradouro. Tudo é uma crise. Para uma criança é extremamente estressante estar em companhia de pessoas constantemente exaltadas.

O Exossistema

Cicchetti descreve o exossistema como a ecologia da criança; isto é, o ambiente fora da família com que a criança interage. Para a criança, isso é a escola fundamental. Desse modo, o ambiente escolar está relacionado com o início da depressão. Nos Estados Unidos, um aumento nas taxas de depressão é observado quando uma criança passa do ensino elementar (da primeira à sexta séries) para o ensino médio (sétima e oitava séries). Embora parte desse aumento seja justificada por questões biológicas e de desenvolvimento, a falta de um ambiente escolar que crie o indivíduo pode exacerbar ou iniciar um episódio depressivo. As pesquisas demonstraram que as crianças que sentem algum tipo de relação com sua comunidade escolar costumam se ajustar melhor e experienciar menos psicopatologias.

A disponibilidade de serviço de apoio está incluída no exossistema. As escolas poderiam aumentar a quantidade de serviços disponíveis para as crianças aproveitando-se do que se denominam serviços "extensivos". Há vários serviços estaduais e municipais disponíveis para as crianças, mas muitas famílias encontram dificuldades para ter acesso a estes serviços. Ao se fornecer um espaço para abrigar esses serviços na escola, as crianças poderiam ter um acesso mais rápido aos mesmos, promovendo uma relação maior com a escola. De fato, em situações em que se implementa serviços extensivos, muitas famílias, historicamente distantes da escola, vêm até ela com mais frequência e sentem-se mais à vontade para participar da educação de seus filhos.

Em zonas rurais pode não haver a disponibilidade de serviços encontrada em cidades grandes. Isso pode levar a um exossistema que proteja menos a criança da depressão. Obviamente, pode-se argumentar que possivelmente há menos estressores e uma proporção aluno/professor mais favorável em ambientes rurais, levando a uma menor necessidade desses serviços.

O Macrossistema

O macrossistema inclui os valores e as normas que fazem parte de uma cultura. Embora existam poucas pesquisas sobre a influência de variáveis culturais na manifestação da depressão, essa ideia é intuitivamente interessante. Nesse caso específico, o clima político pode resultar em mudanças quanto à disponibilidade de recursos para campanhas educacionais e preventivas para problemas mentais. Além disso, as mudanças econômicas podem gerar estressores ainda maiores em famílias já estressadas. Seria difícil negar que a Grande Depressão resultou em depressão emocional, além da econômica.

Pesquisas sobre o suicídio demonstraram o aumento de casos em situações em que a cultura tradicional se deteriorou e foi substituída por uma mais industrializada e urbana. Por exemplo, os suicídios são mais frequentes no Nordeste americano do que no Sul. De acordo com Cicchetti, isso sugere que a falta de apoios tradicionais pode resultar num risco maior de ajuste comprometido e depressão.

Resumo dos Modelos de Depressão Ligados ao Desenvolvimento

A partir da perspectiva do desenvolvimento infantil, há diversas tarefas importantes que uma criança deve dominar para proteger-se da depressão. Essas tarefas não podem ser dominadas sem a ajuda e a atenção significativas dos pais. O resumo a seguir apresenta essas tarefas e o que os pais devem fazer para encorajar o domínio delas por parte de seus filhos:

- Atenda às necessidades fisiológicas básicas da criança, como comida e bem-estar, sem que ela tenha de expressar muitas emoções negativas. Isso exige que os pais estejam em sintonia com as formas emocionais de comunicação da criança para que a atendam de forma relativamente rápida. Isso permite que a criança desenvolva a capacidade de auto-regular suas emoções. O esforço inicial para atender às necessidades da criança pode evitar um grande esforço que deverá ser feito caso ela não desenvolva essa capacidade.
- Socialize a criança para que ela expresse e responda a uma grande variedade de demonstrações de afeto. Os pais fazem isso mostrando à criança como expressar diversas emoções em situações apropriadas e imitando as demonstrações emocionais da criança quando estas são adequadas.
- Desenvolva um vínculo seguro entre a criança e as pessoas que cuidam dela. Nesse caso os pais devem ser consistentes e responsivos para com a criança. Isso pode exigir que as pessoas que cuidam da criança superem diferenças entre seu temperamento e o de seu filho. Além disso, grandes perdas e a falta de contato com o conforto podem resultar em vínculos inseguros.
- Desenvolva uma autoconsciência adequada na criança e ajude-a a diferenciar-se dos outros. Os pais fazem isso ensinando à criança vários símbolos (palavras) para representar emoções e construir adequadamente um sentimento positivo em relação a ela mesma por meio de suas palavras, expressões e ações. Um pai com uma auto-estima razoável ensinará seu filho a ter uma auto-estima razoável.

Teorias Sobre a Depressão

Essas tarefas estão relacionadas à organização dos sistemas psicológicos e biológicos da criança. Outros três sistemas, resumidos a seguir, têm impacto no desenvolvimento da depressão:

- O microssistema são os familiares diretos. Um histórico de depressão familiar é um fator de risco significativo para a depressão infantil. Além disso, as famílias cujos membros sofrem de psicopatologias, famílias com crises frequentes, e famílias com condição socioeconômica ruim correm risco de ter crianças com depressão.
- O exossistema é a comunidade imediata da criança, incluindo a escola e apoios sociais. É importante que uma criança sinta-se ligada à comunidade escolar para evitar a depressão. Além disso, a disponibilidade de sistemas de apoio pode reduzir o estresse escolar e resultar numa menor probabilidade de depressão.
- O macrossistema envolve a cultura em que a criança é criada. Demonstrou-se que culturas que deixaram de lado seu legado tradicional aumentaram o risco de suicídio e supostamente de depressão.

A teoria da depressão ligada ao desenvolvimento é bastante abrangente e útil para compreender o que deprime as crianças. Apesar da amplitude dessa teoria, ela não explica tudo. Acredito que ela explique, junto com o modelo biológico a ser discutido em seguida, a gênese da diátese para depressão; isto é, a vulnerabilidade psicológica e biológica causada pelo estresse e que resulta em depressão. Outras teorias sobre a depressão dão mais detalhes sobre como a criança experiencia comportamental e cognitivamente a depressão e sugerem mais tratamentos reativos do que o recomendado pelo modelo descrito anteriormente, ligado ao desenvolvimento.

Modelos Biológicos de Depressão

Há poucas dúvidas de que exista um aspecto biológico para a depressão. Como descrito no item anterior, há um risco maior de depressão quando esta já é observada num membro dos familiares diretos da criança.

Há três questões básicas a serem consideradas quando se pensa sobre a biologia da depressão. A primeira é a genética. Há um gene ou conjunto de genes em particular que predisponha uma pessoa à depressão? A segunda questão está relacionada com os neurotransmissores. Excesso ou falta de substâncias químicas que transmitem informações entre as células causam depressão? A terceira está ligada aos hormônios. Há substâncias químicas correndo pelo nosso corpo que causam depressão? Essas são as questões que vamos abordar a seguir.

Genética e Depressão

A maioria dos cientistas que estudam a depressão acredita que esta tem um componente genético. Os genes são a parte do DNA humano (a codificação de um ser humano) que sintetiza proteínas e resulta em todos os processos e estruturas corporais. Como há tantas formas de depressão, não se espera que seja encontrado apenas um gene responsável por toda depressão. Provavelmente haverá uma variedade de genes trabalhando em conjunto ou operando em momentos diferentes para explicar melhor os diversos tipos de depressão.

No entanto, até este momento esses genes não foram conclusivamente identificados. Há algumas evidências de que um ou mais dos genes nos cromossomos 18 e 21 tornem uma pessoa vulnerável ao distúrbio bipolar. É importante descobrir os genes responsáveis pela depressão por diversos motivos. Em primeiro

Teorias Sobre a Depressão

lugar, o diagnóstico da depressão será auxiliado à medida que melhora nossa capacidade de analisar os genes de uma pessoa. Segundo, informações mais precisas estarão disponíveis para o aconselhamento genético dos pais. Terceiro, o futuro pode permitir que a engenharia genética acabe com a possibilidade de depressão. Embora o debate seja controverso, a possibilidade de acabar com a depressão antes do nascimento tem um certo apelo.

Sem ter identificado os genes, como estamos tão certos de que há um componente genético na depressão? Estudando relações na família, gêmeos e filhos adotivos, pesquisadores podem demonstrar, sem que pairem muitas dúvidas, que a depressão é passada adiante geneticamente na família.

Como exemplo, estudos de gêmeos comparam a taxa com que tanto gêmeos idênticos como gêmeos fraternos têm depressão. Gêmeos idênticos comportam-se geneticamente como indivíduos idênticos, pois derivam de um único ovo fertilizado; isto é, eles compartilham o mesmo material genético. Gêmeos fraternos vêm de dois ovos diferentes e compartilham apenas metade do mesmo material genético. Desse modo, eles não são geneticamente diferentes de irmãos comuns. Estudos desse tipo normalmente foram conduzidos em gêmeos com distúrbio bipolar. Quando as taxas de distúrbio bipolar são comparadas entre gêmeos idênticos e gêmeos fraternos, obtém-se um resultado impressionante. Ambos os gêmeos idênticos experienciam o distúrbio bipolar entre 50% e 92,5% das vezes. Por outro lado, ambos os gêmeos fraternos experienciam distúrbio bipolar entre 0% e 38,5% das vezes. Esse resultado vale tanto para gêmeos que são criados no mesmo lar como para aqueles que são criados em locais separados. Essa é uma evidência forte de que os genes têm algum papel na depressão.

Neurotransmissores e Depressão

Neurotransmissores são as substâncias químicas fundamentais na comunicação entre as células cerebrais, chamadas neurônios. O cérebro humano possui bilhões de neurônios. Eles secretam neurotransmissores numa extremidade, enquanto o neurônio receptor se liga temporariamente a esses neurotransmissores para receber a mensagem. O que é difícil de imaginar sobre os neurotransmissores é que cada molécula tem a responsabilidade de encaixar-se no neurônio receptor como uma chave numa fechadura e passar a mensagem adiante. (Tenho receio de usar o termo *substância química* quando me refiro aos neurotransmissores, pois pode-se pensar erroneamente que o cérebro está usando grandes quantidades desses neurotransmissores, como vinagre e óleo são usados para temperar uma salada. Nesse exemplo, é preciso a quantidade certa de vinagre e de óleo para que o tempero fique bom. O cérebro humano não funciona dessa maneira. Os neurotransmissores só estão presentes em determinadas partes do cérebro, não havendo relação entre a depressão e o equilíbrio entre neurotransmissores. Ao contrário do vinagre e do óleo, o problema com os neurotransmissores está relacionado à forma como estes são metabolizados e em que quantidade são produzidos numa determinada parte do cérebro. Desse modo, o termo *desequilíbrio químico*, excessivamente usado, de fato não faz sentido.)

Há dois neutransmissores envolvidos na depressão, a norepinefrina e a serotonina. O problema surge quando não há neurotransmissores suficientes no espaço entre dois neurônios em comunicação (chamado de fenda sináptica) para que a mensagem seja transmitida. Nesse caso, a resposta mais simples é aumentar a quantidade de neurotransmissores na fenda sináptica. É isso o que fazem os antidepressivos por meio de uma variedade de mecanismos.

A primeira noção de que os neurotransmissores estavam envolvidos na depressão surgiu na década de 1950. Descobriu-se que os pacientes que tomavam um remédio chamado Reserpina ficavam deprimidos. A Reserpina reduz a classe de neurotransmissores chamados monoaminas. Você deve observar que a norepinefrina e a serotonina são dois neurotransmissores da classe das monoaminas. A partir dessa informação, desenvolveram-se os primeiros antidepressivos, chamados de inibidores de monoaminas oscidase (IMAOs). Como o problema neurobiológico que causa a depressão é a falta de neurotransmissores, os primeiros antidepressivos impediam o mecanismo da célula cerebral que destrói as monoaminas. Ao fazê-lo havia um aumento na disponibilidade de monoaminas para enviar mensagens entre as células. Os inibidores de oxidase de monoaminas são usados ainda hoje, mas normalmente são o último recurso. Isso se deve ao fato de não serem muito "limpos", o que significa que afetam muitos sistemas cerebrais, além daqueles associados à depressão (esses efeitos não-pretendidos normalmente são conhecidos como efeitos colaterais). O objetivo seguinte foi compreender melhor os detalhes sobre quais monoaminas causavam a depressão.

A relação entre a norepinefrina e a depressão foi sustentada pelo desenvolvimento de uma droga que bloqueia seletivamente a retirada da norepinefrina da fenda sináptica. Mantendo o neurotransmissor na fenda sináptica por mais tempo, é outra forma de aumentar a quantidade do neurotransmissor, necessária para facilitar a comunicação entre os neurônios. De fato, é dessa forma que a maioria dos antidepressivos mais recentes funciona.

O neurotransmissor serotonina está relacionado com a depressão da mesma forma que a norepinefrina. As drogas inibidoras de reabsorção serotonina-específico (IRSE) levam a uma redução substancial dos sintomas depressivos, com o benefício adicional de poucos efeitos colaterais. As drogas antidepressivas que funcionam dessa forma incluem Prozac, Zoloft, Serzone, Paxil e Luvox. Acredita-se que um aumento do nível de serotonina alivia diretamente a depressão, assim como aumenta a disponibilidade de norepinefrina ao estabelecer rotas interligadas no cérebro. Os antidepressivos mais recentes à disposição, como o Effexor, têm como alvo tanto a serotonina como a norepinefrina. As vantagens e desvantagens do tratamento antidepressivo serão discutidas no capítulo sobre o tratamento da depressão. Entretanto, fica claro que a identificação dos neurotransmissores ligados à depressão possibilitou uma opção importante de tratamento.

Hormônios e Depressão

A resposta do corpo a ameaças é ativada pelos hormônios. A resposta clássica é a de "luta ou fuga"; isto é, o corpo se prepara para ficar onde está e enfrentar diretamente uma ameaça ou então fugir dela. O sistema cerebral específico que responde ao estresse e resulta na secreção de hormônios é chamado de eixo hipotalâmico-hipofisário-adrenal (HHA). O eixo HHA encontra-se na base do cérebro, logo acima da boca, e inclui a parte chamada hipotálamo e as duas glândulas ligadas ao cérebro, chamadas hipófise e glândula adrenal. A resposta hormonal ao estresse é bem complexa, mas basta dizer que, quando o cérebro percebe uma ameaça, o eixo HHA começa a liberar hormônios.

É interessante observar que os pesquisadores descobriram que os hormônios liberados pelo eixo HHA se encontram em níveis cronicamente elevados em indivíduos deprimidos. A substância química específica que os pesquisadores acreditam estar relacionada à depressão é o fator liberatório de corticotropina

(CRF), secretada pelo hipotálamo. As evidências demonstram que, em resposta aos medicamentos antidepressivos, os níveis de CRF diminuem em indivíduos deprimidos. Além disso, a CRF causa alguns dos sintomas primários da depressão, que incluem insônia, falta de apetite e ansiedade.

Nenhum tratamento foi desenvolvido a partir das informações sobre a CRF, mas as descobertas sustentam consideravelmente a base biológica da depressão, assim como o modelo de diátese--estresse descrito no capítulo 1. Como indivíduos deprimidos estão produzindo cronicamente CRF em demasia, quando ficam sob estresse a produção de CRF aumenta ainda mais. Pesquisas importantes de Charles Nemeroff, da Emory University, mostraram que, em indivíduos com uma produção já elevada de CRF, os estressores podem aumentar ainda mais essa produção de modo permanente. Desse modo, esses indivíduos tornam-se deprimidos (diátese), sendo que um estressor pode aumentar a produção corporal de CRF e iniciar o episódio depressivo. Como a mudança na produção de CRF é relativamente permanente, a depressão torna-se um ciclo crônico.

Teorias Comportamentais da Depressão

Embora você possa estar certo ao admitir que todos os psicólogos estudam o comportamento, as teorias comportamentais da depressão se concentram no papel do aprendizado na compreensão da diligência humana. Ao contrário de outros estudiosos, que acreditam haver motivos, necessidades e impulsos desconhecidos que influenciam o comportamento, os psicólogos comportamentais concentram-se no comportamento manifestado como unidade de estudo. Eles afirmam que não é necessário estabelecer os processos desconhecidos, como impulsos e motivos, para descobrir e modificar o comportamento. Embora os psicólogos comportamentais tenham realizado uma quantidade enorme de pesquisas, há basicamente três explicações diferentes da psicologia comportamental para a depressão infantil. Estas são o condicionamento, o condicionamento operante e a teoria do aprendizado social.

Condicionamento Clássico

O condicionamento clássico é o tipo original de psicologia comportamental. Na virada do século XX, um psicólogo russo, Ivan Pavlov, conduziu estudos sobre o processo digestivo dos cães. Em seu laboratório, Pavlov prendeu os cachorros e introduziu tubos na boca deles para coletar a saliva. Em seguida ele ofereceu pó de carne aos cães e começou a medir a saliva. Dia após dia, Pavlov e seus assistentes entravam na sala para dar comida aos cães e medir a quantidade de saliva que secretavam. Logo Pavlov percebeu que seus cachorros começavam a salivar quando ele entrava no quarto, antes que recebessem pó de carne para que salivassem. Pavlov percebeu acidentalmente que os cachorros associavam o som da porta se abrindo à carne sendo servida a eles. Agora os cães salivavam com o abrir da porta. Consequentemente, eles aprenderam e reagiram num nível fisiológico. Pavlov criou o termo *condicionamento*, e o tipo de aprendizado que ele descobriu é conhecido como condicionamento clássico. Nesse tipo de aprendizado, o organismo (do cachorro ou ser humano) aprende sobre o ambiente ao esperar passivamente e responder àquilo que as circunstâncias oferecem. Pavlov e outros pesquisadores continuaram a explorar o condicionamento clássico, desenvolvendo experiências que eles consideravam ser análogas para os seres humanos. Um estudo em particular foi citado como explicação para a depressão sob a perspectiva do condicionamento clássico. Nesse estudo, o pesquisador ensinou ao cachorro que a carne seria fornecida quando um círculo fosse apresentado. Contudo, o cachorro sofreria um choque elétrico caso se apresentasse uma forma oval. Uma vez treinado para esperar por essas contingências, o pesquisador gradualmente começou a mudar a forma dos objetos, tornando o círculo cada vez mais oval e a forma oval cada vez mais circular, até que fosse praticamente impossível para o cachorro diferenciar as duas. Pavlov observou que, à medida que os círculos e as figuras ovais tornavam-se mais semelhantes quanto à forma e os cães não conseguiam antecipar se receberiam carne ou choque elétrico, estes demonstravam inquietação e agitação, além de morder-se. Pavlov afirmou que a aflição psicológica, incluindo a depressão, era resultado da incapacidade de prever e lidar com as contingências que o mundo real nos oferecia. Do ponto de vista do condicionamento clássico, uma criança pode demonstrar depressão como resultado de ambiguidade e inconsistência na forma como recompensas e punições são oferecidas. Por exemplo, se uma criança acredita que o pai é afetuoso e atencioso, mas ocasionalmente agressivo e mau sem nenhum aviso prévio, ela pode ficar chateada e, caso isso ocorra com frequência, deprimida. Os terapeutas que trabalham com filhos de alcoólatras observam esse fenômeno. Às 5 da tarde a criança tem um pai que está estressado com o dia duro de trabalho e quer ser deixado em paz. Às 6h30, o mesmo pai, agora tomando sua segunda ou terceira dose de bebida, é carinhoso e diverte a criança contando histórias. Às 8 horas, por nenhuma razão aparente, agora na sua sexta dose, ele fica irritável e grita sem ter nenhum motivo aparente. A criança, que permaneceu praticamente igual durante toda a tarde, viu o pai afastá-la, acolhê-la e então gritar e ameaçá-la. Muitas vezes essas crianças ficam deprimidas e necessitam de afeto, mas temem aproximar-se de seus pais.

Condicionamento Operante

Uma teoria comportamental mais recente é a de B. F. Skinner, que reconheceu que as pessoas não são organismos passivos, presos como os cachorros de Pavlov. Em vez disso, elas operam em seus ambientes e, ao fazê-lo, aprendem quais são os resultados disponíveis para elas. Essa teoria comportamental é conhecida como condicionamento operante ou aprendizado de tentativa-e--erro. Ele afirmou que temos a tendência de fazer coisas que provocam sensações boas e evitar o que nos causa dor. No mundo de Skinner, as pessoas, inclusive as crianças, assumem a tarefa de explorar seu mundo, descobrindo o que provoca sensações boas e fazendo isso quanto puderem. Por outro lado, quando nos deparamos com situações que causam dor, costumamos evitá-las no futuro. De acordo com Skinner e aqueles que defendem sua teoria, a depressão ocorre quando somos incapazes de criar ou descobrir situações que provoquem prazer. Após tentar repetidamente e fracassar, costumamos desistir. Ao desistir, não estamos mais tentando, e quando não tentamos levar prazer às nossas vidas há muito pouca alegria nela. Esses psicólogos examinaram particularmente a importância do contato social. É crucial que as pessoas recebam o reconhecimento e o apoio dos outros. De acordo com esses pesquisadores, a depressão ocorre quando a pessoa não consegue descobrir uma forma de ter a aceitação e a atenção daqueles com quem deseja interagir. Após tentar e tentar, apenas fracassando, elas desistem. Ao desistir, costumam obter pouca ou nenhuma aceitação de que necessitam de forma tão desesperada. Imagine uma adolescente que se muda para uma comunidade nova. Como qualquer outra criança, ela quer a aceitação das outras garotas em sua classe. Se tenta entrar num grupo e é rejeitada, ela pode tentar mais uma ou duas vezes, mas mais cedo ou mais tarde desistirá. Não é uma surpresa o fato de que essa jovem é uma grande candidata a tornar-se deprimida. Do ponto de vista do condicionamento operante, por mais que tente, ela não consegue encontrar a chave para receber a recompensa e acaba desistindo.

Teoria do Aprendizado Social

Uma terceira forma de compreender a depressão de uma perspectiva comportamental é a teoria do aprendizado social, que normalmente é associada a Albert Bandura. Para Bandura, o comportamento, incluindo a depressão, pode ser compreendido ao observar-se as interações entre as pessoas e o ambiente. Ele acreditava que, do mesmo modo que o ambiente molda a pessoa, a pessoa molda o ambiente. Se você considerar por um momento as diversas formas como o comportamento da criança determina seu comportamento com o pai, poderá apreciar o ponto de vista de Bandura. Outra contribuição importante de Bandura foi o conceito do modelo, que é o aprendizado por meio da observação dos outros. Lembre-se de que Pavlov compreendeu o tipo de aprendizado em que somos recompensados e punidos passivamente por outros, enquanto Skinner desenvolveu o aprendizado de tentativa-e-erro. Agora imagine como seria aprender a dirigir um carro por meio de um desses modelos. Levaríamos horas, talvez dias, apenas para descobrir onde colocar a chave e como virá-la. Obviamente, aprendemos muito de nossos comportamentos observando os outros. Qualquer pessoa que tenha filhos pode apreciar a experiência de surpreender-se (e às vezes envergonhar-se) com aquilo que eles aprendem conosco e imitam (aparentemente na pior hora possível). Para a teoria do aprendizado social, a depressão infantil pode ser o resultado da observação de formas ineficientes utilizadas por outros, inclusive pais e amigos, para lidar com as dificuldades da vida. Ao chegar à adolescência, as crianças já tiveram milhões de oportunidades de ver como lidar com problemas, porém a maioria das pessoas que lhes servem de modelo trata os problemas de forma inadequada. A divergência entre a experiência vivida e a forma incorreta adotada por alguns, pode levar os jovens à depressão.

Várias abordagens para o tratamento da depressão derivam do modelo comportamental da depressão. Elas incluem:

- *Monitoramento diário* – tenha um diário ou registro dos acontecimentos prazerosos que acontecem ao longo do dia.
- *Treinamento de relaxamento* – use uma das diversas técnicas (respiração profunda, aromaterapia, meditação, mentalização positiva ou massoterapia) para relaxar e reduzir o estresse e a ansiedade.
- *Administração de acontecimentos adversos* – aprenda a não reagir exageradamente a situações que o chateiem.
- *Administração do tempo* – aprenda a organizar seu dia de modo que você seja mais produtivo e menos pressionado pelas tarefas que necessitam ser feitas.
- *Aumento das atividades prazerosas* – gaste um certo tempo e planejamento com a realização de passatempos agradáveis.

Teoria Cognitiva da Depressão

Uma perspectiva importante sobre a depressão infantil é a teoria cognitiva. De acordo com os estudiosos cognitivos, grande parte da nossa realidade é construída por nossos pensamentos e pelo modo como acreditamos que sejam as coisas. No fundo, achar que um copo está metade vazio ou metade cheio faz parte da perspectiva do estudioso cognitivo. Para ele, como pensamos e o que pensamos determina o que sentimos, que por sua vez determina o que fazemos. Aqui está um exemplo simples: se acreditamos que somos ruins em matemática, quando nos vemos diante de um problema de matemática provavelmente não vamos nos esforçar muito porque já admitimos que isso é difícil demais e que vamos fracassar. Se me esforço pouco, provavelmente vou fracassar mais vezes do que outra pessoa com habilidades matemáticas comparáveis às minhas, mas com uma visão mais positiva. Ao esforçar-me pouco e consequentemente fracassar, reforço minha percepção de que sou ruim em matemática; minha atitude derrotista em relação à matemática prevalece. Por outro lado, uma pessoa com habilidades matemáticas comparáveis, mas com uma visão mais otimista, vai se esforçar mais, acertar algumas perguntas e gradualmente melhorar sua habilidade matemática e sua autoconfiança. Dessa forma, os estudiosos cognitivos afirmam que construímos nossa própria realidade.

Diversos psicólogos cognitivos examinaram processos cognitivos específicos diretamente relevantes para a depressão infantil, incluindo Albert Ellis, Aaron Beck, Donald Meichenbaum e Martin Seligman. Na década de 1950, Albert Ellis desenvolveu a teoria emotiva racional, uma abordagem para o tratamento da depressão e ansiedade desenvolvida para livrar um indivíduo desses distúrbios ao combater essas ideias irracionais e derrotistas. Ellis enfatizou o papel da cognição no comportamento. Ao contrário de seus colegas da psicologia comportamental, que viam as ações humanas em termos de comportamentos, recompensas e punições, Ellis introduziu o conceito de que os comportamentos humanos eram, em grande parte, resultado de como interpretamos os acontecimentos. Para Ellis, um acontecimento ocorria e em seguida era interpretado pelo observador. Obviamente a interpretação do acontecimento por parte de cada pessoa era parcial, baseada no estado mental e retrospecto de cada um. A partir dessa interpretação, a pessoa responderia de acordo. A questão não é o acontecimento ao qual respondemos, mas nossa interpretação do mesmo.

Ellis afirmou que há uma relação direta e clara entre nossos raciocínios, sentimentos e comportamentos. Se temos raciocínios depressivos, ficaremos deprimidos e nos comportaremos como pessoas deprimidas. Por sua vez, ele acredita que se você modifica uma dessas três funções principais da vida (raciocínio, sentimento ou comportamento), é inevitável que as outras duas também mudarão. Para Ellis e outros psicólogos cognitivos, é preciso atacar o raciocínio. Ele acreditava que as pessoas têm uma predisposição natural para pensar sobre si e sobre o mundo de forma saudável e racional, mas as instituições sociais, como a família, a escola e a mídia, bombardeavam a criança com conceitos irracionais e derrotistas.

Do ponto de vista de Ellis, há três ideias irracionais primárias que levam a distúrbios: exigência, execração e auto-avaliação. A exigência é a tendência a acreditar que precisamos ou devemos ter aquilo que apenas desejamos ter. É uma tendência equivocada pensar que não podemos viver sem aquilo que apenas queremos. A pessoa está ilogicamente dizendo: "Como quero algo, não posso viver sem isso". Esse tipo de raciocínio cria uma necessidade e um desespero falsos quando os desejos não são realizados. "Execração" é a tendência a pensar que as coisas devem ser de uma certa forma e, quando as coisas não são como deveriam ser, elas são terríveis. No entanto, quando apenas uma determinada coisa não vai ao encontro de suas expectativas, a pessoa pensa: "Tudo em minha vida é horrível". Um último aspecto sobre a execração é a crença de que, caso as expectativas não se realizem e as coisas estejam ruins, a vida torna-se intolerável e insuportável. Um terceiro tipo de pensamento irracional é a auto-avaliação, o ato ilógico e quase universal de classificar-se como bom ou mau por fazer ou não fazer uma coisa que "deveria" ter sido feita. Os médicos não trabalham com a auto-avaliação para desencorajar a consideração de um indivíduo sobre seu desempenho, mas sim para combater a tendência de generalizar tudo excessivamente e classificar-se como bom ou mau com base numa ação específica. A avaliação deve, pelo menos, se limitar à área em questão: "Tenho dificuldades com tabuadas" em vez de "sou estúpido". Um objetivo da terapia emotiva racional é ajudar e orientar o indivíduo na identificação das próprias crenças irracionais e sua substituição por afirmações racionais que levem a uma vida mais saudável.

Logo após Ellis, Aaron Beck estudou o papel da cognição na causa da depressão. Para Beck, a depressão é o resultado de ver a si mesmo, o futuro e o mundo de uma forma tão negativa, que foge da realidade. Essa visão é denominada por Beck como tríade negativa (eles mesmos, o mundo, o futuro). Pessoas deprimidas se vêem como desmerecedoras, incapazes e indesejáveis. Elas vêem o mundo em termos igualmente negativos e não esperam que ele melhore de alguma forma. Beck descreveu os seguintes erros comuns no mundo como as pessoas deprimidas processam as informações; isto é, falhas na lógica de pessoas deprimidas.

- *Dedução arbitrária* – chegar a conclusões sem provas ou quando as evidências levam ao contrário do que se concluiu.
- *Abstração seletiva* – a tendência de concentrar-se nos detalhes negativos de uma situação ou classificar toda a experiência com base nesse fragmento negativo.
- *Generalização excessiva* – a tendência a formular uma regra ou conclusão geral com base num incidente isolado ou aplicar o conceito indiscriminadamente para situações relacionadas ou não.
- *Exagero ou indiferença* – a tendência a superestimar a importância de acontecimentos indesejáveis e subestimar a importância de acontecimentos desejáveis.

- *Personificação* – a tendência a relacionar acontecimentos exteriores a si mesmo sem que haja evidências.
- *Raciocínio tudo-ou-nada* – a tendência a ver as coisas em termos absolutos, preto-ou-branco ou tudo-ou-nada.

Acredita-se que esses equívocos de lógica sejam o porquê de as pessoas suscetíveis à depressão terem uma tendência a ver tudo de forma extremada, negativa, categórica ou crítica.

Donald Meichenbaum recebeu o crédito pelo desenvolvimento da modificação cognitiva do comportamento, uma combinação de abordagens cognitivas e comportamentais para compreender e tratar a depressão. A modificação cognitiva do comportamento utiliza técnicas comportamentais para alterar o raciocínio depressogênico (causador de depressão). Como seus colegas da corrente cognitiva, Meichenbaum acredita que a depressão é causada basicamente pela "consideração negativa sobre si mesmo", interpretação errônea dos acontecimentos e um raciocínio deturpado ou irracional. Ele utiliza a abordagem comportamental para modificar o raciocínio do indivíduo deprimido. Algumas abordagens específicas usadas na modificação cognitiva do comportamento incluem:

- *Renomeação ou reconsideração* – criar alternativas e interpretações mais positivas para um acontecimento.
- *Revalorização anticatastrófica* – ensinar a pessoa a resistir ao impulso de chegar logo a uma conclusão exagerada, negativa e improvável.
- *Interrupção do raciocínio* – reconhecer e interromper afirmações negativas sobre si mesmo, sobrepondo-as com afirmações mais sinceras e positivas.

Uma pessoa que contribuiu recentemente para a compreensão cognitiva da depressão é Martin Seligman. No começo de sua carreira, Seligman ganhou notoriedade pelo seu conceito de desamparo aprendido. Mais recentemente, ele desenvolveu uma continuação de seu raciocínio, conhecida como otimismo aprendido. De acordo com Seligman, a depressão é o resultado de formas específicas de o indivíduo reagir a contratempos. Sua teoria se concentra naquilo que o indivíduo considera ser a razão do contratempo – isto é, o que a pessoa vê como sendo a causa de seu fracasso. Isso determina se a pessoa sofrerá de depressão. Baseando-se no trabalho de outros pesquisadores, Seligman dá importância a três dimensões explicativas. Primeiro, a causa pode ser algo relacionado à pessoa (explicação interior) ou algo relacionado à situação ou à circunstância (explicação exterior). Segundo, a causa pode ser um fator que persistirá ao longo do tempo (explicação estável) ou um acontecimento transitório (explicação instável). Finalmente, a causa pode influenciar diversos resultados (explicação global) ou pode se restringir ao acontecimento que está sendo interpretado (explicação específica). Como acontecimentos bons ou ruins são interpretados afeta o indivíduo. Se uma criança cria uma explicação interior para um acontecimento ruim ("fui mal na prova porque sou burro"), a criança aumenta o risco de prejudicar sua auto-estima. Se a criança usa explicações exteriores para o mesmo acontecimento ("fui mal na prova porque meu professor não sabe fazer provas"), a auto-estima da criança pode permanecer intacta. Explicações estáveis ("fui mal na prova porque sempre fui burro") levam a atribuições mais crônicas e inalteráveis do que explicações instáveis ("fui mal na prova porque não estudei"). Explicações globais ("fui mal na prova porque não sei fazer nada direito") levam a uma sensação mais disseminada de incompetência do que explicações específicas ("tenho dificuldades com contas grandes de divisão"). Em seu primeiro trabalho, *Learned Helpless*, Seligman ofereceu uma compreensão de como estilos de atribuição interna, estável e global levam à depressão. Sua obra mais recente, *Learned Optimism, oferece ajuda por meio de abordagens específicas desenvolvidas para transformar pessimistas em otimistas por meio do enfrentamento do raciocínio negativo.*

Capítulo 4

Problemas Emocionais que Podem Ocorrer com a Depressão

Infelizmente, em crianças há uma tendência de ocorrerem vários problemas emocionais ao mesmo tempo. De modo geral, 40% a 70% das crianças e adolescentes com depressão sofrem de outros problemas emocionais diagnosticáveis. Entre 20% e 50% experienciam dois ou mais distúrbios psiquiátricos além da depressão. Comorbidade é o termo usado para descrever a ocorrência de mais de um distúrbio ao mesmo tempo num indivíduo. O termo *comorbidade* será usado neste capítulo para descrever distúrbios que ocorrem em crianças simultaneamente à depressão. As descrições desses problemas emocionais foram adaptadas do *Manual de Diagnóstico e Estatística dos Distúrbios Mentais (DSM-IV)*.

A classe de problemas emocionais comórbidos que ocorre com mais frequência são os distúrbios de ansiedade. Dentre estes, o problema comórbido mais comum é a ansiedade da separação. A segunda classe mais frequente de distúrbios comórbidos com a depressão é a dos distúrbios de alteração. Destes, o mais comum é o distúrbio de conduta. Outro distúrbio comórbido comum em adolescentes é a dependência química. Sem complicar muito a questão, é importante observar que um distúrbio distímico é considerado uma condição comórbida quando ocorre durante uma depressão grave. Isso ocorre porque há critérios diferentes para cada distúrbio. (A comorbidade do distúrbio distímico e da depressão grave foi discutida no capítulo 2, em Depressão Dupla.)

Uma forma de entender por que tantas crianças experienciam mais de um distúrbio emocional é relacionar esse fato ao desenvolvimento de sua personalidade. As crianças estão se desenvolvendo de várias formas, incluindo o desenvolvimento cerebral, físico e de personalidade. Como discutimos no capítulo 3, quanto às teorias da depressão ligadas ao desenvolvimento, acontecimentos no início da vida vão determinar se uma criança ficará deprimida. Contudo, a personalidade de uma criança não se forma completamente até um momento muito posterior a seu desenvolvimento, como o final da adolescência e o começo da idade adulta. Dessa forma, nenhum dos distúrbios comórbidos engloba todos os aspectos da diátese. Embora muitos dos distúrbios de interiorização e alguns distúrbios de exteriorização compartilhem uma mesma base biológica, experienciar continuamente estressores ao longo do período de desenvolvimento define em parte quais serão os problemas emocionais proeminentes no futuro.

O Impacto da Comorbidade

Além de complicar o tratamento, a comorbidade é um indicador de diversos resultados clínicos desfavoráveis. As crianças com problemas comórbidos têm um risco maior de recaída para um episódio de depressão grave. Além disso, essas crianças tendem a sofrer de episódios depressivos mais longos. Enquanto um episódio depressivo típico para uma criança pode durar de nove a doze meses, em casos de comorbidade o ciclo de episódios pode durar até dois anos. Crianças e adolescentes com distúrbios comórbidos, como ansiedade e distúrbio de conduta, correm um risco maior de dependência química, suicídio e desenvolvimento comprometido das habilidades sociais do que crianças que sofrem apenas de depressão.

Distúrbios de Ansiedade

Distúrbios de ansiedade incluem o distúrbio de ansiedade da separação, o distúrbio do pânico, fobias, o distúrbio obsessivo-compulsivo e o distúrbio de ansiedade generalizada (DAG), os quais podem ser comórbidos com a depressão. O distúrbio comórbido de ansiedade mais comum em crianças é o distúrbio de ansiedade da separação, visto em aproximadamente 36% das crianças com depressão. A afetividade negativa, descrita no capítulo 2, é um tipo específico de combinação de distúrbio depressivo e de ansiedade, diagnosticado principalmente por meio de testes de personalidade e informações sobre o histórico de como os pais criaram o filho; ela é considerada uma forma separada de depressão e, portanto, não se inclui nos distúrbios de ansiedade. Os distúrbios comórbidos de ansiedade neste capítulo podem ser diagnosticados isoladamente. Essa é uma distinção sutil mas importante para quem conduz pesquisas sobre a depressão.

Pessoas com distúrbios de ansiedade demonstram sintomas motores, fisiológicos e cognitivos. Assim como na depressão, cada tipo de distúrbio de ansiedade apresenta níveis maiores ou menores de cada tipo de sintoma. A seguir resumimos os sintomas da ansiedade:

- *Sintomas motores* – tremer, roer as unhas, chupar o dedo, gaguejar, forçar a mandíbula e evitar os outros.

- *Sintomas fisiológicos* – batimentos cardíacos acelerados, sudorese, mudança na tensão muscular, respiração aumentada, falta de ar, náusea, vômito, dor de estômago e urinar frequentemente.
- *Sintomas cognitivos* – sentir-se amedrontado, esperar por perigos, sensação de ser inadequado ou incompetente ou visões de lesão corporal.

Pesquisas mostraram que crianças com depressão e ansiedade ao mesmo tempo apresentam ainda mais reclamações físicas (reclamações somáticas) do que seria esperado de uma criança apenas deprimida com a mesma idade. Especificamente nesse caso, os sintomas mais comuns são delírios ou tonturas, enjôo e dor nas costas. Outros sintomas comuns incluem dor de estômago, vômito e problemas menstruais. As pesquisas demonstraram que, quanto mais grave a ansiedade e a depressão, mais graves os sintomas. Isso tem implicações importantes na identificação de crianças com problemas emocionais. Crianças que faltam frequentemente à escola devido a esses problemas difusos de saúde devem ser avaliadas para descartar a possibilidade de depressão ou ansiedade. Uma criança com diagnóstico prévio de depressão e que apresenta ainda mais reclamações físicas do que o esperado deve ser avaliada, considerando-se a possibilidade de ansiedade comórbida. Em ambos os casos, o tratamento pode mudar em consequência do diagnóstico.

É importante reconhecer que as crianças e os adolescentes sofrem de uma grande variedade de medos e ansiedades. As pesquisas demonstram que as crianças experienciam em média até dez medos ou preocupações excessivas ao mesmo tempo. Além disso, a natureza dessas preocupações muda ao longo do desenvolvimento. É interessante o fato de que a ansiedade também é apropriada, até certo ponto, para o sucesso em atividades cognitivas ou físicas; isto é, algumas ansiedades na verdade melhoram o desempenho em tarefas cognitivas ou físicas. Uma certa ansiedade é normal e esperada. Entretanto, ansiedade demais é prejudicial ao desempenho. Os pais não devem ter reações exageradas diante da ansiedade, mas ela deve ser considerada um problema quando é significativa e prejudica alguns aspectos do funcionamento da criança.

Ao longo do período de desenvolvimento, o início da ansiedade em crianças com ansiedade comórbida e depressão costuma ocorrer antes do início da depressão. Questões relacionadas à segurança do vínculo e aspectos fisiológicos marcantes (sintomas motores e somáticos) da ansiedade facilitam a expressão de seus sintomas antes da depressão em crianças e bebês.

Distúrbio de Ansiedade da Separação

A ansiedade da separação é diagnosticada quando uma criança experiencia uma ansiedade maior do que a esperada quando se separa da pessoa com quem possui um vínculo. Sintomas típicos vistos na ansiedade da separação incluem:

- angústia excessiva quando os pais vão embora ou há uma expectativa de que isso ocorra
- preocupação quanto ao ferimento ou à morte de pessoas com quem se possui vínculo
- preocupação quanto a ser sequestrado ou perder-se
- relutância ou recusa em ir à escola
- medo de ficar em casa sem os pais
- relutância ou recusa de dormir sem os pais por perto
- pesadelos sobre a separação dos pais
- reclamações físicas frequentes quando se está longe dos pais

O fator fundamental nesse caso é determinar o que é ansiedade normal para a fase de desenvolvimento. Particularmente ao longo dos dois primeiros anos (durante o desenvolvimento crítico de um vínculo seguro), deve haver pouca preocupação diagnóstica quanto a expressões de aflição em crianças. As necessidades da criança devem ser supridas durante esse período, de modo que, se a criança estiver aflita, isso não se deve a uma ansiedade da separação, mas ao fato de suas necessidades não estarem sendo atendidas.

Distúrbio do Pânico

O distúrbio do pânico é uma forma de ansiedade com claros sintomas motores e físicos, conhecidos como ataque de pânico e que podem durar de minutos a horas. O pânico se diferencia dos outros tipos de ansiedade porque seu início é repentino. Dessa forma, uma criança vai experienciar diversos desses sintomas de uma vez e aparentemente do nada. Uma criança deve sofrer de mais de um ataque de pânico antes que se determine o diagnóstico. Ataques de pânico são caracterizados por vários sintomas, incluindo:

- batimentos cardíacos acelerados
- transpiração
- tremor ou agitação
- sensação de falta de ar ou asfixia
- sensação de engasgar
- dores ou desconforto no peito
- náusea ou mal-estar abdominal
- sentir-se tonto, hesitante, delirante ou abatido
- perder a noção da realidade (sensação de irrealismo) ou da personalidade (desligar-se de si mesmo)

- medo de perder o controle ou enlouquecer
- medo de morrer
- sensação de dormência ou formigamento
- calafrios ou ondas de calor

Além disso, após os ataques de pânico essas crianças são atormentadas por:

- preocupação persistente de sofrer outros ataques
- preocupação sobre as implicações do ataque ou suas consequências (perda de controle, sofrer um ataque cardíaco, "enlouquecer")
- mudanças significativas no comportamento, relacionadas aos ataques

Distúrbios de pânico são bastante passíveis de tratamento com psicoterapia comportamental e medicamentos. Um resultado do pânico, que pode ser ressaltado, é que algumas crianças começam a evitar situações que estejam associadas a ataques de pânico, incluindo a escola ou outros locais públicos. Em casos graves, a criança pode relutar muito em sair de casa.

Fobias

Fobias incluem medo de coisas ou situações específicas, como medo de cobras ou altura e também medo de contato social e representam um sintoma comórbido frequente da depressão, particularmente em crianças com habilidades sociais comprometidas e sensações extremas de inutilidade.

A fobia social é caracterizada por um medo significativo e persistente de uma ou mais situações sociais ou de desempenho em que a criança seja exposta a pessoas desconhecidas ou a possível avaliação por parte dos outros.

A criança teme que agirá de forma humilhante ou embaraçosa. Para crianças com fobia social, exposição à situação social temida quase invariavelmente provoca ansiedade, que pode assumir a forma de um ataque de pânico ligado a uma situação. Diferentemente dos adultos com fobia social, que reconhecem que seu medo é excessivo ou injustificável, as crianças podem ver seus medos como bastante razoáveis. Em razão dos seus medos, as crianças podem evitar essas situações ou suportá-las sofrendo de uma grande aflição. Compreende-se que evitar ou antecipar ansiosamente as situações temidas ou afligir-se com elas interfere significativamente no desempenho de uma pessoa.

Distúrbio Obsessivo-Compulsivo

Crianças que experienciam distúrbio obsessivo-compulsivo (DOC) podem sofrer de obsessão, compulsão ou ambos. Obsessões são pensamentos, impulsos ou imagens recorrentes e persistentes que se introduzem no indivíduo e causam uma ansiedade ou aflição visível. Esses pensamentos, impulsos e imagens não são apenas preocupações excessivas sobre problemas da vida real. Na verdade, muitas vezes eles são pensamentos irracionais e contrários à realidade. Por exemplo, os pensamentos de uma criança centrados na preocupação de que enviem seu irmão para longe dentro de um envelope. Para lidar com esses pensamentos que a aborreçam, a criança tenta ignorá-los ou suprimi-los ou ainda neutralizá-los com algum outro pensamento ou ação.

Compulsões são comportamentos repetitivos, como lavar as mãos, ordenar ou organizar as coisas e fazer checagens repetitivas; ou ações mentais, como rezar, contar ou repetir palavras silenciosamente. A criança compulsiva sente-se levada a realizar isso em resposta a uma obsessão, às vezes de acordo com regras rigidamente aplicadas. Muitas vezes os comportamentos compulsivos visam a prevenir ou reduzir a aflição ou evitar um acontecimento ou uma situação temida. Normalmente, uma criança com distúrbio obsessivo-compulsivo reconhece que esses pensamentos e comportamentos são excessivos e injustificáveis. Além disso, a criança experiencia um grande desgaste, pois os pensamentos e comportamentos consomem seu tempo, às vezes exigindo mais de uma hora por dia e interferindo significativamente na rotina, desempenho acadêmico e atividades sociais.

Crianças com depressão e distúrbio obsessivo-compulsivo registram uma repetição ou insistência em pensamentos autodepreciativos, assim como incapacidade para deixar de lado uma situação embaraçosa. Por exemplo, se uma criança com DOC fica envergonhada diante da classe, essa vergonha pode importunar seus pensamentos por várias horas ou dias. Quando você fala com uma criança que sofre desse problema e tenta determinar por que houve uma mudança em seu comportamento, você pode surpreender-se ao descobrir que ela ainda está pensando numa situação embaraçosa que aconteceu vários dias atrás.

Outro padrão obsessivo-compulsivo visto em crianças com depressão comórbida e DOC é conhecido como *folie du doute* ou mania de dúvida. Crianças com mania de dúvida vão conferir diversas vezes se as portas estão fechadas, se colocaram a lição de casa em suas mochilas ou se cometeram um erro. Isto é, elas duvidam que fizeram tudo corretamente quando na verdade fizeram. Esse é um sinal flagrante de distúrbio obsessivo-compulsivo que é notado facilmente.

Distúrbio de Ansiedade Generalizada (DAG)

O distúrbio de ansiedade generalizada é um termo clínico associado à ansiedade geral ou não específica. Ao contrário de crianças com fobias específicas, crianças com o distúrbio de ansiedade generalizada se preocupam com uma grande variedade de acontecimentos ou atividades, como desempenho acadêmico, aparência física e interações sociais. Crianças com DAG muitas vezes ficam tensas ou nervosas. Algumas podem precisar de muito apoio, sendo que as preocupações podem interferir em suas atividades. Adolescentes muitas vezes sabem que suas preocupações são irrealistas e inapropriadas. Um ponto importante para o diagnóstico é saber o que é uma ansiedade normal para uma determinada fase do desenvolvimento de uma criança. Além de ter dificuldade para controlar as preocupações, uma criança com distúrbio de ansiedade generalizada pode sofrer de:

- inquietação ou sensação de estar agitada ou no limite
- propensão para cansar-se
- esquecimento ou dificuldade de concentração
- irritabilidade
- tensão muscular
- reclamações físicas frequentes
- problemas de sono (dificuldade para adormecer ou continuar dormindo ou sono agitado e que não satisfaz)

DISTÚRBIOS DE ALTERAÇÃO

Distúrbios de alteração são a segunda condição psiquiátrica comórbida mais frequente que acompanha a depressão. Eles foram descritos como distúrbios de exteriorização porque o problema comportamental se expressa externamente; por essa razão, o termo "expressar-se" também é utilizado para descrever o comportamento das crianças diagnosticadas com distúrbios de alteração. Estimativas da frequência de comorbidade com depressão variam de 10% a 80%. Este é um intervalo extremamente amplo e exemplifica as dificuldades em diferenciar a depressão dos distúrbios de alteração, assim como as semelhanças potenciais em causas biológicas. Considerando o que discutimos sobre depressão até agora, é fácil perceber por que uma criança sofreria de alterações. Crianças deprimidas estão frequentemente irritadas, muitas vezes acreditam que não há razão para viver, têm pouca habilidade para controlar suas reações emocionais e não costumam ter capacidade para lidar com problemas.

A irritabilidade pode levar a criança a ter desde uma simples recusa ou desrespeito, indicativo de um distúrbio oposicionista-desafiador, até atos de extrema violência contra os outros devido à sua frustração. Neste último caso, o comportamento é mais indicativo de um distúrbio de conduta. Crianças e adolescentes que se sentem desamparados e sem motivos para viver frequentemente não levam em consideração as consequências de seus atos em relação a si mesmos (assumir riscos) ou aos outros (desrespeitar os direitos dos outros). A incapacidade de controlar as emoções pode resultar em atos impulsivos, visto no transtorno de déficit de atenção/hiperatividade e pode resultar em atos violentos contra os outros, como visto em distúrbios de conduta. Finalmente, a incapacidade de lidar com problemas leva a sentimentos de desamparo e frustração. Nesses momentos, atos de delinquência e agressividade são o último recurso para alguns adolescentes ou crianças deprimidas.

Outra questão importante relacionada aos distúrbios de alteração e à depressão se refere a qual deles ocorre primeiro.

Como descrito anteriormente, uma pessoa pode imaginar por que uma criança deprimida se torna oposicionista ou agressiva. No entanto, essa não é a única forma pela qual se diagnostica o distúrbio oposicionista-desafiador ou o distúrbio de conduta em uma criança ou um adolescente que apresenta depressão. O outro caso é quando uma criança anti-social ou com distúrbio de conduta fica deprimida. A depressão numa criança que antes apresenta um comportamento criminoso ou anti-social é bastante comum. Normalmente há apenas alguns sintomas da depressão, sendo que a criança só vai expressá-los quando for apanhada, de modo que não possa agir de forma criminosa. Em outros momentos, crianças com comportamentos alterados não recebem muito apoio de seu ambiente e podem experienciar sintomas de depressão.

O melhor exemplo desse fenômeno são jovens presos. Em quase todos os casos eles demonstrarão alguns sinais de depressão por causa de sua prisão. Isso não significa que seus crimes estejam relacionados com a depressão ou que devem ser perdoados por causa disso. Em muitos casos, a depressão é somente um sintoma secundário do distúrbio de conduta ou do comportamento anti-social. O modo como isso funciona é muito complicado e seria assunto para outro livro dedicado apenas a isso. O mecanismo básico desse problema está relacionado com as semelhanças entre as causas biológicas e ligadas ao desenvolvimento para a depressão e agressão, assim como a depressão subjacente, vista frequentemente em distúrbios de personalidade, incluindo o distúrbio de personalidade anti-social.

Distúrbio Oposicionista-Desafiador

Crianças com distúrbio oposicionista-desafiador (DOD) demonstram um padrão de comportamento negativo, hostil e desafiador.

Os sintomas incluem:

- perder o controle
- discutir frequentemente com adultos
- frequentemente desafiar de forma ativa ou recusar-se a atender aos pedidos ou às regras dos adultos
- perturbar deliberadamente uma pessoa
- culpar frequentemente os outros por seus erros ou comportamentos errados
- frequentemente estar sensível ou ser irritado facilmente pelos outros
- estar muitas vezes bravo ou ressentido
- ser muitas vezes cruel ou vingativo

O distúrbio oposicionista-desafiador costuma surgir num período do desenvolvimento anterior ao de seu companheiro mais virulento, o distúrbio de conduta. Muitas crianças pequenas com DOD, e que não são tratadas, eventualmente desenvolvem o distúrbio de comportamento. Quanto mais cedo é o início do DOD, maior a probabilidade de uma pessoa desenvolver posteriormente o distúrbio de conduta e ser diagnosticada como tendo um distúrbio anti-social de personalidade na idade adulta.

Distúrbio de Conduta

Crianças com distúrbio de conduta assumem um comportamento repetitivo em que os direitos básicos dos outros e/ou importantes normas ou regras sociais apropriadas para a idade são desrespeitados. Elas são caracteristicamente agressivas em relação às pessoas ou aos animais. Elas podem provocar, ameaçar ou intimidar os outros; provocando brigas; usando armas que podem ferir gravemente (como um bastão, um tijolo, uma garrafa quebrada, uma faca ou mesmo uma arma); roubar enquanto se confronta a vítima (como assalto violento, roubo de bolsas, extorsão e assalto à mão armada); ou forçar alguém a ter relações sexuais com elas.

Outro comportamento característico da criança com distúrbio de comportamento é a destruição de propriedade. Muitas vezes, elas ateiam fogo deliberadamente com a intenção de causar grandes danos ou destruir intencionalmente a propriedade alheia. Uma terceira característica dessas crianças é sua tendência à enganação e ao roubo. É comum elas entrarem na casa, no apartamento ou no carro de alguém; mentir ou "iludir" outros para obter bens ou favores ou evitar obrigações; ou roubar itens valiosos sem confrontar a vítima (furto em lojas ou falsificação). Elas também cometem violações graves de regras, como sair de noite apesar da proibição dos pais, fugir de casa ou passar a noite fora ou faltar às aulas.

Obviamente, distúrbios de conduta causam prejuízos clinicamente significativos ao funcionamento familiar, social e acadêmico. Além disso, o prognóstico para crianças com distúrbio de conduta não é encorajador. Quanto mais cedo começarem os sintomas, pior o prognóstico e maior a probabilidade de a criança vir a ser presa quando adulta ou experienciar uma adaptação ocupacional prejudicada, problemas no casamento ou alienação social. O tratamento para distúrbios de conduta começa assim que o problema é identificado e precisa incluir toda a família, assim como intervenções individuais.

Transtorno de Déficit de Atenção/Hiperatividade

As principais características do transtorno de déficit de atenção/hiperatividade (TDAH) são a desatenção, a hiperatividade e a impulsividade. Embora muitas crianças possam demonstrar alguns desses sintomas num determinado dia, a criança com TDAH demonstrará consistentemente muitos ou a maioria deles antes dos sete anos de idade, num grau que indica má adaptação e inconsistência com seu nível mental em mais de uma situação. Exemplos dos principais sintomas do TDAH são descritos a seguir:

- *Desatenção* – dificuldade em manter-se atenta, parece não ouvir quando se fala diretamente com ela, muitas vezes tem dificuldade para organizar tarefas e atividades, frequentemente perde algo necessário para tarefas ou atividades, distrair-se facilmente por acontecimentos no ambiente ou esquece com frequência das atividades cotidianas.
- *Hiperatividade* – muitas vezes fica mexendo as mãos ou os pés, mesmo em seu lugar fica se mexendo, corre ou escala excessivamente em situações em que isso é inadequado, está frequentemente "de saída" ou age como se "estivesse sempre a mil" ou muitas vezes fala excessivamente.
- *Impulsividade* – adianta as respostas antes de as perguntas serem terminadas, muitas vezes tem dificuldades para esperar sua vez, interrompe ou intromete-se frequentemente com os outros.

O transtorno de déficit de atenção/hiperatividade (TDAH) é apresentado nesta seção sobre distúrbios de alteração porque normalmente não é comórbido com a depressão ou o distúrbio bipolar. Alguns dos sintomas da depressão realmente ocorrem como resultado do TDAH, pois as crianças com esse distúrbio muitas vezes têm problemas sociais e fracassos acadêmicos, levando a um sentimento de que não se vale nada. Contudo, um episódio depressivo ou maníaco completo não pode ser previsto simplesmente em virtude de a pessoa ter TDAH. Isso é muito interessante em termos das diferenças entre as teorias do TDAH e as teorias da depressão. Especificamente nesse caso, os neurotransmissores e seus mecanismos variam entre os dois, enquanto parece haver consideravelmente menos antecedentes ambientais de TDAH quando comparado à depressão.

O transtorno de déficit de atenção/hiperatividade foi popularizado pela mídia, sendo que muitos pais e professores acreditam que podem diagnosticá-lo simplesmente passando algum tempo com a criança. Por exemplo, em meu trabalho costumo receber pacientes encaminhados em que os pais ou professores dizem: "Preciso que meu filho seja avaliado para TDAH". Por outro lado, praticamente nunca recebo pacientes encaminhados em que se pressupõe que o diagnóstico seja depressão e ansiedade e jamais esquizofrenia infantil. É bom que as pessoas estejam cientes de distúrbios como o TDAH, mas o diagnóstico em si ou o tratamento subsequente deve ser feito por um profissional com experiência considerável na diferenciação do TDAH dos outros distúrbios.

A depressão pode ser facilmente confundida como TDAH, pois as pessoas pressupõem que muitas crianças sofram desta. Os sintomas que coincidem no TDAH e na depressão incluem dificuldades para dormir, concentração prejudicada e agitação. Menos frequentemente, o distúrbio bipolar é confundido com o TDAH. Os sintomas que coincidem entre os dois incluem hiperatividade e expressão impulsiva. Quando se tenta determinar se uma criança tem depressão ou TDAH, deve-se considerar o histórico familiar, padrões de comportamento e idade em que o problema se iniciou. Crianças com depressão terão pais ou avós com um histórico de depressão; seus sintomas coincidentes podem ser diferentes e haverá sintomas depressivos adicionais; e o momento de início provavelmente será posterior ao do TDAH.

Distúrbios Relacionados a Substâncias Químicas

Distúrbios relacionados a substâncias químicas incluem uso excessivo ou dependência de álcool ou outras drogas. Os tipos de droga que costumam ser usados excessivamente por crianças e adolescentes e que causam dependência incluem anfetaminas, como *speed*, pílulas para dieta, crank, crack ou cocaína; cafeína; maconha, alucinógenos, como LSD ou PCP; inalantes, como *spray*, cola e gasolina; nicotina; heroína; e sedativos. Clinicamente falando há uma diferença entre uso excessivo de uma substância química e dependência química, sendo a dependência relativamente pior do que o uso excessivo.

Uso excessivo de substâncias químicas

O uso excessivo de substâncias químicas é um padrão de má adaptação ao uso, levando a dificuldades ou aflições manifestadas por:

- uso recorrente de substâncias químicas, resultando na incapacidade de cumprir obrigações importantes em casa ou na escola (várias faltas, desempenho acadêmico ruim, suspensões ou expulsões)
- uso recorrente de substâncias químicas em situações em que isso põe a pessoa fisicamente em risco
- problemas legais recorrentes relacionados ao uso de substâncias químicas
- uso continuado de substâncias químicas, apesar de problemas sociais ou interpessoais persistentes ou recorrentes causados ou exacerbados pelos efeitos da substância

Dependência Química

A dependência química é um padrão de má adaptação ao uso normal, levando a problemas ou aflições clinicamente significativas manifestadas por:

- tolerância, uma necessidade de aumentar consideravelmente a quantidade de substância para chegar à intoxicação ou ainda efeito bastante diminuído com o uso contínuo da mesma quantidade de substância
- abstinência, sintomas específicos para determinadas substâncias associados à interrupção imediata de seu uso ou ainda o uso da substância para evitar os sintomas da abstinência
- a substância é utilizada em quantidades maiores ou por períodos mais longos do que se planejava
- há um desejo persistente ou esforço mal sucedido para largar ou controlar o uso da substância
- uma grande parte do tempo é gasta em atividades necessárias para obter a substância
- desistir ou diminuir a quantidade de atividades importantes na vida em razão do uso da substância
- continua-se usando a substância, apesar da consciência de que se possui um problema físico ou psicológico persistente ou recorrente, que provavelmente é exacerbado pelo uso dessa substância

Uso Excessivo de Substâncias Químicas e Depressão

Atualmente as crianças podem começar a usar excessivamente o álcool e as drogas entre os oito e os dez anos. Entretanto, os adolescentes são muito mais suscetíveis do que as crianças. Para crianças deprimidas, o uso de drogas pode começar como um mecanismo para lidar com problemas, uma técnica de fuga ou um método de "automedicação". O uso leva ao abuso, enquanto este leva à dependência. Desse modo, obviamente a intervenção deve começar o mais cedo possível. Se uma criança for diagnosticada com depressão quando bastante jovem, há uma grande probabilidade de que mais tarde ela fará uso excessivo de álcool ou outras drogas. Dessa forma, o tratamento da depressão deve incluir o desenvolvimento de habilidades para lidar com problemas, de modo a evitar o uso excessivo de drogas e álcool antes mesmo de ele começar.

Capítulo 5

Tratamento da Depressão

Pode ser muito difícil para os pais descobrirem que seus filhos estão deprimidos. Após o choque ao perceber que a criança está deprimida, os pais enfrentam o desafio de encontrar o tratamento mais adequado e eficaz para ela. Este capítulo foi escrito para ajudá-los a entender os diversos aspectos da terapia para crianças com depressão. Vou discutir os diferentes tipos de especialistas que tratam crianças deprimidas e como escolher um terapeuta, as diferentes abordagens para o tratamento da depressão infantil, os estágios da orientação, os medicamentos comuns usados para tratar a depressão infantil, os diversos ambientes em que as crianças recebem tratamento e sugestões de como se orientar no mundo complexo dos planos de saúde.

Profissionais que Tratam Crianças Deprimidas

Antigamente, quando uma criança passava por momentos difíceis, a pessoa que costumava auxiliá-la não era um profissional treinado na orientação infantil. Frequentemente a primeira pessoa a tomar consciência de que a criança estava deprimida era um amigo ou parente. Outras pessoas que podiam ajudar a criança eram os vizinhos, os membros da igreja, os professores e os funcionários da escola, incluindo orientadores e enfermeiras.

Hoje em dia, as pessoas importantes na vida da criança com problemas parecem estar cada vez menos disponíveis para ela. Muitas vezes os colegas da criança podem estar mais disponíveis do que as fontes tradicionais de apoio, mas eles podem ter tantos problemas quanto a criança que procura apoio. Com a prevalência de famílias em que ambos os pais trabalham fora de casa, famílias de mães ou pais solteiros ou famílias de pais separados que se juntam, o núcleo e a extensão familiar encontram cada vez mais dificuldade para fornecer o mesmo apoio do que a uma geração. Professores e funcionários de escolas enfrentam exigências cada vez maiores em seu trabalho, impedindo que tenham o mesmo papel próximo e atencioso que representavam no passado. A igreja, outrora um bastião de apoio a crianças com necessidade, tornou-se menos disponível em seu papel de cuidar delas à medida que menos famílias participam de religiões organizadas. O efeito combinado dessas mudanças nos sistemas de apoio, disponíveis para uma criança deprimida, aumentou a probabilidade de que um especialista treinado profissionalmente estará envolvido no tratamento da depressão de uma determinada criança. Por essa razão, é muito importante que os pais saibam os tipos de terapeutas que tratam da depressão infantil, como deve transcorrer a terapia e como encontrar um terapeuta qualificado. Os pais informados também precisam compreender as diferentes abordagens no tratamento da depressão infantil, os diferentes ambientes terapêuticos e como orientar-se no complexo sistema de planos de saúde.

Geralmente é consenso que um programa de orientação e medicação é a abordagem mais adequada e eficaz no tratamento de crianças deprimidas. Tratar a depressão apenas por meio da orientação, sem medicamentos, pode ser lento e incompleto. Embora a criança e a família possam evitar um aparente estigma associado ao uso de medicamentos antidepressivos ao não utilizá-los no início do tratamento, isso prolonga o período em que a criança corre o risco de não ser bem-sucedida ou de sofrer comportamentos autodestrutivos. Para a maioria das crianças deprimidas, a longo prazo a orientação pode tratar de forma eficaz os aspectos cognitivos e de desenvolvimento ligados à depressão, mas muitas vezes as crianças precisam dos ganhos relativamente rápidos que o tratamento com antidepressivos oferece a curto prazo.

Por outro lado, para a maioria das crianças deprimidas, a prática de prescrever medicações antidepressivas sem orientação é insuficiente da mesma forma. Embora seja uma simplificação exagerada dizer que os medicamentos tratam apenas os sintomas, é fácil entender que apenas os remédios não ensinam às crianças formas novas e mais eficazes de lidar com os estresses que as levam à depressão ou a modificá-los. Por essas razões, a abordagem mais eficiente no tratamento da depressão infantil inclui tanto a orientação como a medicação.

Os profissionais que tratam crianças deprimidas podem ter tanto uma abordagem não-médica como médica. Profissionais não-médicos incluem orientadores, assistentes sociais e psicólogos. Além desses profissionais, há vários tipos de médicos (médicos de família, pediatras e psiquiatras) que tratam da depressão infantil de uma perspectiva médica ou biológica. Alguns psiquiatras utilizam a psicoterapia além da medicação.

Há várias diferenças entre profissionais médicos e não-médicos. A diferença mais clara é que o primeiro é um profissional de formação médica e, em virtude disso, pode prescrever medicamentos. Eles examinam a criança, prescrevem medicamentos e acompanham após algumas semanas para avaliar a eficácia dos remédios na melhora dos sintomas da depressão.

Profissionais não-médicos envolvidos no tratamento da depressão infantil também podem examinar a criança, mas tendem a ver a criança e as causas de sua depressão de um ponto de vista diferente. Em vez de enfatizar as causas biológicas da depressão infantil, o profissional não-médico procura compreender o problema ao examinar uma série de fatores, que incluem o histórico pessoal da criança, a dinâmica familiar, acontecimentos na escola e relações com colegas, apenas para citar alguns. Diferentemente do uso inicial de medicamentos por parte do médico no tratamento da depressão infantil, o profissional não-médico depende da psicoterapia para alterar esse quadro. Agora vamos abordar com mais detalhes os diversos profissionais treinados para tratar de crianças deprimidas e oferecer orientações gerais para a escolha de um deles.

Profissionais Não-Médicos

Como se observou anteriormente, há diversos profissionais não-médicos que tratam de crianças deprimidas. Eles incluem os orientadores, os assistentes sociais e os psicólogos. De certa forma, esses profissionais têm muito em comum. Por exemplo, eles procuram identificar causas semelhantes da depressão de uma criança, como experiências traumáticas, dificuldades familiares, estresse na escola e problemas de relacionamento com os colegas. Por sua vez, eles compartilham uma forma comum de tratamento, conhecida pelos termos mais ou menos equivalentes de orientação ou psicoterapia. Geralmente, a psicoterapia com crianças deprimidas se enquadra em uma ou mais dentre três modalidades: psicoterapia individual, psicoterapia em grupo ou terapia familiar. Posteriormente vamos discutir os detalhes dessas modalidades.

Antes de descrever o treinamento e a orientação desses diferentes profissionais, é importante observar que estou descrevendo de uma forma bastante genérica. As descrições devem ajudar os pais a familiarizarem-se com os tipos de profissionais que cuidam de crianças deprimidas, mas são apenas apresentações gerais. Por exemplo, embora exista um treinamento básico comum a um determinado tipo de especialista, há diferenças consideráveis entre o treinamento de dois profissionais de uma mesma especialidade. Além disso, deve-se observar que o fator mais importante para uma terapia bem-sucedida com crianças é o conjunto dos atributos (inteligência, temperamento, conhecimento, treinamento, motivação, carisma e assim por diante) que o terapeuta agrega à relação de orientação. Embora o treinamento de abordagens específicas seja inestimável, sem uma pessoa dinâmica e eficaz na cadeira do terapeuta, a orientação pode não ser eficaz.

Orientadores

O termo *orientador* é um nome genérico para um indivíduo que orienta e oferece conselho ou auxílio a outra pessoa. Como um grupo profissional, os orientadores de saúde mental têm uma história relativamente recente. Embora alguns indivíduos se identificassem como orientadores antes da Segunda Guerra Mundial, a área surgiu em razão da necessidade de orientação pós-guerra. Em parte devido à sua história relativamente recente como profissão, não se consegue definir muito bem os orientadores como um grupo.

Num esforço para aumentar o papel profissional dos orientadores, o American Counseling Association[1] (ACA) e o National Board of Certified Counselors[2] (NBCC) se empenharam ao longo de vários anos para definir padrões de treinamento e prática para os orientadores. Muitas legislações estaduais nos Estados Unidos adotaram os padrões estabelecidos por essas organizações e, na maioria dos Estados americanos, a exigência mínima necessária

---

1. Associação Americana de Orientação.
2. Conselho Nacional de Orientadores Certificados.

para a prática de orientação independente é de que o profissional seja um Certified Professional Counselor[3] (CPC). Para ser um CPC, o orientador deve realizar um programa específico de graduação em uma faculdade aprovada pela ACA ou pelo NBCC. Para receber a certificação, os orientadores normalmente realizam um curso supervisionado de terapia individual, em grupo, conjugal ou familiar. Devido à variedade de habilidades exigidas, o mais comum é que um orientador se especialize em determinado grupo (por exemplo, crianças, adolescentes ou adultos), modalidade (individual, em grupo, conjugal ou familiar) e abordagem (como terapia gestalt, comportamental ou cognitiva). Além desse treinamento, o orientador deve completar com sucesso um exame aplicado pelo NBCC. Finalmente, o orientador deve comprovar uma educação continuada na área da orientação. Embora uma pessoa possa dizer que é orientadora, sem preencher esses quesitos a prática é fraudulenta e ilegal como apresentar-se com um Certified Professional Counselor sem cumprir as exigências mencionadas anteriormente.

Assistente Social

Embora a profissão de assistente social tenha surgido pelo menos cinquenta anos antes da de orientador, sua história e seu nicho profissional são bastante semelhantes. Não é incomum para um assistente social ser chamado de orientador. Como no caso desses, os assistentes sociais diferem bastante em termos de treinamento, orientação e características pessoais.

Alguns assistentes sociais se diferenciam dos orientadores em virtude de seu treinamento para identificar e providenciar apoio na comunidade, como agências de cunho assistencial e social. Embora alguns programas de assistência social enfati-

3. Orientador Profissional Certificado.

zem esse treinamento, a maioria se concentra no ensino de habilidades de orientação para seus alunos. Essa distinção entre orientadores e assistentes sociais se torna ainda mais difícil devido ao fato de, por necessidade, muitos profissionais, incluindo orientadores, psicólogos e médicos, desenvolverem as habilidades para identificar e ter acesso aos recursos sociais presentes na comunidade.

Assim como os orientadores se empenharam para firmar seu papel na comunidade ao defender uma legislação que os regulamentasse, os assistentes sociais fizeram o mesmo. Com o apoio da National Association of Social Workers[4] (NASW), a maioria dos Estados americanos adotou uma legislação especificando o treinamento necessário para que uma pessoa se tornasse um assistente social certificado ou licenciado. Assim como no caso dos orientadores, a certificação dos assistentes sociais requer um treinamento específico na graduação, aprovado pela NASW, a aprovação num exame nacional de assistência social e uma educação continuada. Além da certificação em nível estadual e nacional, os assistentes sociais podem obter uma credencial avançada de Certified Independent Social Worker[5] (CISW). Dessa forma, observa-se que em muitos aspectos o treinamento e a prática são indispensáveis para os assistentes sociais e os orientadores.

Psicólogos

Dentre os profissionais não-médicos qualificados para trabalhar com crianças deprimidas, nenhum passa por mais treinamento do que os psicólogos. Enquanto orientadores e assistentes sociais assistem a aproximadamente 45 a 60 horas-aula de graduação, o programa de psicologia pode exigir mais de cem horas-aula.

4. Associação Nacional de Assistentes Sociais.
5. Assistente Social Certificado Independente.

Além desses anos de aprendizado em sala de aula, exige-se que os psicólogos participem de experiências práticas, um ano de estágio e um ano de residência após a graduação. Após realizar essas tarefas para receber sua licença, nos Estados Unidos se exige que o candidato a psicólogo passe em exames escritos e orais aprovados pela American Psychological Association[6] (APA). Cada Estado americano tem um Conselho de Examinadores de Psicólogos, cujos objetivos incluem o monitoramento da prática da psicologia e a proteção da comunidade. Nos Estados Unidos, a prática da psicologia é protegida por leis e regulamentos estaduais, determinados pelo conselho de licenciamento profissional de cada Estado. Alguns psicólogos recebem o reconhecimento numa área de especialização por meio do *status* de diplomata pelo American Board of Professional Psychology[7] (ABPP). Diplomatas do ABPP demonstraram perícia e especialização numa determinada área da psicologia, como a psicologia clínica ou a psicologia escolar.

Orientações Gerais para Escolher um Terapeuta

Como foi discutido, há diferenças consideráveis de treinamento e abordagem entre os profissionais. Conforme você começa a examinar as abordagens dos diferentes terapeutas, você pode se espantar com quanto eles discordam sobre qual o tratamento mais eficaz para a depressão infantil. Além disso, você pode achar que, embora muitos profissionais aceitem crianças como clientes e pacientes, relativamente poucos receberam um treinamento formal para tratar de crianças. A maioria dos terapeutas, incluindo alguns que trabalham principalmente com crianças, recebeu seu treinamento formal para a realização de terapias com adultos e

6. Associação Americana de Psicologia.
7. Conselho Americano de Psicologia Profissional.

começou a aceitar crianças como clientes com o decorrer do tempo, com treinamento sobre o desenvolvimento e tratamento da criança apenas por meio de educação continuada.

Bons terapeutas infantis são esperançosos, gostam do mundo das crianças, podem criar uma sensação de segurança, não vão julgá-las, podem ser brincalhões, são flexíveis, podem ser inovadores e criativos em relação ao espaço e aos materiais e são talentosos para ter acesso aos pensamentos e sentimentos das crianças. Também é útil se familiarizar com as modalidades de conversa, brincadeira, jogos, interpretação, arte, desenvolvimento de habilidades e atividades esportivas. Para um orientador é importante ser capaz de envolver-se na arte da orientação ao mesmo tempo que se mantém informado na ciência da orientação.

Orientadores eficazes precisam demonstrar diversas habilidades, incluindo empatia, consideração, respeito e preocupação com as outras pessoas, assim como capacidade para ouvir, refletir e confrontar; habilidades informais e formais de avaliação, entrevista e consulta; capacidade de apresentar uma resposta com competência e empatia; e habilidades para estabelecer limites.

Além dessas características, orientadores infantis precisam possuir um conjunto básico de conhecimentos para serem profissionais competentes. As áreas de conhecimento devem incluir o desenvolvimento infantil, os modelos teóricos de orientação, o conhecimento de pesquisas e literatura clínica sobre as crianças, a familiaridade com as brincadeiras infantis e com a terapia com brincadeiras, a psicofarmacologia e a ética profissional.

Para os terapeutas também é importante ter conhecimento sobre as literaturas clínicas e de pesquisa, disponíveis sobre as orientações de tratamento para a depressão infantil. Estão disponíveis materiais de referência que tratam especificamente de orientações relativas à prevalência, às características específicas, à etiologia e ao tratamento de crianças que estejam deprimidas. Orientadores devem ter à sua disposição literaturas sobre reações, ajuste e recuperação infantis para estresses da vida, como perda, abuso e deficiências. Crianças que precisam lidar com essas questões são prováveis candidatas à orientação. Há um número crescente de resultados de pesquisas sobre os efeitos de acontecimentos da vida como estressores que afetam negativamente o desenvolvimento das crianças. O orientador infantil qualificado deve se familiarizar com a literatura sobre os efeitos da morte, do divórcio, dos lares de pais solteiros, da família do padrasto ou da madrasta, do abuso sexual infantil e da dependência química, apenas para citar alguns exemplos.

Profissionais da comunidade médica estão tratando cada vez mais a depressão infantil com medicação. É importante que os médicos que orientam essas crianças tenham um conhecimento prático sobre os efeitos dos medicamentos em crianças, como podem ser usados em conjunto com a orientação e como ajudar as crianças a compreender e seguir prescrições médicas. Quando se está considerando a possibilidade de um profissional orientar seu filho, investigue se ele tem as qualidades e habilidades mencionadas anteriormente. Fale diretamente com o profissional sobre seu treinamento ou considere uma recomendação de alguém em quem você confia, que conhece a pessoa e que não vai se beneficiar financeiramente com a indicação. Considere a possibilidade de entrar em contato com agência reguladora estadual ou com o hospital psiquiátrico local para obter uma referência.

Para escolher de fato um médico, há vários outros fatores a serem considerados, como as credenciais e a competência do profissional e quanto você se sente à vontade com ele. Você pode perguntar sobre sua especialização, que tipos de tratamento são usados (medicações, terapia e assim por diante), formas de pagamento, se ele possui uma certificação ou licença e quanto tempo de experiência possui.

O primeiro passo para buscar um tratamento de saúde mental pode ser difícil. Algumas recomendações para seu primeiro passo incluem:

- peça uma indicação de seu médico de família, um amigo ou um familiar
- consulte sua companhia de seguros para ver com que tipos de profissionais trabalha o seu plano de saúde
- entre em contato com centros de saúde mental locais, que normalmente aceitam diversos planos de saúde ou trabalham com taxas proporcionais a seu orçamento
- pergunte em sua igreja
- ligue para o psiquiatra ou departamento psicológico de uma escola ou universidade local
- entre em contato com uma associação de saúde mental ou outra agência de saúde mental local

Profissionais Médicos

O treinamento típico para um médico inclui o bacharelado no estudo da medicina, uma escola médica da universidade e experiência clínica prática como parte de sua formação. Os médicos treinam de três a sete anos após terminarem a escola médica, dependendo da especialização que escolherem. As especializações que normalmente tratam da depressão infantil são a prática familiar, a pediatria e a psiquiatria. Devido à diversidade de práticas médicas e o desenvolvimento rápido de novas informações que o profissional precisa conhecer, espera-se que ele se dedique ao estudo ao longo de toda a sua vida.

Considerando o papel importante que o médico pode desempenhar no bem-estar de uma criança, é fundamental que você encontre um profissional com quem se sinta à vontade. Embora não estejamos acostumados a questionar os médicos em razão de seu *status* elevado em nossa sociedade, investigar os antecedentes de um determinado médico antes de dar início a uma relação profissional é um procedimento correto e responsável. Aqui estão algumas perguntas que você pode fazer:

- Qual a faculdade de medicina em que ele estudou?
- O médico possui uma licença para atuar em seu Estado?
- Se estiver em dúvida, ligue para o conselho de licenciamento médico estadual para conferir as credenciais do profissional.
- Onde o médico realizou seu treinamento de especialização após a graduação?
- O médico é especialista em outras áreas?

Outra questão é se o médico possui a certificação do conselho em sua especialização. A certificação do conselho mostra que o médico realizou um treinamento avançado, passou por exames escritos e orais adicionais e frequentou regularmente aulas de educação continuada. Houve alguma reclamação ou processo contra o médico em qualquer um dos Estados em que ele possui licença para atuar? Pergunte onde o médico possui privilégios hospitalares, então ligue para o hospital e pergunte qual é a especialização dele. Os hospitais normalmente não concedem privilégios para médicos que não possuem o treinamento exigido. Se um médico não está associado a nenhum hospital, descubra o motivo. O médico é um membro atuante de uma sociedade médica e, caso seja, de qual?

Você pode considerar os seguintes fatores quando avalia a forma como trabalha um médico que possivelmente pode ser escolhido. A importância de cada elemento vai variar de uma pessoa para outra. O consultório está bem localizado, tem fácil acesso e é organizado e eficiente? Os funcionários do consultório são simpáticos e prestativos ou desorganizados e cansados? Os profissionais médicos do consultório possuem o treinamento adequado? Você verá o médico, seu assistente ou uma enfermeira? Se o profissional tem o consultório em conjunto com outros médicos, eles seriam aceitáveis numa situação emergencial? O médico parece cordial e instruído? Você se sente à vontade com sua presença e confia em seus conselhos? Essas informações podem não garantir que você encontre o médico certo para você, mas certamente vão restringir as opções. Quando o assunto é a saúde de sua família, essas são perguntas para as quais você merece ter respostas.

Abordagens Diferentes para o Tratamento da Depressão Infantil

Psicoterapia e Orientação

Há diversos aspectos da orientação infantil que distinguem a experiência da orientação para adultos. Primeiro, as crianças dificilmente procuram ajuda voluntariamente ou iniciam a orientação. Quando um orientador pergunta a uma criança: "O que a traz aqui hoje?" Uma resposta comum é: "Minha mãe?" Geralmente, quando os adultos buscam orientação, eles estão motivados a explorar seu mundo e realizar mudanças. Por outro lado, a criança pode não fazer ideia do motivo pelo qual foi levada ao consultório e pode não estar motivada a realizar a terapia ou, pior, pode se opor ativamente a ela.

Em segundo lugar, muitas crianças não compreendem a orientação, o propósito e os objetivos do tratamento e o papel que devem assumir, em parte porque não buscaram a ajuda e em parte porque são imaturas demais para compreender isso. As crianças podem não entender que devem falar sobre si mesmas, compreender o que está acontecendo e mudar seu comportamento. Para elas é difícil compreender os propósitos e objetivos da orientação e, consequentemente, não conseguem "confiar" na experiência.

Um terceiro aspecto em que as crianças diferem dos adultos na terapia é o fato de que suas capacidades verbais e cognitivas não se desenvolveram completamente.

Normalmente, o pré-adolescente trabalha num nível de desenvolvimento que torna difícil a compreensão de conceitos psicológicos sutis. Os psicólogos da corrente ligada ao desenvolvimento dizem que os pré-adolescentes atuam num nível concreto de desenvolvimento cognitivo. Por exemplo, pré-adolescentes identificam os atributos físicos de outras pessoas como sua característica mais marcante. Quando descrevem um amigo, eles costumam apresentar atributos físicos, bens materiais ou traços simples de personalidade, como "legal" ou "engraçado". Muitas formas de orientação exigem que o paciente comece a compreender o próprio mundo interior e o mundo interior dos outros. Geralmente, somente após uma pessoa chegar à adolescência ela começa a atuar num nível mais abstrato, necessário para esses tipos de terapia voltada para a compreensão.

Um quarto aspecto que distingue crianças de adultos na orientação é o fato de que as crianças são muito mais dependentes e influenciadas pelo ambiente à sua volta, particularmente suas famílias, seus professores e seus amigos. Devido ao papel que esse ambiente tem na vida de uma criança, é bastante comum que o terapeuta interaja com pais e professores e consulte-os ao desenvolver um planejamento amplo para a melhora da criança. Embora essas características possam parecer limitações, elas também podem ser vistas como oportunidades para que os profissionais eduquem, além das próprias crianças, os adultos na vida dessas crianças quanto aos benefícios em potencial da orientação, trabalhem com as crianças no início do desenvolvimento da sua personalidade e influenciem os pais enquanto eles ainda estão entusiasmados, motivados e comprometidos.

Uma distinção final entre a orientação para crianças e adultos é a questão da informação confidenciosa, o entendimento de que a conversa entre o profissional e o cliente será privada dentro dos limites da lei. Adultos entendem que aquilo que dizem permanecerá confidencial e aquilo que contam a seus terapeutas não será divulgado, a não ser que seja um perigo para si mesmo ou para os outros ou admitam ter feito algo ilegal, como abuso infantil. Ao contrário do aspecto confidencioso limitado para um adulto, a consulta de uma criança, sendo menor de idade, normalmente não tem esse caráter confidencioso. Pais e responsáveis têm o direito de ter acesso aos registros referentes à orientação de seus filhos. Uma criança percebe rapidamente uma quebra no caráter confidencioso se um pai muda seu comportamento baseado nas informações divulgadas pela orientação entre seu filho e o terapeuta. Se a criança suspeita de que o terapeuta está revelando a seus pais o conteúdo das sessões, no futuro ela provavelmente se sentirá inibida a revelar informações delicadas. Obviamente, se isso acontecer, a qualidade e integridade da orientação será limitada e o tratamento será afetado. Para resolver esse problema, muitas vezes se pede que os pais assinem uma declaração em que mantêm os direitos sobre as informações referentes à orientação da criança, mas respeitam a privacidade necessária para que ela desenvolva a confiança no terapeuta e, consequentemente, não pedirão que ele divulgue detalhes sobre o que a criança revela, a não ser quando absolutamente necessário. Dessa forma, assegura-se aos pais que o terapeuta também está interessado no bem-estar da criança e que ele permitirá que ela conte com o mesmo caráter confidencioso garantido a um adulto.

Um objetivo primordial na orientação da criança deprimida é ajudá-la a resolver problemas emocionais, comportamentais e interpessoais que estão comprometendo sua capacidade de atuar no mundo de forma bem-sucedida. A relação de orientação fornece à criança uma base segura a partir da qual ela pode explorar o mundo e realizar mudanças.

Orientar crianças normalmente também envolve a orientação e a educação dos pais. A relação que o terapeuta estabelece com os pais da criança também pode lhe fornecer uma base segura a partir da qual ele pode explorar sua relação com seu filho, incluindo atitudes, influências e reações a ele. Uma relação sincera e confiável encoraja os pais a propiciar e apoiar mudanças para seus filhos e para si mesmos. Dessa forma, a criança é vista como cliente primário, com relações secundárias estabelecidas com seus pais.

Normalmente, a orientação consiste em uma hora clínica (de 45 a 50 minutos) em um consultório particular e calmo, onde haja o mínimo de interrupções. Na orientação, a consistência no tempo e na localização física simboliza a segurança e a confiança psicológicas oferecidas à criança. A consistência leva a um sentimento de respeito para com a criança e o processo de orientação. O consultório do orientador deve ser acolhedor para a criança e promover segurança e confiança. Ele deve conter materiais e brinquedos que permitam a expressão de sentimentos. Muitos terapeutas fornecem papel, *crayons*, canetas, tesouras, massa de modelar, fantoches, bonecas, jogos, animais de pelúcia, blocos de montar, animais de plástico e casas de bonecas. Além disso, alguns terapeutas fornecem uma pequena biblioteca de livros infantis relacionados aos estresses da infância, como divórcio, morte, famílias e relacionamento com os colegas.

A orientação individual com crianças é um processo contínuo de interações planejadas entre um orientador e uma criança que precisa de ajuda para resolver um problema em particular ou um conjunto de problemas. Ao aceitar a criança como cliente, o terapeuta concorda em ajudá-la na tentativa de aliviar sua angústia e melhorar seu funcionamento psicológico. Os terapeutas se comprometem a facilitar a mudança na criança e no seu ambiente, incluindo a escola e a família.

O orientador começa desenvolvendo uma relação forte com a criança e os pais. Nessa relação, o profissional usa técnicas que permitem a expressão, o auto-exame, a construção de novas habilidades e a promoção de melhores formas de adaptação. A partir dessa relação básica de confiança, a criança pode explorar-se e aprender e praticar novas formas de sentir, pensar e comportar-se. Ao trabalhar junto com o terapeuta, ela pode desenvolver adaptações mais saudáveis e estratégias mais eficazes para lidar com situações difíceis.

A partir de uma base de confiança com os pais, o terapeuta promove uma nova compreensão da criança, o apoio para as mudanças dela e um compromisso de examinar e mudar os próprios adultos. As técnicas terapêuticas são escolhidas para se adaptar às necessidades particulares da criança e da família. Há muitas modalidades de trabalho com crianças, incluindo interações verbais, como conversas, histórias e diálogos durante jogos; brincadeiras; trabalho com materiais artísticos; e utilização de livros e revistas. Habilidades sociais, como cooperação, segurança, responsabilidade, empatia e autocontrole, são ensinadas e monitoradas na terapia. Para ajudar a desenvolver e manter essas habilidades, o terapeuta treina técnicas de automonitoramento e auto-administração com a criança. Talvez a preocupação mais importante na orientação seja o grau em que a criança aplica regularmente no mundo real às habilidades adquiridas no consultório do orientador. Incluir os pais na orientação ajuda a monitorar a generalização ou transferência dessas habilidades em casa, na escola e na comunidade.

Há muitas formas de encarar o processo de orientação. Para que você tenha um "mapa" com o qual se orientar, é apresentada aqui uma sequência de seis estágios para a orientação individual com crianças; entretanto, os limites entre os estágios podem não ser evidentes na prática e o processo pode não ser tão sequencial.

Estágio 1: Avaliação da Criança

Quando uma criança é encaminhada para orientação, o terapeuta avalia a razão para o encaminhamento. Muitas vezes essa avaliação envolve uma análise dos registros escolar e médico da criança, assim como informações sobre a razão para o encaminhamento por parte da pessoa que iniciou esse procedimento. O terapeuta tenta identificar qual o problema e que passos já foram tomados para aliviá-lo. Além de identificar a natureza do problema, o terapeuta avalia a validade do encaminhamento e decide se é necessária a orientação. Caso ela seja recomendada, o terapeuta pode combinar terapia individual com terapia familiar, treinamento dos pais ou orientação em grupo. O orientador também pode considerar um planejamento que envolva os funcionários da escola. As recomendações são determinadas em parte pela natureza e gravidade do problema apresentado pela criança. Embora essa avaliação informal possa fornecer informações suficientes para determinar a necessidade de orientação individual, muitas vezes uma avaliação formal é necessária. A avaliação formal da depressão é discutida no capítulo 2.

Durante esse primeiro estágio, os pais ou responsáveis pela criança fornecem informações e, caso decidam seguir com a orientação, providenciem permissão para que esta ocorra. Nesse momento, o orientador esclarece o papel dos pais na orientação e como o progresso da criança lhes será apresentado ao longo do tratamento. O início da orientação pode ser considerado uma espécie de contrato. A criança apresenta um conjunto de problemas e o orientador, a criança e seus pais concordam em realizar uma série de atividades com o intuito de resolver esses problemas.

Estágio 2: Estabelecimento de Objetivos e Planejamento de Intervenções

As informações que foram reunidas durante a avaliação proporcionam a base para compreender as necessidades da criança e os objetivos da terapia. Nesse momento, o terapeuta contempla a depressão da criança a partir de várias orientações teóricas. Essa perspectiva ampla permite que o terapeuta considere diversas hipóteses para as causas subjacentes da depressão. A partir dessas hipóteses, o terapeuta determina objetivos e intervenções para a criança. Os objetivos e métodos escolhidos precisam estar de acordo com o desenvolvimento cognitivo e emocional da criança. Por exemplo, a dificuldade que crianças pequenas têm para compreender o ponto de vista de outra pessoa ou entender conceitos abstratos deve ser considerada quando os objetivos e as intervenções são formulados.

Objetivos específicos para a criança podem incluir a diminuição da depressão, da raiva ou da ansiedade; melhora do conceito sobre si mesma, das habilidades interpessoais ou do controle sobre o impulso; ou desenvolvimento de comportamentos alternativos adequados para situações que deixem a criança angustiada. Os objetivos podem ser desenvolvidos para ajudar a criança no ambiente escolar ou em casa. Esses objetivos podem exigir que professores e pais participem ajustando a forma como abordam a criança. Pode-se pedir que eles alterem seus horários, monitorem o progresso da criança ou forneçam-lhe resposta ou recompensas em seus respectivos ambientes.

Estágio 3: Começo da Orientação

O principal trabalho no Estágio 3 envolve a preparação da criança para a orientação. Nesse momento, o orientador prepara a criança perguntando-lhe o que ela acha e como se sente em relação a isso. Muitas vezes a criança não compreende a experiência da orientação, de modo que o orientador precisa explicar-lhe a função, os processos e os propósitos da orientação. É importante usar uma linguagem apropriada ao nível de desenvolvimento da criança. Prepará-la dessa forma aumenta sua compreensão, cooperação e empenho na experiência.

É importante considerar as necessidades da criança. O orientador deve envolvê-la no processo de planejamento e criar uma expectativa positiva. A criança deve saber que a orientação envolve trabalho conjunto para remediar problemas que a estão aborrecendo. Uma forma de aumentar o envolvimento da criança na orientação é apresentar-lhe respostas obtidas na avaliação. Por exemplo, o orientador pode analisar as informações apresentadas pelos pais e professores em relação aos sintomas depressivos para demonstrar esse sentimento de compreensão e preocupação. Respostas como essa devem levar em consideração o nível de desenvolvimento, o funcionamento cognitivo e as necessidades emocionais da criança.

Nesse estágio também deve-se explicar para todas as pessoas envolvidas as orientações referentes ao caráter confidencioso. Orientadores diferentes adotam posturas diferentes quanto à questão. Por exemplo, alguns partilham informações com os pais em relação ao progresso geral da criança, enquanto procuram manter em sigilo o conteúdo específico das sessões de orientação. Outros informam à criança que os pais terão acesso às informações relativas às sessões, mas concordam em não revelar informações que a criança peça especificamente para manter em sigilo. Seja qual for a postura adotada, o orientador, a criança e os pais devem entender que os últimos têm direito legal sobre as informações relativas a seus filhos e que o orientador tem o dever legal de tomar as medidas adequadas quando houver alguma ameaça para a criança ou para os outros.

Às vezes, durante o começo da fase de orientação, o terapeuta discute os limites e as regras com a criança, como tempo e duração das sessões e as regras sobre o uso de brinquedos. A criança não deve ser intimidada por uma lista enorme de regras, da mesma forma que um conjunto de regras não deve ser imposto antes que a criança se sinta à vontade com o orientador. Muitas vezes, os limites são compreendidos mais facilmente e mais bem aceitos quando são discutidos conforme o necessário.

Estágio 4: Trabalho com a Criança e Implementação do Planejamento

Um ponto fundamental da orientação é o desenvolvimento de uma relação orientador-cliente. Essa relação fornece a base para que ocorram melhoras e chegue-se aos objetivos da orientação. Para que haja progresso, deve ser construída uma base de confiança e segurança na relação de orientação. Orientadores competentes ouvem com empatia, criam uma ligação emocional ao tentar ver e sentir o mundo da criança, demonstram essa compreensão e oferecem-lhe apoio emocional. Nessa relação de confiança, a criança pode examinar sentimentos de medo e outros pensamentos para tentar encontrar novas formas de pensar, comportar-se e relacionar-se. O carinho e auxílio sinceros do orientador para com a criança ajudarão a estabelecer as condições necessárias para construir uma relação de confiança.

Enquanto se desenvolve uma relação de trabalho com a criança, o planejamento para realizar mudanças é implementado. As qualidades e habilidades usadas para construir essa relação continuam sendo relevantes ao longo da orientação. Os orientadores infantis utilizam diversas habilidades, incluindo um senso de humor equilibrado, uma exposição apropriada e relevante de si mesmos, interpretação do conteúdo apresentado pela criança para ligar os padrões e temas na vida infantil e o confronto de discrepâncias quando necessário. Durante a fase de trabalho da orientação, o orientador usa várias técnicas para abordar e aliviar a depressão da criança. Essas técnicas variam de acordo com as necessidades da criança e a formação do orientador, mas incluem o treinamento de habilidades, o uso de revistas "journaling", biblioterapia e outras lições de casa terapêuticas.

Estágio 5: Continuidade da Orientação ou Modificação do Planejamento Conforme o Necessário

Ao longo da orientação, uma reavaliação do planejamento original, dos objetivos e do progresso até aquele momento pode ser necessária. Muitas vezes informações novas, que não foram apresentadas na avaliação, são reveladas durante a orientação porque a criança e os pais agora se sentem mais confortáveis com o orientador: às vezes as circunstâncias da criança se alteram ao longo da orientação, como um estresse conjugal maior na família ou a revelação de que esta tem pouca tolerância para com os comportamentos da criança. Ao longo da orientação deve-se, periodicamente, apresentar à criança e aos pais um relatório referente ao progresso das intervenções. Este deve ser fornecido de forma honesta, mas com sensibilidade. A intenção de apresentar esse relatório é analisar as áreas em que houve melhora e aquelas que exigem modificações no planejamento original para que se alcance os objetivos desejados. Deve-se evitar culpar a criança, os pais ou o terapeuta. O propósito do relatório é aumentar a probabilidade de a criança se beneficiar com a experiência. É comum que a criança, os pais e o terapeuta reavaliem e modifiquem o contrato ou a compreensão dos objetivos da terapia.

Estágio 6: Desenvolvimento de um Planejamento para o Término

Teoricamente, a decisão de terminar a orientação deveria ser fácil. Ela deve acabar quando seus objetivos são cumpridos e o funcionamento da criança tiver melhorado e estabilizado. Na prática, a decisão de concluir a orientação raramente é simples ou planejada de forma ideal. Objetivos parcialmente alcançados, falta de cooperação por parte de pessoas importantes na vida da criança, mudança da família para outra cidade ou mudança do terapeuta para outro emprego podem interromper a orientação. Se os objetivos forem parcialmente cumpridos, um progresso suficiente pode ter sido obtido, de modo que a interação entre a criança e seus pais seja mais saudável, criando um ambiente propício para sustentar um progresso continuado. Para determinar se houve progresso na realização de objetivos, o terapeuta deve analisar os problemas restantes e os objetivos originais da terapia.

No planejamento para o término, é importante que o orientador seja sensível quanto à importância da relação de orientação para a criança. Sentimentos negativos, como raiva ou tristeza, podem ser evidentes ao fim dessa relação significativa. Para algumas crianças, o fim da orientação pode trazer de volta sentimentos associados com separações ou perdas anteriores. Esses sentimentos são comuns e normais. Deve-se dedicar tempo suficiente ao fim das sessões para discutir sentimentos associados ao fim da relação de orientação. Além disso, deve-se estar atento a sentimentos positivos associados à melhora da criança e planos para o futuro. O terapeuta deve assegurar à criança que se lembrará dela. Às vezes ela e o orientador trocam lembranças, como fotografias, desenhos ou histórias. A redução gradual do tempo de orientação pode ser uma forma útil de realizar a transição. Por essa razão, é comum diminuir a frequência das sessões de semanal para duas vezes ao mês e depois para uma sessão conforme o necessário. Deve-se assegurar aos pais e às crianças que eles podem procurar o auxílio do terapeuta ocasionalmente, caso precisem de um "incentivo" ou um "ajuste".

Tipos de Psicoterapia

Há diversos tipos de psicoterapia usados com crianças deprimidas. Cada tipo tem a própria fundamentação teórica e um conjunto de técnicas. Neste item, apresentarei uma visão geral das principais formas de psicoterapia, incluindo a psicodinâmica ou a terapia voltada para a compreensão, a terapia comportamental e a terapia cognitiva. Os aspectos da orientação ligados ao desenvolvimento e à terapia com brincadeiras também serão discutidos.

Terapia Voltada para a Compreensão

A terapia psicodinâmica e suas inúmeras derivações compartilham de um objetivo comum ao propiciarem compreensão sobre motivos e necessidades inconscientes que influenciam o comportamento. Uma das hipóteses mais importantes das terapias voltadas para a compreensão é a ideia de que nosso comportamento é influenciado por forças que não são imediatamente identificadas por nossa mente consciente e que, ao compreender essas necessidades e motivos, a criança pode aprender formas mais eficazes de responder a elas. Um exemplo simples desse fenômeno pode ser a inveja da criança porque toda a atenção está voltada para um novo membro da família. A criança pode apresentar sintomas de depressão. Ao longo da terapia voltada para a compreensão, a criança e os pais podem perceber a importância da necessidade de atenção por parte da criança. Com essa nova compreensão, a família e a criança podem trabalhar juntos para que esta receba mais atenção, aliviando os sintomas da depressão. As técnicas psicodinâmicas com crianças incluem o confronto de inconsistências. Ao usar essa técnica, o terapeuta encoraja a criança a expressar, elaborar e tomar consciência de seus sentimentos.

Terapia Comportamental

Assim como a terapia voltada para a compreensão tem diversas formas, a terapia comportamental engloba diversas técnicas. Diferentemente da ênfase dos terapeutas psicodinâmicos nas emoções e na compreensão das necessidades e motivos inconscientes, os terapeutas comportamentais acreditam que os comportamentos tendem a se manifestar em função de seus antecedentes (gatilhos) e suas consequências (desfecho). Os terapeutas comportamentais afirmam que a depressão infantil pode ser o resultado da sensação da criança de que ela não tem controle sobre como obter recompensas, como boas notas, aceitação dos colegas ou aprovação dos pais. A criança acredita que "por mais que eu tente, não importa o que eu faça, não serei bem-sucedida". Essa sensação de desamparo resulta em apatia, que por sua vez resulta em menos tentativas ou menos esforços para obter recompensas. Uma vez que a criança desista, ela recebe cada vez menos recompensas. O objetivo da terapia comportamental é ajudar a criança a encontrar formas de conseguir os objetivos desejados e recuperar uma sensação de controle e competência. As abordagens comportamentais incluem a dessensibilização sistemática de situações desagradáveis, a moldagem de comportamentos ao recompensar comportamentos apropriados durante as sessões, instrução direta de habilidades sociais e automonitoramento de comportamentos específicos.

Terapia Cognitiva

A terapia cognitiva é uma abordagem popular para o tratamento da depressão infantil. Os terapeutas cognitivos acreditam que pensamentos errôneos causam a depressão. Ao ouvir atentamente a criança, o terapeuta cognitivo procura e identifica as distorções, interpretações equivocadas e reações exageradas por parte da criança que podem levar a interpretações depressivas. Por exemplo, uma criança pode interpretar o fato de seu amigo ligar menos para ela como uma rejeição. O terapeuta ajuda a criança ao sugerir interpretações alternativas para o comportamento do amigo que possam ser menos depressivas, como este estar de castigo. O terapeuta também ensina a criança a reinterpretar acontecimentos de modo que isso leve a um funcionamento mais saudável. Algumas das técnicas usadas por terapeutas cognitivos incluem a reação a pensamentos negativos (por exemplo, alterar a auto-afirmação "não consigo aprender matemática" para "sei um pouco de matemática, mas estou com dificuldades para aprender frações"), reavaliações anticatastróficas (ensinar a criança a resistir ao impulso de escolher o pior cenário possível e ser mais realista sobre os possíveis resultados), mudança de rótulo (por exemplo, ver que um copo está metade cheio em vez de metade vazio).

Perspectiva Ligada ao Desenvolvimento

Orientar crianças exige uma compreensão de seu desenvolvimento, independentemente da orientação terapêutica do orientador. Atualmente há diversas teorias diferentes sobre o desenvolvimento infantil, mas nenhuma visão é aceita universalmente. O conhecimento de várias teorias e modelos sobre o desenvolvimento aumentam a compreensão do profissional sobre a criança e seu comportamento. Por exemplo, a teoria psicodinâmica de Freud oferece uma compreensão sobre as necessidades e os motivos subjacentes da criança. A teoria psicossocial de Erik Erikson esclarece ao terapeuta a busca da criança pelo domínio de crises psicossociais específicas. Para Jean Piaget, o profissional adquire uma percepção das capacidades e limitações cognitivas de uma criança numa determinada idade. Os teóricos do aprendizado social, como Albert Bandura, explicam-nos como a criança aprende por meio da moldagem e da observação. Os teóricos do vínculo, como John Bowlby, ensinam-nos sobre a importância do vínculo, particularmente entre a criança e a mãe. Os psicólogos ecológicos, como Urie Bronfenbrenner, enriquecem nossa compreensão sobre as interações entre a criança e múltiplos sistemas ambientais.

Lev Vygotsky e os psicólogos contextuais ajudam a compreender as influências recíprocas entre a criança e os pais na definição do mundo infantil. O conhecimento dessas diversas perspectivas nos fornecem uma compreensão importante sobre o desenvolvimento da criança e as forças que a afetam. O terapeuta usa esse conhecimento para conceituar a depressão infantil. Por sua vez, as perspectivas ligadas ao desenvolvimento levam a uma escolha de objetivos e intervenções ao adequar o processo de orientação ao nível de desenvolvimento da criança.

Terapia com Brincadeiras

Por ser uma abordagem de tratamento usada quase exclusivamente com crianças, a terapia com brincadeiras precisa ser analisada em qualquer discussão sobre o tratamento da depressão infantil. Alguns terapeutas acreditam que as brincadeiras são uma forma de expressão da criança. Brincar para uma criança equivale a falar para um adulto. Diferentemente dos adultos, as crianças podem não discutir seus sentimentos, mas podem representá-los. A brincadeira é natural e confortável para as crianças. Dessa forma, as brincadeiras podem ser uma forma natural de orientação para elas. A terapia com brincadeiras não pertence a uma orientação teórica em particular. É uma forma de fazer as crianças se expressarem. A terapia com brincadeiras é usada por profissionais de diversas orientações teóricas, incluindo a voltada para a compreensão, a cognitiva e a ligada ao desenvolvimento. Ela tem sido particularmente eficaz com crianças traumatizadas ou em crise.

As crianças usam as brincadeiras para lidar com suas dificuldades psicológicas do passado e do presente e para dominá-las. A partir das brincadeiras infantis, um terapeuta pode descobrir como elas vêem o mundo e quais são suas preocupações e seus problemas. Por meio das brincadeiras, as crianças expressam o que não conseguem dizer com palavras. Elas normalmente não brincam espontaneamente apenas para passar o tempo; seus processos, desejos, problemas e ansiedades internos as motivam como resolvem brincar. Para um orientador que trabalha com crianças, é essencial respeitar sua necessidade de expressar-se por meio de brincadeiras. A presença de brinquedos diz às crianças que o consultório é um lugar para elas, que ali elas são compreendidas e que, portanto, podem relaxar e ser crianças. Por meio das brincadeiras, o orientador constrói uma relação terapêutica, que se torna a base para identificar objetivos, intervenções e soluções para os problemas.

Medicamentos Usados no Tratamento da Depressão Infantil

Como se afirmou anteriormente, está se tornando cada vez mais comum tratar a depressão infantil com medicamentos. A autorização para o uso de medicamentos é, em última instância, a decisão de um médico, como o médico da família, um pediatra ou um psiquiatra. Normalmente a decisão de usar medicamentos é baseada na gravidade e duração dos sintomas e na impossibilidade de aliviá-los por meio de orientação.

Há vários tipos de medicamentos com os quais os médicos podem tratar os sintomas da depressão. Cada um desses medicamentos possui diferentes dosagens, benefícios e efeitos colaterais. Os antidepressivos podem ser classificados em três grupos amplos: os antidepressivos tricíclicos (TCAs), inibidores de reabsorção serotonina-específico (IRSEs) e os inibidores de monoamina oxidase (IMAOs). Uma discussão sucinta sobre o remédio natural, a milfurada, também é apresentada.

Antidepressivos Tricíclicos (TCAs)

Os medicamentos antidepressivos tricíclicos (TCAs) são usados para tratar pessoas deprimidas desde a década de 1950. O desenvolvimento e o uso de TCAs foram considerados por algumas pessoas como uma das contribuições mais significativas para a psiquiatria nos últimos cinquenta anos. Há diversos TCAs que costumam ser prescritos para o tratamento de crianças deprimidas, incluindo a amitriptilina (Elavil), doxepin (Sinequan), trazodona (Desyrel), imipramina (Tofranil), desipramina (Norpramin), nortriptilina (Pamelor) e clomipramina (Anafranil).

Os TCAs são caracterizados pelo retardo na resposta clínica. Normalmente há uma demora de várias semanas entre o começo do tratamento com TCA e o alívio inicial dos sintomas depressivos. Essa demora na resposta se deve em parte pela prática comum de aumentar gradativamente a dosagem do medicamento, começando com uma dose pequena e elevando-a de forma gradual, de modo a reduzir o risco de efeitos colaterais que poderiam ocorrer se uma dose terapêutica integral fosse ministrada inicialmente. Uma experiência completa consiste no uso de uma dosagem diária máxima por pelo menos duas semanas. Para chegar à dose máxima, a experiência dura um total de quatro a seis semanas. Para o médico, faz parte da rotina examinar a concentração plasmática; isto é, retirar uma amostra de sangue para determinar se há uma quantidade suficiente de medicamento para que a criança obtenha um benefício terapêutico. A razão mais comum para que um TCA não alcance os resultados tem sido um período insuficiente de tempo para que a droga funcione antes de o paciente desistir de utilizá-la.

Os TCAs costumam afetar tanto a serotonina como a norepinefrina, dois neurotransmissores envolvidos na depressão. Como eles podem ter efeitos sedativos, a maioria dos TCAs administrada numa única dose antes de dormir. Os TCAs normalmente não são prescritos para crianças com doenças cardíacas ou arritmia, um histórico familiar de doença cardíaca, síncope (episódios breves de delírio) ou tontura. Enquanto se utiliza os TCAs, deve-se prestar atenção na pulsação, na pressão sanguínea e nos eletrocardiogramas.

Infelizmente, os TCAs não são perfeitos no tratamento da depressão; aproximadamente 70% a 80% das pessoas deprimidas têm a resposta desejada. Outra falha dos TCAs são seus diversos efeitos colaterais, que resultam na descontinuação prematura do uso do medicamento pelas crianças. Além disso, os riscos de problemas cardíacos e tonturas que apresentam deixam muitas famílias reticentes.

Inibidores de Reabsorção Serotonina-Específico (IRSEs)

Uma classe relativamente nova de antidepressivos, os inibidores de reabsorção serotonina-específicos (IRSEs), é apreciada por sua eficácia sem os efeitos colaterais ou riscos apresentados pelos TCAs e IMAOs. Os IRSEs incluem a fluoxetina (Prozac), paroxetina (Paxil), sertalina (Zoloft), nefazodona (Serzone), bupropion (Wellbutrin), venlafaxina (Effexor) e fluvoxamina (Luvox).

Os IRSEs demonstraram eficácia no tratamento da depressão, ataques de pânico, bulimia e distúrbios obsessivo-compulsivos. Os profissionais preferem os IRSEs em razão do seu retrospecto favorável de efeitos colaterais, sua ausência relativa de cardiotoxicidade e sua grande margem de segurança em situações de overdose. Diferentemente dos TCAs, que causam sedação e são administrados à noite, os IRSEs costumam ser estimulantes e são tomados de manhã para que não interfiram no sono. No entanto, para alguns indivíduos, os IRSEs são sedativos e consequentemente são administrados à noite. Embora costume haver poucos efeitos colaterais associados aos IRSEs, estes incluem dor de cabeça, náusea, zumbidos no ouvido, insônia e nervosismo.

Inibidores de Monoamina Oxidase (IMAOs)

Os médicos têm utilizado os inibidores de monoamina oxidase (IMAOs) para tratar a depressão desde a década de 1950. O IMAO normalmente usado é a fenelizina (Nardil). O uso de IMAOs nunca foi tão comum quanto o uso de TCAs por causa de seus diversos efeitos colaterais, incluindo hipotensão, taquicardia, sudorese, tremor, náusea e insônia. Outra grande desvantagem do uso de IMAOs é a necessidade de o paciente seguir uma dieta que evite o consumo de tiramina, um aminoácido presente em queijos envelhecidos, carnes, bananas, produtos que contenham fermento e bebidas alcoólicas. Não evitar a tiramina quando se está utilizando IMAOs pode resultar num ataque de hipertensão.

Apesar desses problemas, os IMAOs podem ser prescritos quando os TCAs e os IRSEs são considerados ineficazes e o indivíduo apresenta sintomas de depressão conhecidos como depressão atípica (ansiedade, tensão, fobias, pânico, características histéricas, irritabilidade, reação no humor e excesso de fome e de sono). Por essa razão, eles são considerados a terceira linha de defesa do profissional no tratamento médico da depressão.

Os IMAOs são administrados numa dosagem gradual e crescente e podem ser tomados de manhã ou à noite, dependendo de seus efeitos no sono. Eles costumam ser eficazes numa dose relativamente baixa.

Carbonato de Lítio

O lítio é o medicamento preferido no tratamento do distúrbio bipolar. Esse distúrbio pode ser caracterizado por uma variedade de padrões de altos e baixos extremos. O lítio normalmente é usado para tratar crianças com agressões graves, emocionalmente instáveis ou deprimidas, cujos padrões apresentaram uma resposta favorável ao lítio. Ele também tem sido eficaz no aumento dos benefícios dos IRSEs em crianças com depressão resistente ao tratamento e distúrbio obsessivo-compulsivo.

Diferentemente dos IRSEs, o lítio exige um monitoramento contínuo quando prescrito. Como é um sal, ele é contra-indicado para pacientes com doenças renais, tireóideas ou cardíacas ou que correm risco de desidratação ou desequilíbrio eletrolítico.

Tranquilizantes (Agentes e Sedativos Antiansiedade)

Crianças deprimidas frequentemente apresentam sintomas de ansiedade, como pânico, tensão muscular e preocupação excessiva.

Medicamentos antiansiedade, os tranquilizantes, tratam a ansiedade e seus sintomas principalmente por meio da sedação generalizada do sistema nervoso central. Existem diversos tranquilizantes, incluindo o alprazolam (Xanax), clordiazepoxida (Librium), clonazepam (Klonopin), clorazepate (Tranxene), diazepam (Valium), lorazepam (Ativan), oxazepam (Serax), buspirona (Buspar) e prazepam (Centrax).

Há vários efeitos colaterais que podem decorrer do uso de tranquilizantes. Eles incluem desinibição, ataxia (coordenação motora comprometida), disartria (dificuldade na articulação das palavras) e nistagmo (movimento involuntário dos olhos). Além disso, casos de agitação, desorientação, labilidade (alterações rápidas de humor) e amnésia foram registrados com o uso de alguns tranquilizantes. A overdose desses medicamentos pode resultar em depressão respiratória, hipotensão (pressão baixa), síndrome do choque, coma e morte. A interrupção repentina no uso de drogas sedativas pode causar convulsões graves e possivelmente fatais. Tranquilizantes mais recentes, como o Buspar, têm muito menos efeitos colaterais.

Apesar desses riscos, às vezes os tranquilizantes são necessários para reduzir rapidamente os níveis de ansiedade de uma criança. A prática sensata normalmente adotada pelos médicos é prescrever medicamentos antiansiedade por um período curto, até que os medicamentos antidepressivos tenham um efeito terapêutico, o que normalmente leva de quatro a seis semanas. Após os antidepressivos surtirem efeito, reduz-se gradualmente o uso dos tranquilizantes até sua descontinuação.

Milfurada

A milfurada é um remédio natural ou herbáceo para a depressão. A milfurada é uma vegetação natural do Chile, dos Estados

Unidos e da Europa. Ela tem sido usada no tratamento de distimia, depressão leve e ansiedade desde a década de 1930. Até o momento, foram conduzidos aproximadamente dezoito estudos duplo cegos sobre a eficácia da milfurada no tratamento da depressão. Esses estudos demonstraram que ela é segura e eficaz, com alguns efeitos colaterais. Hoje em dia, o derivado da milfurada usado no tratamento da depressão é chamado de hipericina. Este pode não ser o único componente ativo da milfurada. Outros derivados estão sendo estudados, como a hiperfolina, enquanto alguns pesquisadores acreditam que uma combinação de todos os derivados de milfurada pode ser o mais eficaz.

O efeito colateral mais proeminente é a fotossensibilidade (sensibilidade excessiva à luz), especialmente para indivíduos de pele mais clara. A milfurada não deve ser consumida crua e sim tomada apenas na forma de cápsulas ou líquido, produzidos por companhias reconhecidas com dosagens padronizadas. A milfurada é um tratamento muito popular para depressão na Alemanha, onde está disponível apenas com receita médica, mas é prescrito com frequência muito maior do que drogas antidepressivas, como os IRSEs.

Nos Estados Unidos, a milfurada é um medicamento de uso liberado e, desse modo, é preciso ter algumas advertências em mente. Primeiro, nenhum estudo sistemático foi feito sobre a segurança ou eficácia da milfurada em crianças. Assim como muitos medicamentos antidepressivos usados em crianças, acredita-se que a droga seja segura com base nas pesquisas em adultos. Atualmente, um esforço substancial está sendo feito para estudar os antidepressivos em crianças. Contudo, isso ainda não ocorreu com a milfurada. As crianças podem precisar de doses menores e, além disso, ainda não se estabeleceu a magnitude dos efeitos colaterais. Em segundo lugar, um indivíduo não deve começar a tomar a milfurada sem antes consultar um médico. Há alguns efeitos decorrentes da interação entre a milfurada e outros medicamentos, como os IMAOs, que devem ser considerados. Em terceiro lugar, determinar a gravidade da depressão de uma pessoa é trabalho para um profissional, assim como definir as opções de tratamento mais adequadas para um determinado tipo e gravidade de depressão deve se dar por meio de uma consulta a um médico. Você pode descobrir que a depressão leve de um jovem pode ser melhor tratada com milfurada em vez de um medicamento antidepressivo. Você também pode descobrir que a depressão grave do seu filho talvez exija um tratamento mais agressivo. Essa decisão não deve ser tomada sem considerar diversas variáveis, que incluem exames de sangue, diagnóstico clínico e monitoramento médico.

As sessões 'ambientes de tratamento' e os 'planos de saúde' são bastante específicos. Talvez isso devesse ser indicado com maior clareza nos contratos dos planos de saúde.

Ambientes de Tratamento

O tratamento da depressão infantil ocorre numa variedade de ambientes, que incluem terapia em consultórios particulares, programas diurnos ou noturnos, tratamento residencial e hospitalização. Esses ambientes podem ser vistos numa escala que vai do menos restritivo ou intensivo, como uma consulta, até o mais restritivo ou intensivo, como um ambiente hospitalar para um caso agudo. O local em que se dá o tratamento depende de diversos fatores, que incluem a gravidade dos sintomas depressivos, a resistência dos sintomas ao tratamento, o histórico do paciente e as situações que possam interferir no tratamento eficaz num determinado ambiente.

Consultório

A grande maioria das crianças deprimidas é tratada em consultórios. Uma sessão típica de orientação consiste de 45 a 50 minutos, que podem ser divididos entre a criança, os pais e outros membros da família, conforme o necessário. O consultório é um ambiente calmo e particular, onde há o mínimo de interrupções. Nesses ambientes, a consistência de tempo e a localização física propiciam uma sensação de segurança fisiológica, confiança e respeito para com a criança e o processo de orientação.

Programas Diurnos ou Noturnos

Embora a maioria das crianças responda bem ao tratamento numa consulta, algumas precisam de modalidades mais intensivas de tratamento do que aquelas oferecidas num consultório. Normalmente, programas diurnos e noturnos estão disponíveis em hospitais e clínicas, que têm a vantagem de possuir uma equipe de profissionais. Ao contrário da hora de terapia proporcionada no consultório, as crianças que participam de programas diurnos ou noturnos recebem de três a quatro horas de terapia, normalmente de três a cinco dias por semana. Após o término do dia de tratamento, a criança volta para casa. Uma vantagem do programa diurno ou noturno é que a criança permanece em casa.

Diferentemente da terapia num consultório, que inclui predominantemente uma orientação individual, a terapia em programas diurnos ou noturnos envolve uma combinação de orientação individual e em grupo. A equipe do programa elabora várias atividades, que frequentemente incluem terapia em grupo, grupos educacionais, grupos de terapia expressiva e atividades recreativas. Logo após o começo do programa diurno ou noturno, a equipe se reúne e desenvolve um plano de tratamento. Nele são especificados os problemas, as metas, os objetivos, as intervenções e a duração estimada do tratamento. Esse plano orienta a terapia e identifica os critérios que deverão ser alcançados antes que uma criança seja liberada do programa. Normalmente, quando ela é liberada do programa diurno ou noturno, seu tratamento passa para um consultório.

Tratamento Residencial

Como o nome sugere, o tratamento residencial se distingue dos programas em consultório, diurno ou noturno pelo fato de a criança residir na unidade enquanto recebe supervisão e cuidado 24 horas por dia. O tratamento residencial consiste num ambiente estruturado de vivência, em que um grande vínculo e compromisso da equipe para com a criança são essenciais. Em ambientes residenciais, serviços de educação especial normalmente são proporcionados para a criança.

A equipe num centro de tratamento residencial inclui psiquiatras, enfermeiras, assistentes sociais, orientadores e psicólogos, tornando-o bastante caro. Também pode haver outros terapeutas auxiliares, como os especializados em tratamento com arte e música ou terapia ocupacional e recreativa. Logo após a entrada da criança no tratamento residencial, a equipe se reúne para desenvolver um plano de tratamento. Esse plano identifica os problemas, as metas, os objetivos, as intervenções e a duração do tratamento da criança. A equipe conversa de turno em turno e reúne-se constantemente para analisar o progresso da criança em metas específicas.

As unidades de tratamento residencial são desenvolvidas para levar em conta as necessidades físicas, cognitivas, emocionais e educacionais de seus residentes. Eles normalmente dividem o quarto com outra criança do mesmo sexo, de modo que garotos e garotas estejam em dormitórios separados. No entanto, na maioria das unidades, o tratamento durante o dia ocorre em conjunto.

O tratamento residencial não é a primeira escolha. Antes que a internação em um centro de tratamento residencial seja considerada, é preciso se empenhar nas consultas, incluindo terapia individual, familiar e medicamentos. Para ser eficaz, o tratamento residencial exige a permanência por vários meses. É bastante comum que a princípio a criança esteja num clima de "lua-de-mel" quando entra no programa residencial. Durante esse período, ela pode demonstrar uma atitude positiva fora do comum, fazendo com que um terapeuta novato questione a necessidade de internação residencial. Quando a criança age de forma extremamente positiva e livre de sintomas, os pais se sentem um pouco estranhos e se perguntam se os profissionais questionam o porquê de a criança estar no programa.

Uma das principais vantagens do tratamento residencial é a possibilidade de as crianças recriarem seu mundo doméstico no centro de tratamento residencial. Isto é, elas desenvolvem as mesmas formas problemáticas de relacionamento com os residentes e a equipe do centro residencial que teriam com seus pais, professores e colegas. Embora a princípio isso possa ser visto como uma desvantagem, possivelmente sendo necessário tranquilizar pais e membros da equipe, a verdade é que, antes que mudanças reais possam ocorrer, a criança deve demonstrar os comportamentos alterados que levaram à sua admissão no programa. De certa forma, a demonstração dos problemas de comportamento mostra que a criança baixou sua guarda e começou a ser ela mesma. É nesse ponto que o tratamento realmente começa.

Um ponto extremamente positivo do tratamento residencial é a possibilidade de administrar o comportamento 24 horas por dia, durante vários meses. Na orientação em consultas, a criança pode nunca demonstrar esses comportamentos, impedindo que o orientador lide com eles pessoalmente. Além disso, na base das consultas, o terapeuta e os pais podem nunca conseguir administrar o comportamento da criança, na verdade prolongando o problema.

Hospitalização

Como a depressão infantil aguda pode ser imprevisível, algumas crianças podem precisar de internação em hospitais psiquiátricos. Não é comum crianças precisarem de hospitalização para a depressão, mas ela é necessária quando se considera que a criança seja uma ameaça para si mesma ou para os outros ou quando está de tal forma perturbada, que correria risco de machucar-se caso não fosse hospitalizada. A equipe de um hospital psiquiátrico é coordenada pelo psiquiatra de plantão e engloba psicólogos, enfermeiras, orientadores e assistentes sociais. Também pode haver outros terapeutas auxiliares, como os especializados em tratamento com arte e música ou terapia ocupacional e recreativa.

Nas primeiras horas após a internação da criança no hospital psiquiátrico, o psiquiatra e a equipe de enfermagem examinam a criança e desenvolvem um plano. Há diversos motivos para uma hospitalização psiquiátrica. A primeira é avaliar a criança para antecipar seu retorno à comunidade. Como as hospitalizações psiquiátricas são breves, normalmente com duração de três a sete dias, a equipe tem a tarefa de avaliar imediatamente a criança para iniciar o planejamento. A equipe trabalha para compreender a gravidade dos sintomas, os fatores que contribuem para que estes ocorram, recursos de que a criança e a família dispõem para a recuperação e a viabilidade ou limitações de planos específicos de tratamento.

À medida que desenvolve planos que levem à alta do indivíduo, a equipe também trabalha para estabilizar psicologicamente a criança. Antes que esta possa receber alta, a gravidade dos sintomas depressivos, particularmente ideias ou intenções suicidas, deve ser reduzida a um nível seguro para a criança. Devido à gravidade e à intensidade da depressão, a medicação normalmente começa no hospital. O monitoramento contínuo da criança pela equipe de enfermagem permite que o médico seja mais agressivo na medicação da criança do que poderia ser no ambiente de um consultório. A resposta da criança à medicação é observada diretamente, sendo feitas observações de hora em hora. Qualquer efeito colateral é registrado imediatamente. Se houver alguma preocupação, pode-se reduzir a medicação, descontinuá-la ou aumentá-la.

Talvez o benefício mais importante da hospitalização seja a segurança imediata que o hospital fornece à criança. Normalmente, antes de a criança ser internada, ela e sua família passaram por períodos prolongados de angústia. A hospitalização proporciona proteção para a criança e alivia seus pais e sua família. Uma vez estabilizada e fora de perigo, ela recebe alta do hospital. Antes que isso ocorra, a equipe e a família desenvolvem um plano detalhado de alta, que inclui cuidados posteriores.

Serviços Comunitários de Saúde Mental

Serviços comunitários de saúde mental são um elemento importante na variedade de serviços disponíveis para crianças deprimidas e suas famílias. É possível traçar a origem dos serviços de saúde mental da comunidade nos Estados Unidos até o movimento de higiene mental da virada do século. A intenção desse movimento era tirar a prática de saúde pública dos consultórios médicos e levá-la à comunidade. O período imediatamente após a Segunda Guerra Mundial até o fim do governo do presidente Johnson foi uma época em que o serviço comunitário de saúde mental prosperou. Embora seja um conceito amplo e tenha muitas facetas, há aspectos comuns entre os serviços comunitários de saúde mental.

O serviço comunitário de saúde mental é fornecido, em parte ou integralmente, pelo imposto arrecadado da população. A comunidade atendida por uma determinada clínica é identificada por uma zona de atuação, uma área geográfica delimitada. A clínica fornece amplos serviços de saúde mental para todos os indivíduos qualificados na zona de atuação. Esses serviços incluem atendimentos a pacientes internados, consultas, pronto-socorro, hospitalização parcial (dia e/ou noite), exames comunitários e programas educacionais. Alguns desses serviços não são oferecidos pelo centro de saúde mental; eles precisam ser contratados pelo centro para serem oferecidos por outras agências. Implícito nesse conjunto de serviços está o cuidado continuado, desde o nível menos intensivo até o mais intensivo.

Uma das principais características dos programas comunitários de saúde mental é o compromisso com a prevenção de problemas mentais. Os programas comunitários acreditam numa abordagem em três frentes para a prevenção. A primária tenta eliminar fatores que causam problemas mentais por meio da consulta e educação da comunidade, incluindo professores, padres, assistentes sociais e funcionários encarregados do monitoramento de presos em liberdade condicional. A prevenção secundária é a prática da identificação e tratamento precoces de problemas mentais. Isso ocorre ao fornecer acesso facilitado aos serviços para situações agudas. O objetivo da prevenção terciária é a eliminação ou redução da incapacidade residual após o problema. Centros comunitários de saúde mental têm como compromisso tanto a prevenção como a reabilitação de problemas mentais.

Como muitas famílias hoje não podem contar com planos de saúde, os centros comunitários de saúde mental estão se tornando cada vez mais importantes no leque de opções de tratamento.

Embora sejam denominados de forma diferente em cada Estado, nos Estados Unidos todo Estado e município têm à sua disposição serviços comunitários. Para ter acesso a esses serviços, uma pessoa deve contatar a agência local de seguridade ou previdência social. Se você estiver em uma situação não-emergencial, será preciso marcar uma consulta, durante a qual um avaliador analisará sua situação, os serviços oferecidos, sua capacidade de pagar por eles e a porcentagem do custo pela qual você será responsável. Uma vantagem dos serviços comunitários sobre o tratamento com um único profissional é a variedade de serviços disponíveis para a criança. Normalmente os serviços comunitários incluem cuidado emergencial e domiciliar, dois serviços adicionais que não estão à disposição do terapeuta tradicional.

Navegando Pelo Mundo dos Planos de Saúde

Indenização Tradicional ou Seguro de Taxa por Serviço

No seguro tradicional de taxa por serviço, você pode escolher como médico pessoal qualquer profissional que possua uma licença, além de usar os serviços de qualquer hospital ou unidade de saúde. Nesses planos de saúde, os médicos atuam independentemente, com pouca ou nenhuma avaliação de seu desempenho por colegas ou reguladores governamentais. Para a maioria das pessoas com planos de saúde tradicionais, os prêmios são apenas parte do custo. Os consumidores também precisam pagar os dedutíveis, seguro conjunto e custo de serviços que não estão na cobertura, como materiais. Em suma, com os planos de indenização tradicional, o grande benefício é a escolha irrestrita de profissionais. Sua desvantagem inclui o número limitado de cuidados preventivos, o preenchimento de formulários de solicitação, custo maior para o consumidor e pouco ou nenhum controle do tratamento.

Tratamento Administrado

Ao contrário do tratamento por meio de um plano de indenização tradicional, as pessoas que possuem um plano de tratamento administrado recebem cuidados fornecidos diretamente ou autorizados pelo plano. Normalmente, você pode escolher seu médico de tratamento primário por meio de uma lista de profissionais disponíveis. Se você não escolher um, o plano determinará um médico para você. A maioria dos planos permite que você troque de médico de tratamento primário quando quiser. Essa escolha é muito importante. O profissional que você escolher vai se tornar seu médico pessoal e vai coordenar seu tratamento. Ele atua como um "porteiro", que vai tratá-lo diretamente ou vai autorizá-lo a fazer testes, consultar especialistas ou internar-se num hospital. O sistema de porteiro é planejado para fornecer os cuidados necessários com o menor custo possível, evitando tratamentos desnecessários. Os planos de tratamento administrado normalmente possuem procedimentos de análise de qualidade, que podem incluir programas internos ou externos de garantia de qualidade. Para os planos que são "qualificados em nível federal" ou qualificados para fornecer tratamento médico para membros da Medicare ou Medicaid, leis federais exigem programas de garantia de qualidade. Muitos Estados possuem exigências semelhantes. O desempenho geral do plano é monitorado por meio de supervisão do governo, pesquisas de satisfação do paciente, dados de reclamações e análises independentes. O governo federal e organizações particulares de garantia de qualidade estão desenvolvendo técnicas mais sofisticadas para medir a qualidade dos cuidados fornecidos pelo tratamento administrado e outras organizações e para divulgar informações sobre a qualidade, de modo que os consumidores possam estar bem informados na hora de escolher o plano de saúde.

Os planos de tratamento administrado avaliam os cuidados propostos pelo seu médico para determinar se são apropriados e necessários. Isso é chamado de "análise de utilização". Seu médico de tratamento primário faz parte da análise de utilização. Quando cuidados hospitalares são indicados, outros fatores e salvaguardas na análise de utilização incluem a certificação de pré-admissão, análise concomitante, planejamento para a alta, administração de casos e segundas opiniões. A certificação de pré-admissão é uma aprovação para cuidados prévios. Sem essa aprovação, o plano pode não cobrir serviços não-emergenciais. A análise concomitante é o monitoramento de sua estada no hospital por parte do plano de tratamento administrado para certificar-se de que você não vai permanecer mais do que o absolutamente necessário e de que todos os testes e procedimentos pedidos são clinicamente necessários. Os planos de tratamento administrado querem que sua estada no hospital tenha uma duração adequada, mas seja a menor possível. Como parte do planejamento para alta, caso seja necessário, o plano vai providenciar tratamento fora do hospital, com uma enfermeira ou tratamento de saúde domiciliar. A administração de casos é a prática do tratamento administrado de desenvolver planejamentos para o tratamento de casos complicados, certificando-se de que seja coordenado e fornecido com o melhor custo-benefício possível. Por exemplo, um plano pode fornecer tratamento domiciliar 24 horas por dia para evitar internações caras em hospitais. Muitas vezes os planos de tratamento administrado reduzem custos ao exigir uma segunda opinião antes de marcar uma cirurgia opcional.

Pode-se pedir que o segundo médico avalie a necessidade da cirurgia e também expresse sua opinião sobre o local mais econômico e apropriado para realizá-la (num hospital, numa clínica ou num consultório).

Vários Estados aprovaram leis que proíbem os planos de tratamento administrado de incluir as chamadas "cláusulas de mordaça" nos contratos do médico. Cláusulas de mordaça evitam que os médicos do plano discutam todas as opções de tratamento com os pacientes, independentemente de o plano cobrir ou não esses serviços.

Alguns planos de tratamento administrado fornecem incentivos financeiros aos porteiros para que evitem encaminhamentos desnecessários a especialistas. Como esses incentivos podem desencorajar médicos que participam de uma rede de tratamento administrado a fornecer os cuidados necessários, é fundamental que os planos sejam monitorados por organizações independentes adequadas para assegurar que os membros recebam os cuidados necessários. No caso dos planos de tratamento administrado da Medicare, a Health Care Financing Administration[8] (HCFA) é responsável por esse monitoramento.

Com o tratamento administrado, normalmente se diminuem custos elevados, enquanto o beneficiado terá de se preocupar com muito menos formulários, isso se houver algum.

Organizações de Profissionais Preferenciais (OPPs)

Organizações de profissionais preferenciais oferecem ao indivíduo a escolha de permanecer ou não na rede de profissionais para tratamento. As organizações de profissionais preferenciais têm contratos com médicos e outros profissionais que fornecem serviços para os membros. Estes recebem os serviços a um custo menor se forem usados profissionais da rede. Os membros podem usar profissionais fora da rede; no entanto, pagam um valor mais alto para fazê-lo. Organizações de profissionais preferenciais exigem formulários adicionais para garantir a aprovação de alguns

---

8. Administração de Financiamento de Tratamentos de Saúde.

serviços. Eles também coordenam tratamentos; contudo, o grau de coordenação é limitado quando comparado ao tratamento administrado ou às organizações de conservação da saúde.

Organizações de Conservação da Saúde (OCSs)

Há três tipos de modelo organizacional de conservação da saúde: o modelo de equipe, o modelo de ponto-de-serviço e uma associação de prática individual (API). O modelo de equipe de uma OCS é caracterizado pela unidade central, onde o tratamento é fornecido e coordenado. Normalmente, as OCSs exigem pagamentos adicionais menores por parte do membro quando comparadas a outros tipos de plano de saúde. As OCSs foram desenvolvidas com base num modelo de cuidado preventivo, acreditando ser menos dispendioso manter os membros saudáveis do que tratar membros doentes. Outro benefício das OCSs é que os membros não precisam se preocupar com formulários de requisição. Indivíduos que recebem serviços por meio de uma OCS são obrigados a usar médicos na OCS, enquanto o plano deve aprovar o tratamento e fazer encaminhamentos.

Comparado com o modelo de equipe da OCS, os membros têm uma escolha maior de profissionais fora da rede em uma OCS de ponto-de-serviço. Como o modelo de equipe da OCS, o ponto-de-serviço enfatiza o cuidado preventivo e não há formulários de requisição. Como a OPP, os membros pagam valores maiores caso prefiram usar um profissional que não faça parte da equipe da OCS, enquanto o plano, às vezes, deve aprovar tratamentos e fazer encaminhamentos. Além disso, a cobertura fora da rede pode ser limitada.

No caso da API, os profissionais usam os próprios consultórios para oferecer seus serviços. Como os outros tipos de OCS, uma API fornece serviços a um custo baixo para membros e defende um modelo de saúde preventivo, além de não haver formulários de requisição. Membros usam médicos de uma lista determinada, enquanto o plano, às vezes, deve aprovar o tratamento e fazer encaminhamentos.

Uma Lista para Ajudá-lo a Comparar os Planos de Saúde

Aqui há dez características importantes a serem consideradas quando se compara os diferentes planos de saúde.

1. *Benefícios*: O que o plano cobre? O que não cobre?
2. *Custo*: Quais são os custos do plano? Como as regras do plano afetam o que pago?
3. *Médicos*: Quem são os médicos no plano? Quais as suas qualificações? Seus consultórios são convenientes para mim?
4. *Hospitais*: Quais os hospitais afiliados ao plano? Eles cobrem minhas necessidades médicas?
5. *Satisfação dos associados*: O que os associados pensam do seu plano de saúde? Quantos associados deixaram o plano nos últimos três anos?
6. *Satisfação dos médicos*: Quantos médicos de tratamento primário deixaram o plano nos últimos três anos?
7. *Tratamento emergencial, urgente ou fora da área de cobertura*: Como o plano lida com tratamentos emergenciais ou urgentes? O que acontece se estou fora da área de cobertura do plano?
8. *Avaliação*: O plano de saúde foi avaliado por uma organização independente de avaliação?
9. *Reclamações*: Como o plano lida com reclamações? Qual o histórico do plano relativo às reclamações?
10. *Características especiais*: Quais são as outras características especiais dos planos de tratamento administrado?

Programas de Auxílio ao Empregado (PAEs)

Os programas de auxílio ao empregado são programas amplos desenvolvidos para fornecer avaliação e apoio imediato de curto prazo para os empregados. Muitas vezes, grandes companhias fornecem auxílio interno aos empregados por meio de seu departamento de pessoal ou de recursos humanos. Companhias menores fornecem esses serviços contratando pessoas ou grupos independentes. Esse acordo é denominado PAE externo.

Em qualquer um dos casos, certas premissas levam a companhia a fornecer serviços de PAE, além de haver determinados padrões para a prática e os serviços proporcionados. As companhias fornecem serviços de PAE porque acreditam que seus funcionários estão melhores quando são produtivos e estão satisfeitos com a forma como lidam com suas vidas em casa e no trabalho. Quando um funcionário passa por problemas graves, o desempenho no trabalho pode ser comprometido. Os programas de auxílio ao empregado são vistos como um método humanitário e de bom custo-benefício para ajudar os funcionários, suas famílias e a organização. Um PAE pode dar apoio aos pais de uma criança deprimida e proporcionar o encaminhamento para os funcionários e suas famílias, incluindo a criança. A equipe do PAE ajuda ao trabalhar com o funcionário em diversos outros aspectos. Ao promover seus serviços de orientação no ambiente de trabalho por meio de pôsteres, memorandos, comunicados e orientações, o PAE tenta identificar problemas num estágio inicial. Com uma identificação precoce, as intervenções podem ser mais eficazes e o impacto adverso de um problema pode ser reduzido.

Um PAE ajuda diretamente os empregados com seus problemas ou pode ajudá-los a encontrar o auxílio necessário. Os PAEs discutem com as companhias o desenvolvimento de políticas e as mudanças organizacionais para promover ambientes de trabalho saudáveis. Além disso, eles fornecem oportunidades educacionais por meio de oficinas gerais para funcionários e o desenvolvimento de recursos humanos para a equipe de supervisão.

Os PAEs ajudam os empregados em diversos tipos de problema, que incluem problemas conjugais, divórcio, dependência de drogas ou álcool, cuidados com os filhos, perdas e aflições, depressão, estresse, problemas de saúde mental e problemas emocionais dos filhos. Normalmente, seus serviços incluem orientações para os funcionários, avaliação e encaminhamento confidenciais, assistência telefônica 24 horas por dia, oficinas, treinamento de supervisores e gerentes, consultas e informações sobre benefícios. Os empregados podem descobrir mais sobre seu PAE contatando seus departamentos de pessoal ou recursos humanos.

Capítulo 6

Administrando Crises

Crianças com problemas emocionais às vezes podem agir de forma drástica. Atos drásticos exigem uma resposta dos pais e das pessoas que cuidam da criança 100% das vezes. No entanto, a natureza da resposta a uma crise é o que determina o que acontecerá e com que frequência a criança vai exibir esse comportamento drástico outras vezes. Neste capítulo discutiremos o suicídio, a agressão física, os atos de delinquência e as fugas de casa. Ao compreender as motivações para esses atos drásticos e como eles estão relacionados à síndrome depressiva de uma criança, você será mais capaz de determinar a resposta apropriada para esses comportamentos, às vezes, assustadores e sempre estressantes.

Suicídio

O suicídio é o ato de tirar a própria vida. Ele, normalmente, ocorre após muita dor e reflexão. Não é a primeira coisa que as crianças tentam fazer para se livrar da dor e, portanto, há oportunidade para evitá-lo. Espero que, ao compreender a mente de uma criança e saber o que fazer quando vir os sinais de aviso, o suicídio possa ser evitado. Devo dizer que o suicídio nem sempre pode ser evitado e, caso ele ocorra, você não deve se culpar. No final, é uma decisão individual, seja ela racional ou não.

Naturalmente as crianças não têm experiência em muitos aspectos devido à sua idade. Elas também podem não ter capacidade suficiente para lidar com novas experiências ou sentimentos. Para as crianças deprimidas, a capacidade adquirida para lidar com certas circunstâncias pode nunca se desenvolver, apesar do empenho dos pais. Crianças que sofrem de problemas emocionais parecem não ter a sensibilidade ou motivação para aprender mecanismos fundamentais para lidar com determinadas circunstâncias. Por exemplo, se uma criança não-deprimida for criticada quanto à sua capacidade de jogar basquete, provavelmente ela vai se lembrar de que não joga tão mal. Ou ela pode dizer a si mesma que está apenas aprendendo, portanto ela obviamente não joga tão bem. Essa é uma habilidade cognitiva ou racional para lidar com determinadas circunstâncias que a maioria das pessoas adquire naturalmente. No entanto, a criança deprimida pode simplesmente concordar com a pessoa que fez a avaliação grosseira. Quando a capacidade para lidar com determinadas circunstâncias fica muito comprometida, a criança pode começar a sentir-se inútil, desanimada ou desamparada. Uma forma fácil, embora inadequada, de lidar com tais sentimentos é a morte.

Escolher a morte nesse ponto não se baseia numa compreensão objetiva das consequências do suicídio. Você provavelmente já se sentiu mal ao ser desafiado por um acontecimento ou por uma pessoa e mais tarde percebeu que isso foi uma boa oportunidade de aprendizado e que melhorou sua compreensão com esse desafio. Você pode até aprender que, ao ser desafiado, a pessoa deve procurar por uma oportunidade de aprendizado e não levar a situação para o lado pessoal. As crianças que querem morrer não vêem as coisas desse modo. A criança que decidiu que a morte é o caminho mais fácil não pensa sobre o futuro: ela pensa apenas no agora – e o agora não lhe parece muito bom. A criança começa a apresentar sinais de que não quer lidar com certos aspectos da vida. Por exemplo, ela pode não querer ir à escola ou brincar com seus jogos favoritos. Ainda mais importante, a criança associa esse comportamento diretamente a afirmações de que deseja morrer. As afirmações podem ocorrer na forma de piadas ou a criança pode rir delas. Ela pode escrever um bilhete ou poema que apresenta imagens de morte, falta de futuro ou sentimento de desamparo.

O desejo de morrer é um estágio inicial do processo para que se tenha o desejo de cometer suicídio, mas ainda está a muitos passos de distância do ato em si. Quanto mais cedo esses sinais forem percebidos e houver uma resposta por parte de um adulto que se preocupe com a criança, melhor será o resultado. Após o desejo de morrer, a criança pode começar a comportar-se de forma que seria considerada suicida; especificamente, ela poderia apresentar um comportamento arriscado e, em casos mais graves, um comportamento parassuicida após ter começado a traçar um plano de como morrer.

O comportamento arriscado pode ser identificado nas palavras ou ações de uma criança. Por exemplo, um adolescente que não usa o cinto de segurança no carro, seguido pela afirmação de que não precisa usá-lo porque não importa se ele morra num acidente é um sinal de comportamento arriscado. Isso é bastante óbvio, mas quando se trata do próprio filho, às vezes você não vê o óbvio. Comportamentos arriscados incluem esquivar-se de carros em movimento no meio da rua, usar grandes doses de drogas ilícitas, apontar uma arma para si mesmo ou tentar ir rápido demais num esporte radical em que a criança se interessa. Arriscar-se pode levar à morte, sendo que não prevenir a própria morte é uma forma de suicídio. Muitas vezes, mortes causadas quando alguém corre riscos podem ser consideradas acidentes, mas uma autópsia psicológica revelaria que a criança provavelmente estava deprimida e realmente queria morrer.

Algumas crianças apresentam um comportamento parassuicida após refletir sobre a morte. Aqui a criança está "fazendo considerações" em torno do suicídio. Isso pode incluir marcas de corte nos pulsos, pular de prédios baixos ou cercas, brincar de roleta-russa com uma arma carregada, usar drogas ou álcool na esperança de chegar a uma overdose ou "experimentar" uma corda ao redor do pescoço. Outra vez, a pessoa pode morrer fazendo isso, embora possa não deixar um bilhete ou dizer diretamente a alguém que vai se matar. Numa família em que o adolescente ameaçou cometer suicídio, a criança e a família haviam passado por inúmeros tipos de tratamento e a distância emocional entre a criança e a família aumentava continuamente. Esse adolescente deu um tiro na cabeça com uma arma no jardim. A família estava certa de que ele estava apenas limpando a arma, pois isso era algo que ele já tinha feito outras vezes. Este é um exemplo de suicídio real considerado um acidente. Para que se ajudasse os familiares a compreender as ações da criança, eles primeiro precisariam ter aceito a noção de comportamento parassuicida e de que mexer com uma arma quando se está deprimido era apenas mais um indicador, junto com as ameaças e o comportamento do jovem, de que o suicídio era iminente.

O desejo de morrer como mecanismo para lidar com determinadas circunstâncias não é associado inicialmente a um plano de como ou quando morrer. Uma criança é claramente suicida quando traça um plano, adquire os meios reais para fazê-lo e planeja o momento para cometer o suicídio. De fato, muitos suicídios são impulsivos; o plano e os meios estão à mão, mas o momento não foi premeditado. Um profissional com treinamento para lidar com crises realiza uma avaliação de suicídio em crianças que ameaçam ou tentaram se matar. Identificar se a criança disse que deseja morrer, traçou um plano, tem acesso real aos meios para fazê-lo e determinou o momento para cometer o suicídio são as principais perguntas a serem feitas ao determinar a gravidade do suicida.

Além disso, um histórico de tentativas de suicídio, um histórico de depressão, uso de drogas e um histórico de ansiedade também são fatores de risco que aumentam a probabilidade de que uma criança ou, com mais frequência, um adolescente vai se matar. O suicídio é considerado uma consequência da depressão, não um sintoma. Entretanto, pensamentos recorrentes sobre o suicídio são um sintoma da depressão.

Incidência de Suicídio

A incidência de suicídio em alguns países, mais do que triplicou desde a década de 1960. Entre crianças de dez a catorze anos, o suicídio é a quarta causa mais comum de morte, atrás de ferimentos não-intencionais, câncer e homicídio. Entre os adolescentes e adultos entre 15 e 24 anos, o suicídio é a terceira causa mais comum de morte, atrás dos acidentes não-intencionais e do homicídio. Mortes acidentais incluem acidentes de automóveis e, embora não haja dados concretos, sem dúvida, uma parte dos acidentes em geral, e particularmente os de automóveis, são suicídios disfarçados. Para crianças deprimidas, pesquisas mostram que o suicídio ocorre em aproximadamente 14 de cada 100.000 adolescentes e entre 30% e 50% já consideraram seriamente o suicídio. Entre adolescentes em que se identificou a depressão, as taxas de tentativa de suicídio variam entre 8% e 14%. O suicídio corresponde a algo em torno de 2.000 e 2.500 mortes por ano, sendo que há entre 100 e 120 tentativas para cada morte.

Os garotos se suicidam de fato com uma frequência 5,5 vezes maior do que as garotas, embora elas tentem se suicidar com mais frequência. Isso se dá porque os garotos costumam usar métodos mais rápidos e letais. Dois terços dos suicídios foram realizados com armas de fogo. O segundo método mais comum é o enforcamento e na terceira posição está o envenenamento ou a overdose. Quando crianças muito pequenas se suicidam, elas costumam pular de prédios. Claramente armas e adolescentes suicidas não se misturam – se você tem uma criança deprimida ou suicida e possui uma arma, livre-se da arma. Não há como reforçar isso o bastante; armas realmente matam pessoas, sendo que adolescentes suicidas usam armas para se matar muito mais do que qualquer outro método.

Motivações

Os adolescentes se tornam suicidas por diversas razões, tendo a maioria se acumulado ao longo de seu período de desenvolvimento. As crianças que tentam suicidar-se normalmente relatam acontecimentos específicos que a levaram a traçar de fato um plano. A seguir estão as motivações relatadas com maior frequência.

Discussão com os Pais

Discutir com os pais é relativamente comum, sendo que o fato de algumas crianças apresentarem isso como razão para a tentativa de suicídio não significa que os pais devam ter medo de discutir com seus filhos. A discussão raramente é produtiva, mas em alguns momentos ela é um passo para fazer com que o adolescente expresse seus sentimentos. Há duas circunstâncias específicas em que a discussão leva à tentativa de suicídio. Primeiro, se a criança está usando a ameaça de suicídio durante uma discussão para manipular os pais, para ela é fácil fazer a ameaça para ter o controle sobre os pais. Nesses casos, os pais devem tomar de volta o controle levando a ameaça a sério e seguindo com os procedimentos emergenciais de saúde mental (descritos adiante). Ignorar a ameaça e dizer que o adolescente está apenas ameaçando ou querendo atenção é inadequado; isso levará a ameaças ou atos mais graves e pode resultar no suicídio de fato.

O segundo caso é quando um pai não termina uma discussão de forma positiva ou não consegue identificar as verdadeiras necessidades do adolescente. Ter um argumento sério com um adolescente e em seguida ir embora sem chegar a uma conclusão faz com que a criança sinta-se desrespeitada ou incompreendida. Associado a sentimentos de inutilidade ou desânimo, isso resulta numa consideração real da morte por parte da criança ou do adolescente.

Fim de um Relacionamento

Uma perda específica para crianças e adolescentes com pouca experiência é o fim de seus primeiros relacionamentos. Essa falta de experiência sem muito apoio dos pais ou dos colegas pode resultar numa vontade de morrer. Isso é exacerbado quando a criança também está deprimida.

Problemas com Colegas

Durante a idade escolar, o desenvolvimento social está repleto de desafios. Algo particularmente frustrante para uma criança é ser ignorada pela maioria dos colegas, ser rejeitada por determinados colegas ou ser alvo de gozação. Esses acontecimentos agravam sentimentos de solidão, desânimo e inutilidade. Outras vezes, após uma criança ter feito amizades, pode haver repercussões emocionalmente dolorosa e estressante quando os colegas se distanciam ou as amizades chegam ao fim. Algumas crianças podem ser ameaçadas de violência física por briga ou por um bando.

Além disso, um colega pode espalhar um boato terrível sobre a criança, piorando um cenário social que já é difícil.

Perda de Entes Queridos

Discutimos que a perda no começo da vida pode ser um dos principais fatores de depressão. Em crianças mais velhas, a perda costuma levar ao luto e a problemas de adaptação. Para a criança que já está deprimida e possui poucas habilidades para lidar com problemas, a perda de uma figura importante em sua vida ou da única pessoa que a apoiava na vida pode ser devastador.

Humilhação Pública

Particularmente para adolescentes, a humilhação pública por ser o motivo de uma piada generalizada (à la *Carrie*, de Stephen King) ou simplesmente cometer um erro óbvio numa apresentação de classe pode levar a uma série de cognições autodepreciativas que a criança pode ser incapaz de deter. O adolescente pode acreditar que não poderá mais voltar à escola com medo de ser ridicularizado ou de sofrer mais humilhações.

Problemas com Professores

Os professores representam um sistema de apoio muito importante para algumas crianças. Um conflito grave de personalidade com seus professores pode resultar numa sensação exacerbada de injustiça para um adolescente deprimido. Alguns professores podem ser insensíveis quanto ao estilo extremamente empático à tendência de levar tudo para o lado pessoal de um adolescente deprimido, zombando dele ou ridicularizando-o com uma brincadeira. Isso pode não ser um problema para adolescentes que não estejam deprimidos, mas é muito ofensivo para uma criança deprimida, que se lembrará disso durante muito tempo.

Mudanças Significativas na Família

Entre os diversos estressores que podem contribuir para a criança escolher o suicídio como uma opção estão o divórcio e a mudança. Essas alterações na família não levam em si ao pensamento suicida, mas a criança deprimida pode ser incapaz de lidar com tais mudanças sem o apoio adequado. Antes de realizar mudanças significativas na família, é bom trabalhar com um orientador para ajudar a criança a lidar com isso. Esse processo tem sido chamado por Donald Meichenbaum de "inoculação de estresse". Especificamente, a criança é lembrada de sua tendência para fazer auto-afirmações negativas e atribuições imprecisas e é ensinada a fazer auto-afirmações adequadas e combater as crenças irracionais com pensamentos mais racionais.

Mitos sobre o Suicídio

Para ser capaz de falar com uma criança ou adolescente suicida, é importante compreender os mitos associados ao suicídio. Os mitos a seguir frequentemente impedem que as pessoas falem com uma pessoa suicida de forma sincera, o que contribui para seu sentimento de desespero.

Ele não é hereditário ou predeterminado

Algumas pessoas acreditam que a tendência suicida é hereditária. De fato, a depressão tem um fator genético, mas esse potencial suicida associado deve estar relacionado, na maioria das vezes, a estressores significativos na vida de um indivíduo para que cause um impacto. Não há hereditariedade na tendência suicida se você eliminar a depressão. Qualquer relação entre pais e crianças suicidas é explicada por problemas emocionais subjacentes. Além disso, as pesquisas demonstram que os indicadores biológicos de suicídio são os mesmos fatores neurotransmissores (serotonina) e hormonais (CRF) que comprovadamente causam a depressão (discutidos no capítulo 2). Filmes popularizaram a ideia de que o suicídio é predeterminado. Imagens de protagonistas perturbados com o suicídio dos pais e o fato de que vão se matar fornecem evidência de que o suicídio é uma opção legítima para um jovem suicida. Particularmente se um familiar cometeu suicídio, o adolescente deprimido pode facilmente acreditar que ele também está destinado ao suicídio. Isso obviamente é mítico, mas é uma questão real para uma pessoa suicida que não está totalmente racional.

Jovens que falam ou escrevem sobre o suicídio estão em perigo
Como uma forma de negação, adultos e colegas se convencem de que crianças que escrevem ou falam sobre o suicídio só querem atenção ou estão desabafando seus sentimentos e, portanto, não vão se matar. Isso é evidentemente falso; na maioria dos casos, após um suicídio, uma pessoa pode olhar para trás e enxergar diversos sinais de aviso. As crianças que escrevem ou falam sobre o suicídio realmente estão querendo atenção, mostrando que precisam que alguém assuma o controle de suas vidas até que a crise passe. Como será discutido posteriormente, toda vez que uma criança fala ou escreve sobre o suicídio, ela deve ser levada a sério e ter imediatamente uma resposta. Algumas crianças afirmam que estão apenas escrevendo poesia e, se forem realmente espertas, vão citar poetas famosos que também escreveram sobre o suicídio. Acredito que seja pequena a probabilidade de que essa criança deprimida seja um futuro poeta famoso em vez de uma pessoa realmente suicida. No entanto, em casos como esse, procure por outros sinais de que a criança está deprimida ou é suicida. Na maioria dos casos você descobrirá que existe evidência concreta de que a criança precisa de ajuda.

Jovens suicidas são ambivalentes em relação à morte

Crianças e adolescentes não querem absolutamente morrer, como uma pessoa velha que tem uma doença crônica, por exemplo. Jovens ainda não experienciaram a vida e têm uma base muita pequena para tomar a decisão de tirar a própria vida. Em sua ambivalência, variáveis situacionais, como as descritas na seção anterior sobre motivações, tornam-se muito importantes, embora possam parecer triviais para um indivíduo não-suicida. Desse modo, perceber essas variáveis situacionais é fundamental para identificar e tratar precocemente uma criança ou adolescente suicida.

Não há um grupo de risco para o suicídio

Os indicadores de suicídio não incluem variáveis como raça ou padrão de vida. Todos os tipos de pessoa cometem suicídio, de modo que não se pode excluir o suicídio como opção para um indivíduo deprimido apenas porque ele é rico ou parece "ter tudo".

Conversar sobre o suicídio não leva ao suicídio

O mito mais importante a ser desmentido é a crença de que falar sobre o suicídio aumentará a probabilidade de uma pessoa cometê-lo. Falar com a pessoa sobre isso é o mais importante a ser feito quando se suspeita de que ela é suicida. Além disso, não há um risco maior de suicídio por ensinar adolescentes a lidar com sentimentos suicidas ou ajudar colegas suicidas. Alguns pesquisadores demonstraram que programas educacionais na escola não reduzem significativamente a frequência do suicídio, mas nenhuma pesquisa demonstrou que eles tornem o suicídio mais comum. No entanto, alguns pesquisadores acreditam que não é bom ensinar a crianças com menos de dez ou onze anos como prevenir o suicídio. Isso deve ser levado em consideração quando se planeja o programa educacional com crianças menores na escola. Nos Estados Unidos, informações relativas a esse assunto podem ser obtidas com a American Association of Suicidology[1] (4201 Connecticut Ave., NW, Suite 310, Washington, DC 20008, telefone: +1 [202] 237-2280, fax: +1 [202] 237-2282) ou com a American Foundation for Suicide Prevention[2] (120 Wall St., 22nd Floor, Nova York, NY 10005, ligação gratuita (mesmo internacional): 1-888-333-AFSP, telefone: +1 [212] 363-3500, fax: +1 [212] 363-6237). No entanto, a conclusão é que, para uma pessoa suicida, independentemente de sua idade, falar sobre o suicídio não vai piorar a situação; pelo contrário, é o melhor a se fazer.

Ajudando um Jovem Suicida

Na maioria dos casos de ideias suicidas ou tentativas de suicídio, é melhor pedir que um médico profissional avalie quão perigosa é a pessoa e determine o tipo de tratamento. O que um pai ou colega que não sejam profissionais devem fazer quando descobrem que alguém é suicida? A seguir são descritos cinco passos relativamente universais a serem tomados por um indivíduo leigo como resposta a uma pessoa suicida, incluindo crianças e adolescentes. Em cada passo, as informações são resumidas, descrevendo-se o que deve ou não ser feito. Veja a seguir uma representação gráfica desses cinco passos.

---

1. Associação Americana de Suicidologia.
2. Fundação Americana de Prevenção do Suicídio.

ADMINISTRANDO CRISES

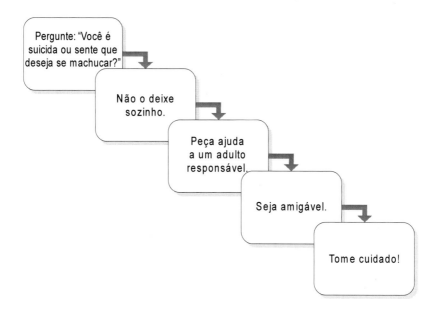

Como Reagir a um Jovem Suicida

Pergunte: "Você é suicida?"

Como foi discutido anteriormente, perguntar a uma pessoa se ela é suicida ou quer morrer não a levará a fazê-lo. Se a pessoa não é suicida e você perguntar, ela não se tornará suicida logo em seguida. O que esse passo fará é verificar suas suspeitas. Se a pessoa demonstrou vários sinais de intenções suicidas e nega ser suicida, você deve continuar a seguir esses passos.

O que fazer:

- Conversar abertamente sobre o suicídio
- Agir rapidamente para auxiliar a pessoa
- Esclarecer o caráter permanente da morte
- Manter-se calmo

O que não fazer:
- Ficar chocado
- Discutir de forma contrária ao suicídio

Não o deixe sozinho

Há várias situações em que você pode achar que deve deixar a pessoa sozinha. Um adolescente bastante manipulador pode convencer você a deixá-lo sozinho tempo suficiente para que ele cometa o suicídio. Não deixe uma pessoa sozinha com os meios para que se suicide. Há muitas histórias de pessoas que ficam sozinhas com uma arma ou frasco de pílulas quando pouco antes havia uma pessoa disponível para ajudá-las. Outra situação é quando você seguiu a pessoa até um local isolado, como um parque, um deserto ou uma floresta. Essa pode ser uma situação assustadora, mas faça com que a pessoa o acompanhe a um local seguro em vez de buscar ajuda, caso isso seja possível. Dependendo da situação, pode haver mais ou menos opções. Por exemplo, no caso de um pai com uma criança pequena, você pode, fisicamente, levar a criança até um hospital; no entanto, se você for um colega ajudando um adolescente suicida extremamente agitado, pode não haver outra opção além de buscar ajuda.

O que fazer:
- Ficar com a pessoa
- Fazer com que ela fique conversando
- Manter a pessoa a salvo

O que não fazer:
- Deixá-la sozinha
- Permitir que tenha acesso a uma arma
- Permitir que tenha acesso a qualquer método de suicídio

Peça ajuda a um adulto responsável ou a um médico

Para colegas ajudando colegas, é uma boa ideia que ambos procurem o responsável mais próximo e peçam ajuda. Isso pode ser mais difícil do que parece; o adolescente suicida pode não confiar nos adultos que conhece ou pode preferir conversar apenas com colegas da mesma idade. Ligar para um telefone de apoio em crises ou suicídio é uma boa alternativa nessa situação. De qualquer forma, encontre um adulto em quem você confia ou médico que possa ser contatado o mais depressa possível. Os pais podem levar a criança ao pronto-socorro, ao consultório de um médico ou a um hospital psiquiátrico para que seja feita uma avaliação da possibilidade de suicídio.

O que fazer:

- Ligar para os pais dele, um orientador ou um professor
- Ligar para um telefone de apoio em crises ou suicídio

O que não fazer:

- Prometer não contar a ninguém
- Acreditar que resolveu o problema conversando com ele e deixar de buscar ajuda

Seja amigável

Quando se tenta manter a conversa ou convencer uma pessoa suicida a buscar ajuda, uma das melhores maneiras de falar com ela é de modo tranquilo e amigável. Demonstrar medo ou agitação não vai melhorar a situação. Em vez disso, mantenha a calma e saiba que existem diversas opções de ajuda. Encoraje a pessoa a considerar alternativas, incluindo a busca de ajuda de um adulto responsável ou de um médico.

O que fazer:

- Ouvir
- Demonstrar que você se preocupa
- Ser positivo
- Enfatizar as alternativas
- Fazer um acompanhamento posterior

O que não fazer:

- Minimizar o problema
- Encorajar a culpa
- Desistir

Tome cuidado

Lidar com uma pessoa suicida, seja ela seu colega, seja seu filho, é extremamente estressante. Aqueles que, como nós, trabalham com intervenções em crises, muitas vezes conversam com os colegas para obter conselhos ou liberar a tensão acumulada ao lidar com uma crise. Obter conselhos também é uma boa ideia para intervencionistas leigos. Fale com um familiar ou amigo e descreva o que aconteceu. Você ficará surpreso ao ver como isso é útil. Associado a este passo está o conselho de não se machucar ou "ir junto" com a pessoa suicida. Isso é particularmente relevante em situações com armas ou quando alguém tenta pular de um lugar alto. Saiba quais são seus limites e obtenha ajuda profissional, como ligar para o 190 de um lugar seguro nessas situações.

O que fazer:

- Saber quais são seus limites
- Falar mais tarde com alguém sobre o incidente e como você está se sentindo

O que não fazer:

- Se envolver demais
- Tentar pegar a arma fisicamente
- Concordar com um pacto de suicídio

Agressão Física Contra Pessoa e Objetos

Espera-se que você nunca seja ameaçado ou tenha seus bens destruídos por uma criança deprimida ou maníaca. No entanto, isso pode acontecer e é importante saber o que fazer. Para compreender quão grave uma situação pode ficar com uma criança ou adolescente deprimido, considere a seguinte história:

> Rick era um garoto de doze anos que vivia com sua mãe. Seus pais haviam se divorciado há vários anos e existia um histórico de depressão tanto do lado da mãe como do pai. Ele mudou para uma escola nova no meio do ano. Não levou muito tempo para que os professores percebessem que Rick se irritava facilmente, depreciava-se e era agitado. Ele agredia verbalmente os colegas e funcionários da escola e não gostava que lhe convencessem ou mandassem fazer alguma coisa. Quando foi chamado pela orientadora devido a seu comportamento, ele se sentou calmamente, mas não cooperou com as perguntas dela. Ao ficar frustrada, a criança atacou a orientadora, pulando da cadeira e dando um tapa em seu rosto. Ambos caíram no chão e, assim que conseguiu se levantar, ela chamou o diretor e a polícia. Rick foi algemado. Nessa época descobriu-se que Rick foi diagnosticado com depressão grave e distúrbio obsessivo-compulsivo, mas a escola nunca foi notificada. Rick foi acalmado, sua mãe e os policiais decidiram que era melhor ele ficar em casa do que ser avaliado por um médico. Como Rick já tomava medicamentos e tratava-se com

um psiquiatra, acreditou-se que ele poderia esperar até sua próxima consulta. Naquela noite, quando Rick e sua mãe estavam sozinhos em casa, ele quis usar o telefone para ligar para um amigo. Sua mãe não queria que ele telefonasse naquele momento. Isso levou a uma briga pelo uso do aparelho, o que o levou a arrancá-lo da parede jogando-o do outro lado do cômodo. Rick começou a destruir a casa e a gritar com sua mãe. Ela fugiu de casa e ligou para a polícia da casa de um vizinho. Quando a polícia chegou, eles puderam ouvir Rick destruindo a casa e pediram para que ele saísse. Ao ouvir os policiais, Rick saiu calmamente de casa e foi algemado e levado a um hospital psiquiátrico.

O tratamento continuou no hospital durante vários dias, após isso Rick foi transferido para um tratamento residencial, onde morava e tinha aulas por tempo integral durante aproximadamente nove meses. Após esse tratamento, ele estava pronto para voltar para casa e frequentar uma escola privada. Finalmente, ele retornou à escola regular e ajustou-se muito bem.

A história de Rick ilustra um estilo muito grave de lidar com problemas, que colocou em risco a mãe, a criança e a casa. A primeira coisa a ser considerada é que Rick claramente tinha um problema emocional e que sua agressão física era o resultado de uma incapacidade para lidar com problemas e da necessidade de alguém assumir o controle de sua vida. Por outro lado, como discutido no capítulo 4, crianças com distúrbios de conduta podem ser extremamente violentas e agressivas, mas devem ser tratadas de um modo muito diferente do que foi utilizado com Rick. Crianças com distúrbios de conduta que ameaçam a vida de seus pais e destroem propriedade são tratadas melhor pelo sistema legal. No entanto, no caso de

Rick sua agressão foi tratada melhor num ambiente de saúde mental utilizando os métodos e as teorias descritos neste livro. Foi por isso que a polícia não prendeu Rick e queixas não foram prestadas contra ele. Em alguns casos, uma criança perturbada emocionalmente pode continuar a exibir agressividade, apesar do tratamento. Pode ser apropriado prestar queixas e usar o sistema legal para a segurança da criança e de outras pessoas. Essas situações são bastante graves e fora do escopo deste livro. Em tais circunstâncias, é melhor fazer várias consultas com um médico de confiança.

A próxima coisa a ser considerada é que a agressão física contra uma pessoa ou objeto não precisa ser tão grave como no caso de Rick. Há crianças deprimidas e irritáveis que podem jogar algo ou agredir alguém verbalmente. Tudo isso deve ser considerado como sendo significativo e tratado imediatamente. Caso não se lide com esses atos de agressão na hora, eles vão continuar e piorar. É comum que uma pessoa que use a agressão como um mecanismo para lidar com problemas comece a usá-la de forma funcional – isto é, a criança ou adolescente usará a agressão ou destruição de propriedade para conseguir o que quer, mesmo quando não está deprimido.

Agressividade e Depressão

A agressividade é um comportamento complicado. Há diferentes tipos de agressividade, como a psicopática, a compulsiva e a orgânica. Os detalhes desses tipos de agressividade não são diretamente relevantes para esta discussão, mas basta dizer que diferenciar a agressividade relacionada à depressão da agressividade criminosa exige a avaliação de um especialista. A seguir está uma lista hierarquizada dos tipos de comportamentos agressivos:

- *agressão verbal*: insultos, gritar com raiva e fazer ameaças de violência.
- *agressão física contra objetos*: bater a porta, chutar objetos, jogar objetos ou atear fogo.
- *agressão física contra si mesmo*: beliscar-se até que comece a sangrar, bater a cabeça contra a parede ou o chão, automutilação (bater-se, cortar-se ou morder-se) ou tentar o suicídio.
- *agressão física contra outros*: gestos ameaçadores, empurrar, chutar e ataques físicos.

Esses tipos de agressão podem ocorrer por causa de depressão ou sem que exista depressão. A partir desse ponto vamos nos preocupar apenas com a agressão que ocorre devido à depressão.

Compreender a agressividade é importante para o tratamento da depressão porque uma grande porcentagem dos encaminhamentos de crianças e adolescentes para ajuda psiquiátrica deveu-se originalmente a seu comportamento agressivo. Muitas das crianças encaminhadas por causa do comportamento agressivo não tinham diagnóstico de depressão. Esses atos preocupam tanto que os professores e os pais sentem a necessidade de procurar ajuda para a criança. De fato, nas escolas há a ideia do "fenômeno do aparecimento". Isto é, as primeiras crianças a serem encaminhadas para a ajuda são as mais agressivas e transtornadas. Uma vez que estas foram encaminhadas, os alunos um pouco menos transtornados "aparecem" e são encaminhados. É por isso que muitas crianças que têm apenas depressão e reclusão não conseguem ajuda. Muitas vezes elas são completamente ignoradas e são as últimas a ser encaminhadas. Após o encaminhamento, o médico pode determinar a natureza da agressão e começar o tratamento.

Há evidência biológica e de desenvolvimento para a relação entre agressividade e depressão. A evidência biológica está ligada ao neurotransmissor serotonina, discutido no capítulo 3. Um subtipo específico de receptor de serotonina está relacionado com sintomas de agressividade, depressão e ansiedade. A agressividade, às vezes, é tratada com uma classe de drogas conhecidas como beta-bloqueadores, como o Inderal, que age sobre os receptores serotonina-específicos. Recentemente descobriu-se que o Buspar, que é uma droga desenvolvida originalmente para tratar a ansiedade, tem efeito sobre os receptores de serotonina ligados à agressividade e à depressão, sendo usado no tratamento de pessoas com uma combinação de depressão e ansiedade ou agressividade e depressão.

A evidência ligada ao desenvolvimento para a associação entre depressão e agressividade está relacionada à formação de um vínculo seguro e o desenvolvimento de empatia. Como foi discutido no capítulo 3, a falta de um vínculo seguro leva a cognições negativas e espera de resultados negativos. Além disso, vínculos seguros estão relacionados com a capacidade de controlar os impulsos. Portanto, além de não ser capaz de controlar as emoções relacionadas com a depressão, uma criança sem o benefício do vínculo não pode controlar as emoções relacionadas com a agressividade. Além disso, esperar resultados negativos e sentir que não se tem controle sobre a própria vida leva a um estilo agressivo e controlador para lidar com problemas. A formação da empatia ocorre após a fase de vínculo e está profundamente relacionada com o desenvolvimento da autoconsciência, que ocorre em torno do segundo ano de vida. Como foi discutido no capítulo 3, crianças que não desenvolvem uma autoconsciência adequada costumam ver tudo em relação a si e são excessivamente críticas quanto a si mesmas. Crianças que vêem tudo em relação a si não desenvolvem a capacidade de identificar os sentimentos e as emoções dos outros e costumam ser menos pró-sociais e mais agressivas.

A boa notícia é que pais atentos podem, na verdade, ensinar seus filhos a serem empáticos e pró-sociais em vez de agressivos e anti-sociais. A Dra. Nancy Eisenberg é uma pesquisadora importante que descobriu a relação entre o raciocínio indutivo e a formação da empatia. O raciocínio indutivo, ou indução, consiste em o pai apontar as consequências para outras pessoas sobre o comportamento do filho. Por exemplo, se uma criança toma o brinquedo de outra, o pai diria: "Agora ela está triste" em vez de repreender a criança. A indução mostrou-se eficaz com crianças de até mesmo um ano de idade e deve ser usada continuamente como a forma primária de disciplina ao longo do período de desenvolvimento. Em crianças mais velhas, demonstrou-se que existem benefícios em encorajar a criança a reparar qualquer transgressão que tenha cometido após os pais fazerem a indução. Demonstrou-se que afirmações vagas e emocionalmente carregadas, como "pare com isso!", não encorajam um comportamento pró-social ou uma compreensão empática. Além disso, demonstrou-se que uma disciplina punitiva pode anular os efeitos positivos da indução.

O que fazer

Numa situação de crise, os pais não devem aceitar a agressão de forma alguma. Discutir ou negociar com a criança é contraproducente e só resultará posteriormente em demonstrações ainda maiores de agressão. Quando um pai discute ou negocia com uma criança agressiva, seja por causa da depressão, seja por propósitos de manipulação, a criança continuará a testar os limites da tolerância dos pais.

ADMINISTRANDO CRISES

Na terapia, é inacreditável quanto abuso os pais vão sofrer sem reconhecer que o comportamento agressivo é anormal, até que isso lhes seja indicado. Se a criança continuar a testar os limites desse modo, a situação pode ficar tão ruim que a criança deverá ser retirada de casa. A agressividade progredirá ao longo da hierarquia de tipos de agressão, até que os familiares e colegas sejam ameaçados.

Quando a agressão verbal ocorre pela primeira vez, tente determinar a função do descontrole verbal. Por exemplo, a criança está frustrada, irritada, sentindo-se incompreendida ou querendo atenção? Se você não se sente confortável em fazer isso ou é incapaz de identificar as funções do descontrole, procure ajuda de um médico profissional. Procurar ajuda na primeira vez que o comportamento começa evita uma quantidade incrível de sofrimento mais tarde. Também há muitos livros sobre como cuidar dos filhos, que ajudam a identificar a agressão verbal e sua variedade de funções.

Se o comportamento passou da agressão verbal e chegou à agressão física contra objetos e pessoas, considere chamar a polícia para ajudar a conter ou acalmar a situação crítica enquanto demonstra à criança que esse comportamento não será tolerado. Os pais devem ter confiança em sua capacidade de cuidar de si mesmos e de sua propriedade ou a criança continuará a agir agressivamente. Num caso extremo, um adolescente agressivo combinou com alguns membros de uma gangue que destruíssem a casa de seus pais e insultassem-nos no trabalho. É claro que este é um exemplo extremo, mas ele mostra como a situação pode ficar fora de controle se os pais são passivos. Crianças agressivas e deprimidas podem obter ajuda residencial no distrito escolar local, e se não houver nenhuma forma de controlar a criança em casa, é importante controlar a criança por meio do apoio de serviços de saúde mental disponíveis na escola. Se você não puder controlar a agressividade, coloque a criança em um local em que alguém possa e procure ajuda para que o ciclo agressivo não comece outra vez.

Em termos pró-ativos, tanto a agressividade como a depressão podem ser evitadas adotando as habilidades de cuidado das crianças que já foram discutidas. Elas incluem encorajar seu filho a desenvolver um vínculo seguro e promover a empatia usando o raciocínio indutivo em vez da disciplina punitiva.

FUGINDO DE CASA

Fugir de casa é um sinal claro de problemas familiares e muitas vezes é o último recurso em termos de mecanismo para lidar com problemas, utilizado pela criança deprimida. Pesquisas demonstraram que jovens fogem de casa devido a um monitoramento deficiente dos pais, pouco carinho ou apoio e níveis elevados de rejeição por parte deles. Além disso, muitos jovens que fogem relatam um histórico de abuso físico e sexual em casa. Em situações de abuso, a família está tão transtornada que seus membros nem mesmo verão a fuga da criança como uma situação de crise. No entanto, em famílias mais estáveis, fugir de casa é um mecanismo para lidar com a depressão e muitas vezes é visto como uma situação clara de crise.

O que preocupa não é apenas o fato de a criança ter fugido, mas a possibilidade de ela cometer suicídio. Uma família com uma criança ou adolescente que foge de casa deve contatar uma delegacia e deixar que a criança experiencie as consequências lógicas de seu ato. Fugir repetidas vezes de casa é extremamente estressante para a família, é perigoso para a criança e deve ser considerada uma resposta grave para a depressão ou algum outro problema emocional. Nesses casos, a hospitalização ou serviços residenciais por meio da escola devem ser considerados. Deixar que a criança viva nas ruas apenas demonstra mais rejeição e aumenta o risco de a criança se machucar.

CAPÍTULO 7

Trabalhando em Conjunto com a Escola do seu Filho

O aprendizado é a principal tarefa das crianças e dos adolescentes na escola. Desse modo, quando um episódio depressivo ou maníaco se manifesta, ele provavelmente será seguido por problemas no desempenho escolar. Este pode ser comprometido de várias formas, incluindo o desempenho acadêmico e o funcionamento social. Em casos graves, esse comprometimento pode resultar em padrões muito preocupantes de comportamento, incluindo a violência na escola.

A escola também representa um auxílio amplo para crianças com depressão e suas famílias. Há pessoas na escola que podem fornecer apoio e orientação, como os professores da criança e o orientador. Toda escola tem acesso a um psicopedagogo, enquanto algumas fornecem orientação de grupo ou individual numa base regular. Existem leis federais criadas para fornecer ajuda e serviços adicionais às crianças com problemas emocionais, que as escolas chamam de deficiências. Os pais usam pouco essas leis para o tratamento da depressão porque eles raramente sabem que a depressão qualifica a criança a utilizar esses serviços. Essas leis são o Americans with Disabilities Act[1] e o Individuals with Di-

---

1. Ato dos Americanos com Deficiências.

sabilities Education Act[2]. A premissa básica deste capítulo é que as crianças se beneficiam mais da educação quando seus pais se envolvem e estão bem informados. Além disso, os pais são membros importantes da equipe da escola e têm o direito de participar em todos os estágios de decisão.

O objetivo deste capítulo é descrever os tipos de problemas que as crianças experienciam nas escolas, explicam os tipos de serviço e opções disponíveis para as crianças e suas famílias e, finalmente, descrever como facilitar a cooperação e a implementação bem-sucedida de serviços para sua criança na escola.

DEPRESSÃO E O DESEMPENHO ESCOLAR

Dificuldades Acadêmicas

Episódios infantis de depressão podem durar de nove a doze meses, o que corresponde a um ou mais anos letivos. Durante o período em que a criança está deprimida, pode haver determinados momentos de piora ou melhora da depressão. Essas diferentes fases afetam o desempenho acadêmico em diversos aspectos.

Ao longo de toda a depressão, a criança pode não se beneficiar tanto da educação acadêmica quanto deveria. Diversos sintomas da depressão não permitem uma boa concentração ou atenção na sala de aula. Por exemplo, a hipersonia pode fazer com que a criança durma na sala. A diminuição da capacidade de concentrar-se pode levar a criança a perder conceitos importantes quando estes são discutidos ou instruções para uma tarefa ou lição de casa. Para crianças mais velhas, quando ideias suicidas são flagrantes, essa preocupação com a morte pode, às vezes, consumir toda a energia mental do adolescente. Por exemplo, um estudante

---

2. Ato de Educação de Indivíduos com Deficiências.

no fim do ensino fundamental pode ir à escola vestido todo de preto e escrever repetidamente palavras relacionadas à morte em seu caderno ou em outros papéis. Nessas situações, o aluno raramente conclui os trabalhos e muitas vezes só está disposto a escrever textos sobre a morte ou o suicídio.

A maior parte da instrução acadêmica é cumulativa, de modo que perder partes significativas da instrução ou unidades inteiras de ensino pode ter um grande impacto no resto da vida acadêmica do aluno. Se a criança for hospitalizada por um determinado período devido a um episódio depressivo, ela perderá grande parte das aulas. Há escolas relativamente boas em alguns hospitais psiquiátricos, mas dificilmente elas cobrem tudo o que a criança aprenderia se estivesse em sua escola normal. Lições de casa podem ser levadas até a criança hospitalizada, mas elas raramente podem ser concluídas devido à falta de apoio pedagógico e ao tempo restrito da criança em função do tratamento enquanto ela está hospitalizada.

A seguir está uma lista de comportamentos que podem ser demonstrados por uma criança ou adolescente deprimido e que agravam as dificuldades acadêmicas:

- *Atraso.* Crianças pequenas muitas vezes podem chegar atrasadas à escola por causa de discussões entre os familiares ou porque ela não quer ir à escola. Crianças mais velhas podem se atrasar em função de hipersonia, letargia devido à fadiga ou rebeldia em relação aos pais ou irmãos de manhã.
- *Absenteísmo.* O absenteísmo crônico pode ser um sinal de abuso em crianças menores, o que aumenta a probabilidade de depressão. Problemas financeiros podem forçar uma criança a servir de babá enquanto um dos pais trabalha. Crianças deprimidas mais velhas podem nem mesmo conseguir sair da cama devido ao cansaço ou reclusão. Outras podem apresen-

tar comportamento arriscado durante o dia, usando drogas ou álcool ou escondendo-se dos funcionários da escola ou dos familiares.

- *Largar a escola.* Crianças podem largar a escola no fim do ensino fundamental porque não conseguem aguentar as pressões sociais ou acadêmicas. Elas podem ter desejos de fuga ou reclusão devido a auto-afirmações extremamente negativas ou interações negativas.
- *Não ver a importância da escola.* Crianças deprimidas têm um interesse menor em atividades normais, incluindo a escola, e, como um mecanismo de defesa, muitas vezes dizem que não estão preocupadas com ela. Além disso, elas podem se sentir inúteis e não acreditar que seus esforços na escola lhe propiciem algo além de fracasso.
- *Incapacidade de tolerar estruturas.* A concentração necessária para que a criança ouça as regras das atividades, siga essas regras e respeite consistentemente as estruturas é relativamente alta quando comparada à concentração disponível para a criança deprimida. As crianças vão resistir às estruturas apenas para evitar o esforço necessário para seguir as regras.
- *Sonhar acordado.* A criança parece estar "olhando para o nada", não realiza as tarefas e não presta atenção.
- *Manipulação de objetos.* Se a criança for incapaz de concentrar-se na aula, ela pode brincar com objetos na mesa ou com seu caderno. Uma criança deprimida com uma calculadora em seu caderno pode frequentemente brincar em vez de prestar atenção à aula.
- *Pouca tolerância à frustração.* Crianças com depressão podem não ser capazes de realizar tarefas longas para obter um benefício educacional, uma vez que se frustram rapidamente.

- *Reclusão social.* Muitas vezes crianças que querem ficar sozinhas não vão bem em atividades acadêmicas que exijam trabalho em grupo, como em ciências, ou em grupos de estudo.
- *Falta de organização.* Crianças deprimidas podem não se esforçar para organizar seus materiais, podem perder frequentemente itens e lições necessárias ou gastar muito tempo porque não são capazes de organizar-se.

Dificuldades Sociais

Um dos principais objetivos de uma criança na escola é o desenvolvimento de habilidades sociais, como fazer amizades, agir adequadamente em situações sociais e desenvolver empatia. Uma das reclamações mais comuns que ouço de crianças deprimidas é que elas não têm nenhum amigo. Isso é particularmente preocupante porque a falta de amizades é uma questão de grande importância nas escolas. Os colegas sabem quem é a criança que sempre está sozinha e muitas vezes zombam dela. Crianças deprimidas e solitárias exacerbam seu isolamento e frequentemente sentem que todos estão observando-as, pensando como elas são fracassadas. Esses sentimentos obviamente levam a mais reclusão e depressão.

A falta de amizades não apenas piora a depressão, como provavelmente também é causada pela depressão. É particularmente importante o fato de que respostas emocionais importantes frequentemente não se desenvolveram, como foi descrito no capítulo 3. Além disso, essas crianças podem sofrer excessivamente com piadas ou comentários de seus colegas por associarem demasiadamente tudo a elas; essas crianças sentem que não fazem parte do grupo. Uma criança deprimida pode ter dificuldades em qualquer uma das seguintes habilidades importantes no desenvolvimento e manutenção de amizades:

- A criança pode não ser capaz de fazer amizades. Ela pode sentir-se desconfortável quando encontra um colega pela primeira vez, podendo não retribuir a conversa ou envolver-se em brincadeiras recíprocas básicas.
- A criança pode não ser capaz de manter amizades. Para mantê-las, uma criança precisa iniciar o contato, realizar atividades apropriadas para a idade e manter confidências.
- Uma criança deprimida pode não ser capaz de partilhar algo com os outros e, às vezes, pode ser grosseira com seus colegas.
- Crianças que não têm muitos amigos podem tornar-se excessivamente possessivas. Elas podem se apegar aos amigos ou ficar próximos demais deles (conhecido como violar o espaço pessoal de alguém), o que é bastante desagradável para a maioria das crianças.
- Uma criança deprimida ou irritável pode começar discussões ou brigas. Quando se sente desanimada ou irritada, a criança pode não ser capaz de desculpar-se para recuperar a amizade.

Outro aspecto do desenvolvimento social, aprendido em parte na escola, são as habilidades sociais. Há formas diferentes de conceituar as habilidades sociais, mas os Drs. Frank Gresham e Stephen Elliott desenvolveram o acrônimo CARES para ajudar a lembrar as habilidades sociais importantes que uma criança deve aprender. CARES corresponde a cooperação, afirmação, responsabilidade, empatia e autocontrole.[3]

1. *Cooperação* inclui partilhar algo com os outros, ajudar colegas e adultos e seguir as regras.

---

3. Em inglês: cooperation, assertion, responsability, empathy e self-control.

2. *Afirmação* inclui iniciar o contato com os outros, como ao pedir informações ou convidar os colegas para brincar, e responder à pressão dos colegas. A afirmação inclui a habilidade de recusar colegas, como no famoso programa "Apenas diga não".

3. *Responsabilidade* inclui ser capaz de comunicar-se adequadamente com os adultos, preocupar-se com os bens de alguém e honrar compromissos.

4. *Empatia* inclui a capacidade de compreender os sentimentos dos outros, o que inclui ser capaz de ver situações do ponto de vista de outra pessoa.

5. *Autocontrole* inclui aceitar as respostas de forma adequada, resolvendo problemas de um modo em que todos saiam ganhando em vez de brigar, além de evitar comentários inapropriados.

Quando se procura saber se uma criança tem problemas de habilidades sociais associados à sua depressão ou se o déficit está contribuindo substancialmente para manter a depressão, é preciso considerar se ela está se recusando a usar essa habilidade ou se ela não a possui; isto é, a criança tem um déficit para aquisição de habilidades sociais (não aprendeu as habilidades) ou tem um déficit de utilização de habilidades sociais (não usa as habilidades que aprendeu)? A outra questão a ser considerada é se problemas comportamentais interferentes estão envolvidos no déficit de habilidades sociais. Esses problemas se manifestam numa criança deprimida, particularmente quando há irritabilidade e/ou a criança demonstra um comportamento agressivo. Quando há problemas comportamentais interferentes, é preciso controlar esse comportamento, assim como ensinar as habilidades sociais ou reforçar seu uso.

Um exemplo de uma criança com depressão grave associada a problemas sociais é o de um garoto de nove anos que foi colocado numa sala de aula de apoio para crianças com problemas emocionais. Esse garoto só era capaz de ter um amigo de cada vez porque era extremamente possessivo em relação à sua amizade. Ele não permitia que o amigo atual brincasse com outras crianças e interrompia as aulas para ficar próximo a esse amigo. O garoto demonstrou diversos déficits de habilidades sociais, incluindo problemas de cooperação e autocontrole, que tornavam sua capacidade de ter e manter amizades ainda mais problemática. Quando essa criança estava na oitava série, teve sua primeira namorada. O namoro durou aproximadamente uma semana porque, embora tenha superado alguns dos problemas possessivos com colegas do sexo masculino, ele retomou o padrão com sua namorada. Logo ela terminou com ele e disse claramente para que não se aproximasse dela. Na orientação não foi difícil para ele compreender seu antigo padrão de comportamento e aprender a controlar sua necessidade de ser possessivo na próxima tentativa de ter um relacionamento amoroso.

Serviços Escolares Obrigatórios

Crianças com problemas emocionais muitas vezes podem encontrar apoio substancial dos funcionários da escola. Um bom professor que demonstre afeição e preocupação com uma criança enquanto a encoraja a ser independente pode estar fazendo muito para ajudar uma criança deprimida. Os orientadores da escola podem fornecer orientação em grupo ou individual, além de haver assistentes sociais para ajudar famílias com problemas. No entanto, isso pode não ser suficiente ou uma determinada zona escolar pode não considerar o fornecimento de todas as variedades de serviço como seu dever. Há duas leis federais que foram desenvolvidas para proteger as crianças com deficiências, incluindo a depressão.

A lei a que as pessoas mais se referem é chamada Education of All Handicapped Children Act[4], que foi aprovada originalmente em 1975 (às vezes chamada de Lei Pública 94-142). Esta é a lei que define todas as regras para a educação especial nas escolas norte-americanas. Atualmente em sua segunda revisão, essa lei agora é chamada de Individuals with Disabilities Education Act (IDEA). Você pode ouvir os funcionários da escola chamando essa lei simplesmente de "IDEA". A segunda lei que se aplica a crianças com deficiências, incluindo a depressão, é o Parágrafo 504 do Rehabilitation Act[5] de 1973. Você pode ouvir os funcionários da escola chamando a parte dessa lei que se refere à escola simplesmente como "Parágrafo 504".

Educação Especial

A educação especial engloba as regras, salvaguardas processuais e serviços definidos pelo Individuals with Disabilities Education Act (chamado aqui de IDEA) e ampara pessoas com deficiências (incluindo a depressão) na educação pública e privada desde o nascimento até o fim de seus 21 anos. Para aqueles que não estão habituados, o termo *educação especial* pode evocar imagens de salas de aula móveis com rampas e microônibus. Pode ser interessante perguntar a seu filho o que ele sabe sobre educação especial; você pode se surpreender com quanto ele sabe. Ao longo da última década houve um movimento de inclusão na educação

---

4. Ato de Educação para Todas as Crianças com Deficiência.
5. Ato de Reabilitação.

especial. Isso significa que crianças com deficiências estão recebendo serviços educacionais em salas de aula regulares numa extensão muito maior do que antes. Além disso, crianças que não recebem educação especial são muito mais compreensivas e receptivas em relação àquelas com deficiências.

Quem Está Apto para a Educação Especial?

Como mencionei, crianças e adultos jovens com deficiências são amparados pelos serviços de educação especial até o fim de seus 21 anos. O IDEA é relativamente claro sobre que deficiências são cobertas. Os nomes das deficiências incluídos no IDEA não são exatamente iguais àquelas apresentadas no *Manual de Diagnóstico e Estatística dos Distúrbios Mentais* (*DSM-IV*), o manual de regras diagnósticas usado por psicólogos e psiquiatras, descrito no capítulo 2. No IDEA, as categorias diagnósticas foram descritas pelo Congresso americano por meio de consultas a psicólogos, psiquiatras, fonoaudiólogos, terapeutas ocupacionais e muitos outros. Desse modo, os critérios diagnósticos descritos na lei parecem mais com orientações e, em alguns casos, são difíceis de interpretar. Provavelmente os critérios diagnósticos apresentados com mais clareza são aqueles para deficiências específicas de aprendizado, como será descrito a seguir. Por outro lado, os critérios diagnósticos para a depressão são consideravelmente mais ambíguos do que os descritos no *DSM-IV*. Além disso, não é um único profissional quem determina se uma pessoa está apta para receber a educação especial, mas sim um conselho chamado de equipe multidisciplinar, que inclui os pais da criança. Há prós e contras sobre esse método (definições ambíguas e tomada de decisão em equipe), mas o mais importante é a necessidade de os pais estarem informados sobre os problemas enfrentados por seus filhos na escola para certificarem-se de que será feito o diagnóstico adequado.

Crianças na Pré-Escola

Primeiro vamos discutir as deficiências cobertas para crianças na pré-escola. Um processo chamado de *descoberta de crianças* é indicado pela lei, exigindo que as escolas realizem avaliações gratuitas para identificar crianças que potencialmente tenham deficiências que as qualifiquem para a educação especial. Embora a descoberta de crianças se aplique para qualquer idade, você pode ouvir falar em tentativas de descoberta de crianças específicas para a pré-escola, chamadas de "avaliações pré-escolares". Se você tiver interesse em que seu filho passe por tais avaliações, simplesmente entre em contato com a zona escolar em que você vive. A descoberta de crianças foi instituída com diversos propósitos em mente. Primeiro, as escolas devem identificar crianças com deficiências que não sejam identificadas por outros médicos, como os pediatras. Algumas deficiências cognitivas e emocionais exigem testes para os quais um médico não tem tempo ou não realiza regularmente com crianças. Em segundo lugar, a avaliação pode determinar se há problemas de desenvolvimento que os pais possam não saber. Por exemplo, em relação à depressão, um pai pode não saber que a irritabilidade extrema de um filho é um distúrbio passível de tratamento e pode simplesmente acreditar que seja sua personalidade ou temperamento. Especialmente em relação à depressão, a informação falsa entre alguns grupos de profissionais de que a depressão não existe em crianças pode retardar o tratamento de uma criança em meses ou anos. Em terceiro lugar, a avaliação pode determinar se crianças identificadas previamente estão progredindo. Muitas vezes as crianças são diagnosticadas com problemas de desenvolvimento no nascimento ou logo após o mesmo. Essas crianças são encaminhadas a instituições médicas, onde são realizadas as intervenções. Por exemplo, fenilcetonúria (PKU) é um distúrbio metabólico identificado no nascimento que exige que a criança siga uma dieta específica. Se a criança não seguir a dieta que restringe a fenilalanina, isso pode resultar em atraso cognitivo e possivelmente retardo mental. Tais crianças devem ser avaliadas no processo de descoberta de crianças e, caso surjam atrasos cognitivos, a criança e a família devem receber ajuda. Crianças mais velhas na pré-escola em que foi identificada a depressão devem ser avaliadas no processo de descoberta de crianças para certificar-se de que os tratamentos estão progredindo. Finalmente, as informações obtidas com a avaliação de descoberta de crianças deveriam supostamente ajudar no planejamento da programação escolar e na instrução individual para as crianças. Esse é um objetivo nobre, que até agora teve uma implementação limitada. Se a criança se qualifica para a educação especial ainda na pré-escola, um Plano Familiar Individualizado de Serviços (PFIS), que descreve os problemas e tratamentos para a criança e sua família, é implementado na escola.

O PFIS é semelhante ao Plano de Educação Individualizada (PEI), que será discutido adiante.

A seguir estão as áreas em que alunos na pré-escola se qualificam para a educação especial:

- *Atrasos pré-escolares moderados e graves* são uma classificação geral para atrasos significativos nos desenvolvimentos físico, cognitivo, comunicativo, social ou emocional. Atrasos moderados estão no 16º percentil ou abaixo deste na medida de avaliação padronizada; isso significa que a criança se desenvolve com a mesma lentidão que os 16% mais lentos entre as crianças da mesma idade. Atrasos graves estão abaixo do segundo percentil; a criança se desenvolve tão lentamente ou mais lentamente do que os 2% mais lentos entre as crianças da mesma idade. Essas duas categorias são amplas porque as crianças durante a pré-escola estão se desenvolvendo com tanta rapidez e variação, que se torna difícil fazer um diagnóstico confiável. A lógica é que, se atrasos generalizados são vistos cedo, a criança deve receber alguma ajuda da escola, levando a melhores resultados. As crianças deprimidas na pré-escola receberiam ajuda ao se enquadrarem nessa categoria.

- *Atraso pré-escolar na fala/linguagem* é uma categoria de elegibilidade geralmente diagnosticada por um fonoaudiólogo e inclui problemas com aquisição de linguagem, linguagem receptiva e linguagem expressiva.

Para crianças na pré-escola, as áreas de qualificação são bastante vagas. Com respeito à depressão, o médico da escola fará o diagnóstico basicamente da mesma forma descrita no capítulo 2 e vai se basear fundamentalmente nos critérios do DSM-IV. Além desses métodos, o médico da escola deve obter informações sobre a situação familiar e o ambiente doméstico. Parte das regras que envolvem o desenvolvimento de um PFIS é a inclusão da família no plano. Isso é muito bom para crianças que demonstrem problemas comportamentais e depressão. Embora perguntas sobre o modo como cuida dos filhos, as relações familiares e o ambiente doméstico possam parecer ameaçadoras, elas só podem ajudar quando acompanhadas de respostas objetivas de um profissional que possua treinamento extensivo e tenha examinado centenas de crianças. Aplicar as informações que são oferecidas de uma forma não-ameaçadora é um modo excelente de aprender mais sobre formas de cuidar dos filhos e sistemas familiares que exacerbam problemas emocionais. (O capítulo 3 discute as causas da depressão ligadas ao desenvolvimento, enquanto o capítulo 8 fornece informações substanciais sobre como cuidar de uma criança com depressão.)

Crianças no Ensino Fundamental e Médio

Há muitas outras categorias de elegibilidade para crianças desde o jardim-de-infância até o fim do ensino médio. Nesse momento ao longo do período de desenvolvimento, a personalidade das crianças se cristaliza muito mais e seus problemas tornam-se mais evidentes. Além disso, crianças nessas séries têm um certo histórico com sua escola e seus professores, o que ajuda a perceber problemas sutis. Para que a descrição seja a mais completa possível, irei abranger todas as categorias de qualificação, mas vou concentrar minha atenção na categoria que trata da depressão infantil.

- *Retardo mental* inclui crianças que tenham déficits significativos tanto no funcionamento intelectual como no adaptativo. A inteligência é avaliada com a utilização de testes padronizados de inteligência, que medem capacidades verbais, espaciais, de memória e não-verbais. O funcionamento adaptativo inclui habilidades utilizadas no dia-a-dia, como ir ao banheiro, comer, vestir-se e limpar-se; habilidades sociais; comunicação; e orientação no próprio ambiente. Há três níveis de retardo mental: leve, moderado e grave. A depressão pode ocorrer em conjunto com o retardo mental e seu tratamento muitas vezes é complicado pelas capacidades intelectuais limitadas da criança.

- *Limitação auditiva, visual ou ortopédica* são três áreas de qualificação que tratam de sistemas sensoriais e motores básicos. Esses tipos de limitações muitas vezes são óbvios para os outros e podem levar a sentimentos de inutilidade e alienação. É importante proporcionar orientação de forma pró-ativa se uma criança não está se adaptando à sua deficiência física congênita ou adquirida.

- *Lesão cerebral traumática* é a classificação para qualquer um que tenha sofrido uma lesão na cabeça ou problemas físicos, cognitivos e/ou emocionais decorrentes desta após o período pós-natal; isto é, o problema não é congênito ou relacionado a traumas no nascimento. A lesão cerebral traumática pode resultar em depressão infantil, assim como outros problemas emocionais, pois a personalidade é afetada frequentemente pelo dano cerebral.

- *Autismo* é um distúrbio que afeta o desenvolvimento social, linguístico e comportamental de uma criança. Socialmente, a criança autista mantém uma certa distância das relações pessoais. Habilidades linguísticas podem variar desde inexistentes até uma boa linguagem com pragmática linguística e entonação deficientes. Crianças com autismo muitas vezes demonstram um comportamento estereotípico, como balançar as mãos na frente do rosto ou realizar uma auto-estimulação repetitiva, como girar objetos e observá-los diversas vezes enquanto giram.

- *Outras limitações de saúde* é uma categoria para deficiências físicas que não se enquadram em outras classificações. Quando você terminar de ler esta lista, vai perceber que o diagnóstico bastante popular de transtorno de déficit de atenção/hiperatividade (TDAH) não foi incluído na lei. Crianças com TDAH têm uma combinação de desatenção, hiperatividade e impulsividade e, em casos muito graves, qualificam-se para a educação especial na categoria de outras limitações de saúde.

O transtorno de déficit de atenção/hiperatividade também é um transtorno que serve como qualificação de acordo com o Parágrafo 504 (que será discutido posteriormente neste capítulo).

- *Limitação de fala/linguagem* inclui dificuldades significativas com a aquisição de linguagem, linguagem receptiva e linguagem expressiva. Isso inclui crianças que gaguejam e têm problemas com pragmáticas linguísticas.
- *Deficiências específicas de aprendizado* são a causa de dificuldade identificada com mais frequência na educação especial. Há sete áreas de deficiências de aprendizado: leitura básica, compreensão da leitura, cálculo matemático, raciocínio matemático, expressão escrita, expressão oral e compreensão auditiva. Até 50% das crianças com deficiências de aprendizado também sofrem de algum tipo de problema emocional, incluindo a depressão. Deficiências de aprendizado podem ser desmoralizantes, pois o aprendizado é a tarefa fundamental para crianças na idade escolar, de modo que problemas significativos são muito aparentes para a criança e seus colegas a partir da terceira série.
- *Deficiência emocional* é a categoria em que crianças deprimidas se qualificam para a educação especial. Para que isso ocorra, a criança deve demonstrar uma ou mais das seguintes características por um longo período e num grau acentuado, de modo que isso afete negativamente seu desempenho educacional:
  - uma incapacidade de aprendizado que não pode ser explicada por fatores intelectuais, sensoriais ou de saúde, incluindo distúrbios comportamentais, como o distúrbio da explosão intermitente;

- uma incapacidade de construir ou manter satisfatoriamente relações interpessoais com colegas e professores;
- tipos inadequados de comportamento ou sentimentos em circunstâncias normais, incluindo a esquizofrenia;
- uma tendência a desenvolver sintomas físicos ou medos associados a problemas pessoais ou escolares, incluindo diferentes formas de ansiedade;
- um sentimento normalmente generalizado de tristeza ou depressão, incluindo afetividade negativa ou uma combinação de distúrbio depressivo e de ansiedade e distúrbio bipolar.

Aparentemente é óbvio que a depressão pode ocorrer em conjunto com quase todas as outras deficiências sob as quais uma criança pode se qualificar para a educação especial. No entanto, o diagnóstico e a classificação para a depressão não são feitos até que a criança sofra de um episódio depressivo ou maníaco. Os médicos da escola podem diagnosticá-la da mesma forma discutida no capítulo 2. Além disso, os pais podem levar seus filhos para serem avaliados por um médico particular. Se este escrever um relatório amplo e fizer o diagnóstico de um dos tipos de depressão, a maioria das escolas aceitará esse relatório e subsequentemente qualificará a criança para a educação especial sob a categoria de deficiência emocional.

O que é Fornecido pela Educação Especial?

A lei de educação especial incluída no IDEA é muito mais do que apenas o significado de qualificar-se para a educação especial. Há diversos serviços e salvaguardas processuais garantidos pela qualificação. Por exemplo, uma vez que uma criança se qualifique, ela pode mudar para qualquer outra zona escolar no país e qualificar-se automaticamente para os serviços. Imagine se a criança estivesse recebendo uma grande quantidade de serviços, como na educação em um ambiente residencial e quando seus pais se mudassem ela tivesse de começar numa classe comum até que se qualificasse outra vez – o resultado seria devastador. Esse direito a serviços é protegido por meio do IDEA.

Especificamente quanto a essa questão, as crianças na educação especial têm os seguintes direitos:

- *educação pública gratuita e adequada* independentemente da gravidade ou natureza do distúrbio. Isto é, não se pode mandar uma criança num episódio maníaco grave ficar em casa até que este acabe. Educação e tratamento devem ser fornecidos.

- *avaliação não-discriminatória* significa que a criança será avaliada sem preconceito por parte dos testes ou dos funcionários e, caso os pais não fiquem satisfeitos com a avaliação da escola, podem obter uma avaliação particular paga pela zona escolar.

- *um Plano de Educação Individualizada* deve ser desenvolvido detalhando os pontos fortes e fracos da criança e os objetivos a serem alcançados por meio da educação modificada.

- *o processo judicial* é uma opção tanto para os pais como para a escola se houver um desentendimento. Há um procedimento-padrão que resulta numa audiência do processo judicial com um juiz imparcial. Essa rotina foi planejada para resolver a maioria das disputas sem litígio. Um conceito importante que deve ser compreendido quando se trata de um processo judicial é "ficar onde está". Isso significa que, durante qualquer disputa, a criança fica no ambiente educacional que estava quando esta começou. Desse modo, se a criança estava em um ambiente residencial e houve uma disputa, ela permanecerá no ambiente residencial. Por outro lado, se a criança não estiver num ambiente muito restritivo e houver uma disputa, ela permanecerá nesse ambiente. Isso pode ser um grande problema quando a criança é agressiva em relação aos colegas ou aos adultos. Nesses casos, o juiz pode intervir e determinar uma mudança visando a segurança dos outros.

- *privacidade e caráter confidencioso* são garantidos. Especificamente nesse caso, os registros relacionados à educação especial não podem ser incluídos no histórico escolar cumulativo geral e estão à disposição de apenas alguns funcionários.

- *o ambiente menos restritivo* é escolhido para atender aos objetivos do Plano de Educação Individualizada. Isso está relacionado com os esforços atuais para incluir mais crianças com deficiências no currículo de educação geral. Além disso, essa prática evita que as crianças sejam significativamente excluídas da educação comum ao serem colocadas em escolas públicas ou privadas especiais sem tentar ambientes menos restritivos ou excludentes. A hierarquia do ambiente menos restritivo vai desde a educação comum plena com consulta até tratamento residencial, em que a criança vive numa unidade de tratamento onde recebe serviços educacionais. Indivíduos gravemente deprimidos com um risco elevado de suicídio podem ser educados em tais unidades. Nesse caso, os direitos garantidos pelo IDEA, especialmente a educação pública gratuita e adequada, são muito relevantes, pois a zona escolar deve pagar pelos serviços educacionais nesses ambientes residenciais extremamente caros.

- *acesso a serviços relacionados* é fornecido pelo IDEA. Os serviços relacionados incluem treinamento familiar, orientação, visitas domiciliares, instrução especial, serviços de fonoaudiologia, terapia ocupacional, fisioterapia, serviços psicológicos, serviços médicos (apenas com o propósito de diagnóstico ou avaliação), serviços de assistência social, serviços de oftalmologia, aparelhos e serviços de tecnologia assistencial e transporte.

O Plano de Educação Individualizada (PEI) é a peça-chave dos serviços de educação especial de uma criança. Uma vez que a criança é qualificada para a educação especial por uma equipe multidisciplinar, o PEI é formulado e decide-se qual é o ambiente menos restritivo. O ambiente educacional é determinado pelas necessidades da criança e os objetivos do PEI. Ele é reavaliado pelos professores da criança a cada seis meses e reformulado a cada ano pela equipe de tratamento (chamada de equipe do PEI), que inclui os pais. Durante o desenvolvimento anual de um novo PEI, o progresso da criança em relação aos objetivos é avaliado e determina-se outra vez qual o ambiente educacional. A cada três anos a equipe multidisciplinar avalia criticamente a elegibilidade da criança para a educação especial. Após essa avaliação trienal, a criança pode não mais se qualificar para a educação especial, pode continuar na educação especial em razão do mesmo fator de limitação ou pode qualificar-se para a educação especial devido a um fator de limitação diferente. Se a criança continua a qualificar-se para a educação especial, um PEI é desenvolvido e decide-se outra vez qual o ambiente educacional. Os relatórios de avaliação e PEIs atuais são aquilo que os pais devem levar quando mudam para uma nova zona escolar.

Planos de Educação Individualizada

O PEI deve conter informações sobre quem participou de seu desenvolvimento, os tipos de serviços relacionados que devem ser fornecidos, níveis atuais de desempenho educacional, objetivos anuais e objetivos de curto prazo associados, nível de participação na educação comum e a determinação do ambiente menos restritivo. Os níveis atuais de funcionamento são um resumo do que está escrito no relatório de avaliação e do que a criança está fazendo em sala de aula em relação à sua área de deficiência.

Para crianças com depressão, é importante incluir no PEI detalhes sobre avaliação e disciplina. Quanto à avaliação, crianças com depressão podem sofrer de vários problemas acadêmicos e sociais (descritos no início do capítulo). Devido a isso e ao seu envolvimento na educação especial, elas não devem ser reprovadas numa matéria ou repetir de ano por causa de sua deficiência. Casos graves de depressão que durem até doze meses podem ter impacto sobre todo o ano letivo, exigindo mudanças na avaliação. Algumas das formas em que a avaliação pode ser modificada incluem créditos pela realização dos trabalhos, notas que utilizam o padrão de letras para tarefas menores, notas que utilizam o padrão de letras se baseando numa porcentagem menor de tarefas realizadas ou a avaliação de uma criança seguindo os mesmos padrões da educação especial. Se a criança receber serviços numa sala de aula de educação especial, as notas normalmente já foram modificadas, pois o currículo é diferente. No entanto, o que muitas vezes não se percebe é que as classes de educação regular que a criança frequenta também devem ser consideradas para o propósito de mudanças.

Com relação à disciplina no PEI, há várias considerações. A primeira analisa se a criança será disciplinada de acordo com o plano regular de disciplina da escola. Se a criança não infringe muitas regras da escola, normalmente não há problema em fazê-la seguir o plano regular de disciplina. Contudo, se a criança costuma se envolver em muitas confusões, o que possivelmente resulta em suspensão, o plano de disciplina regular não deve ser usado e, em vez deste, deve-se implementar um plano modificado, definido pelo IDEA. Para ser mais preciso, se a disciplina resulta na restrição do acesso a todos os tipos de serviço educacional, apesar das modificações providenciadas pela escola para corrigir o problema de disciplina, um plano de disciplina alternativo deve ser iniciado. Em outras palavras, se uma criança tem um problema de disciplina associado à sua depressão, a equipe do PEI sempre deverá considerar a possibilidade de modificar o plano de disciplina.

Não é incomum para uma criança com depressão desrespeitar um professor devido à sua irritabilidade, ser agressiva com um colega ou recusar-se a trabalhar. Se as ações disciplinares-padrões da escola incluem suspensão e a criança for suspensa muitas vezes, o IDEA apresenta passos específicos para remediar o problema. A ideia é que crianças com deficiências não devem ser excluídas da educação em virtude do comportamento que demonstram por causa de sua deficiência. Quando um comportamento resulta numa suspensão de mais de dez dias, isso é considerado uma violação do direito do estudante de uma educação pública gratuita e adequada. Isso pode incluir suspensão fora da escola, em que se pede aos alunos que não venham à escola; suspensão na escola, em que o aluno não pode participar de seu horário de aulas regular, mas ainda frequenta a escola; ou uma combinação de suspensões na escola e fora dela.

O processo determinado pelo IDEA para lidar com esses problemas comportamentais mais graves é chamado de *avaliação comportamental funcional*, que exige que a equipe da escola determine as funções do problema comportamental para a criança. No caso da depressão, esses comportamentos problemáticos normalmente são formas de lidar com determinadas situações. Após analisar as funções do comportamento, a equipe escolar deve desenvolver um plano de intervenção comportamental, que abordará o problema concentrando-se especificamente nas funções do comportamento problemático. Se o comportamento continuar após a implementação do plano de intervenção, a avaliação comportamental funcional deve ser conduzida outra vez e um novo plano de intervenção deve ser desenvolvido. De qualquer modo, caso seu filho seja suspenso da escola de forma crônica e tenha um PEI, a escola deve determinar uma intervenção melhor do que a suspensão e parar de suspender seu filho.

Devo Colocar Meu Filho na Educação Especial?

Esta realmente é uma decisão pessoal para a família e, na maioria dos casos, uma escola não vai contestar um pai se ele recusar a recomendação de educação especial. Entretanto, a escola tem o direito de entrar com um processo. Isso é importante porque vi diversos casos em que uma criança precisava desesperadamente de ajuda e, por qualquer razão que seja, o pai recusava os serviços. Se a depressão ou distúrbio bipolar de seu filho for grave o suficiente para resultar em reprovação acadêmica, problemas sociais e problemas disciplinares, há muitas vantagens em buscar ajuda na educação especial. Se a escola levantar a questão da educação especial, vale a pena comparecer à reunião de planejamento e ouvir o que a equipe da escola tem a dizer. Mas, se essa questão for levantada, provavelmente é porque seu filho precisa de ajuda.

Já ouvi várias vezes diversas preocupações comuns quanto à educação especial. Estigmatizar a criança é provavelmente a mais comum. O fato é que muitas escolas fornecem educação especial apenas durante parte do dia e, durante a maior parte do tempo, a criança estará em classes comuns. Por causa disso, as crianças que não estão na educação especial se acostumaram a ver seus colegas se utilizando de serviços em que tivessem de sair da sala (assistir a uma determinada aula na sala de educação especial) ou tendo ajuda extra na sala de aula comum. Além disso, com o direito do caráter confidencioso, a condição de educação especial não será divulgada para os colegas, os empregadores ou os militares.

Outra preocupação é que os professores somente queiram ver a criança fora da sala de aula ou queiram que outra pessoa cuide dela. É para isso que servem as salvaguardas processuais. Você, como pai, tem direitos consideráveis e pode evitar qualquer remoção categórica de seu filho de uma sala de aula ou localização educacional. Se mudar de sala é o melhor a fazer, então isso deve ser feito, mas apenas depois que você tenha aprovado tais mudanças e esteja confortável com elas. Uma boa forma de acalmar-se é conversar com alguém que você respeita e confia na escola. Essa pessoa pode ser o diretor ou o professor que dava aulas a seu filho no ano anterior. Pergunte-lhe sobre a personalidade do professor ou professores atuais de seu filho. Pergunte sobre o histórico dos professores no encaminhamento para educação especial. Se você descobrir que os professores de seu filho encaminham alunos à educação especial apenas quando isso é necessário, você vai se sentir mais confortável com a recomendação. Caso contrário, procure obter uma segunda opinião.

Outra preocupação está relacionada com a reversibilidade da decisão de incluir uma criança na educação especial. Você tem o direito de tirar seu filho da educação especial a qualquer momento. Nesse caso a escola também tem o direito de entrar com um processo, mas se você acha que algo está extremamente errado, não hesite em seguir seus instintos. A educação especial não foi planejada para durar por toda a vida acadêmica de seu filho, a não ser que isso seja absolutamente necessário (na maioria dos casos de retardo mental e autismo). Por isso há reavaliações frequentes do PEI e da deficiência. O objetivo é implementar intervenções eficazes, que resultem no êxito da criança ao longo de toda a educação comum.

Parágrafo 504

O Parágrafo 504 do Rehabilitation Act de 1973 é um estatuto de direitos civis desenvolvido para evitar a discriminação de indivíduos com deficiências e assegurar que alunos deficientes tenham oportunidades e benefícios educacionais equivalentes aos fornecidos a alunos sem deficiências. O problema foi que o Rehabilitation Act só se aplicava a instituições públicas que recebessem verbas federais; isto é, apenas escolas públicas eram afetadas pelo ato. Em 1990, um ato semelhante foi aprovado pelo Congresso, chamado Americans with Disabilities Act (ADA). O propósito do ADA foi evitar a discriminação com indivíduos deficientes, incluindo as escolas particulares. Dessa forma, qualquer escola, seja ela pública ou particular, está sujeita ao ADA e ao Parágrafo 504. As proteções para crianças são basicamente as mesmas para ambos os atos, de modo que irei me referir como Parágrafo 504 aos direitos proporcionados por esses dois atos. Normalmente é como você vai ouvir os funcionários da escola se referindo aos direitos garantidos por esses atos.

Diferenças entre o Parágrafo 504 e o IDEA

Há várias diferenças entre o Parágrafo 504 e o IDEA, a lei de educação especial. Uma diferença importante é que as entidades educacionais não recebem verbas federais para as crianças cobertas pelo Parágrafo 504, enquanto recebem essas verbas para crianças cobertas pelo IDEA. Isso não é tão importante para os pais, mas é muito importante para a escola. Do ponto de vista da escola, é financeiramente melhor qualificar a criança por meio do

IDEA do que pelo Parágrafo 504. Mais tarde isso será explicado detalhadamente, mas o fato é que há muitos fatores financeiros relacionados com o fornecimento de serviços por parte das escolas para crianças com deficiências.

O Parágrafo 504 cobre uma variedade muito mais ampla de deficiências do que o IDEA. Isto é, mais crianças se qualificam para o Parágrafo 504 do que para o IDEA, mas todas as crianças cobertas pelo IDEA também são cobertas pelo Parágrafo 504. Quando uma escola qualifica a criança com uma deficiência para o IDEA, ela normalmente não a qualifica para o Parágrafo 504. Isso representaria uma redundância considerável de procedimentos.

O Parágrafo 504 não tem todos os tipos de salvaguardas processuais apresentadas no IDEA. Como foi discutido anteriormente, no IDEA devem ocorrer avaliações multidisciplinares a cada três anos, enquanto o Plano de Educação Individualizada deve ser reescrito todo ano. No Parágrafo 504, a única exigência semelhante é que uma reavaliação seja feita antes de qualquer mudança significativa nos serviços. Outra diferença é que o IDEA exige modificações no programa educacional para fornecer à criança educação pública gratuita e adequada (EPGA), um conceito definido legalmente para todo o processo educacional custeado pelo Estado. No Parágrafo 504, apenas modificações e acomodações razoáveis podem ser feitas. Dessa forma, sob o Parágrafo 504, seu filho pode ser suspenso por mais tempo do que o limite de dez dias do IDEA. Outra diferença envolve o caráter confidencioso. Os registros do Parágrafo 504 podem ser incluídos no histórico escolar cumulativo de uma criança, fornecendo muito menos proteção relativa ao caráter confidencioso do que o IDEA.

Há muitas outras diferenças entre o Parágrafo 504 e o IDEA, mas elas são técnicas demais, considerando o propósito deste livro. O que deve ser compreendido a partir da discussão dessas diferenças é que:

- crianças que não se qualificam para o IDEA podem qualificar-se para as proteções, modificações e acomodações educacionais do Parágrafo 504.
- é redundante qualificar uma criança para o Parágrafo 504 se ela já estiver qualificada para o IDEA, pois há redundâncias no procedimento, há mais direitos proporcionados pelo IDEA e não há verbas adicionais disponíveis para a zona escolar com a qualificação para o Parágrafo 504.

Depressão e Parágrafo 504

Você pode se perguntar qual é a relevância do Parágrafo 504 para uma criança deprimida, uma vez que a depressão é coberta pelo IDEA. A primeira relevância leva em conta a duração do episódio depressivo ou maníaco. Uma criança não precisa ter um histórico de reprovações acadêmicas ou problemas sociais, conforme a definição da escola, para ter um episódio depressivo; isto é, o episódio depressivo ou maníaco pode surgir do nada aos olhos da escola. Ela então pode afirmar que a criança não se qualifica para o IDEA porque a deficiência não se manifestou por "um período prolongado e num grau acentuado, que afete negativamente o desempenho educacional". Os funcionários da escola podem afirmar que vão esperar o fim da fase depressiva para determinar se ela realmente é uma deficiência de longo prazo. Além disso, em casos de morte de um ente querido, pode haver comprometimento do funcionamento escolar, mas de uma forma aguda, de modo que a escola pode considerar que isso não qualifica a criança. Nesses casos, os serviços ainda podem ser fornecidos por meio do Parágrafo 504.

Não é justo reprovar a criança e negar o apoio necessário apenas porque a depressão é aguda e é o primeiro episódio dela. Tal situação na verdade representa uma avaliação precoce e a criança provavelmente poderia se qualificar para o IDEA por meio de um processo judicial. No entanto, isso não é o mais conveniente para os pais e impossibilita que serviços sejam fornecidos à criança durante o litígio. Dessa forma, enquanto espera para atender aos padrões de "período prolongado", a criança pode se qualificar para modificações e acomodações do Parágrafo 504.

Outra situação em que o Parágrafo 504 é útil para a criança deprimida seria quando a criança tem um histórico de depressão, mas atende os critérios para saída do IDEA. Quando uma criança alcança os objetivos de seu PEI por um período significativo, não há razão para continuar com os serviços. Uma pessoa pode argumentar que o PEI está funcionando e por isso a criança está alcançando seus objetivos. Mas ao longo da deficiência da criança, os funcionários da escola devem procurar o ambiente menos restritivo. Isso significa que à medida que a criança continua a ser bem-sucedida, os serviços do IDEA podem ser descontinuados. Quando uma criança deixa de lado os serviços, há situações em que ela não pode ser monitorada ou o histórico de eventuais problemas não vai acompanhá-la ao longo de sua vida acadêmica. Isso inclui a transição da escola fundamental para a média. Nesses casos, pode ser aconselhável desenvolver um plano do Parágrafo 504 para proteger a criança em caso de recaída. Uma grande diferença entre o Parágrafo 504 e o IDEA é que a documentação do primeiro pode ser incluída no histórico escolar cumulativo da criança e não está sujeito ao mesmo caráter confidencioso proporcionado pelo IDEA. Isso é bom para proteger a criança na transição escolar, mas pode ser preocupante para aqueles que desejam manter o caráter confidencioso. Esta é uma decisão individual e deve ser pensada cuidadosamente.

Iniciando os Serviços Escolares

Agora que você foi apresentado ao modo como a depressão afeta o funcionamento escolar e as principais leis americanas que tratam de crianças com depressão, devemos considerar os passos necessários para iniciar esses serviços. Os pais têm o direito de contatar a escola de seu filho e requisitar que a criança seja considerada para educação especial ou serviços do Parágrafo 504. Nos dois últimos itens deste capítulo irei descrever todos os tipos de serviços de educação especial, devendo-se levar em conta que os serviços do Parágrafo 504 podem ser indicados em vez dos serviços do IDEA. O processo para iniciar os serviços é basicamente o mesmo para ambas as leis.

A filosofia da escola quanto à educação especial é mais ou menos a seguinte: se a criança realmente precisa de mudanças significativas no programa educacional para tirar proveito da instrução e não pode ser auxiliada de forma eficaz sem essas modificações, o processo de educação especial deve ser iniciado. Por outro lado, se modificações menos drásticas puderem ajudar uma criança, o processo de rotulá-la e qualificá-la para a educação especial deve ser evitado. Como a escola e os pais chegam a um acordo quanto a essa decisão?

Consulta Pré-Encaminhamento

O primeiro passo é conduzir uma "consulta pré-encaminhamento". Encaminhamento é o termo usado pela escola para iniciar as salvaguardas e as regras processuais para a educação especial. Dessa forma, pré-encaminhamento não significa antes de os funcionários da escola ou os pais perceberem a necessidade de serviços. Na verdade, isso significa que se devem tentar consultas e intervenções e estas devem se mostrar inadequadas antes que seja feito o encaminhamento formal para a educação especial. Consulta significa que um profissional na escola ajuda o professor ou uma equipe de professores a pensar em formas de ajudar a criança a tirar proveito da educação. Os psicopedagogos e orientadores escolares frequentemente estão envolvidos na consulta. Além disso, pais e outros indivíduos que não estejam ligados à escola, como orientadores e psiquiatras particulares ou membros da igreja, também podem apresentar recomendações para os professores. Intervenção significa que alguém na escola de fato faz alguma coisa. O professor pode fornecer um apoio adicional à criança ou esta pode ser auxiliada pelo orientador escolar. Seja como for a consulta ou a intervenção, a escola deve fazer isso antes de iniciar o encaminhamento para a educação especial. O resultado da consulta pré-encaminhamento será utilizado para determinar se um encaminhamento formal é necessário. Se a consulta e a intervenção forem eficazes – isto é, se os problemas comportamentais acabaram e a criança teve um desempenho acadêmico e social melhor – pode não haver necessidade de educação especial. Se a consulta não funcionou, pode haver necessidade de educação especial.

A consulta pré-encaminhamento é considerada a melhor prática para equipes de tratamento da escola. Entretanto, há situações em que os pais ou os membros da equipe da escola podem preferir não realizar consultas pré-encaminhamento. Infelizmente, em minha experiência, quando um pai não concorda com as consultas pré-encaminhamento, há um conflito entre o pai e os professores, pois o pai pressiona a escola a fazer imediatamente um encaminhamento formal para a educação especial. Este raramente é o melhor procedimento, pois muitas informações importantes são descobertas na consulta pré-encaminhamento; muitas vezes o problema pode ser corrigido apenas com consultas e intervenções. Além disso, se os resultados da avaliação mostrarem que seu filho não se qualifica para a educação especial, o processo consultivo será iniciado, mas um tempo valioso terá sido perdido. Por outro lado, se a escola parece fazer corpo mole e não realiza o encaminhamento para a educação especial, é melhor pressioná-la. Você saberá quando isso estiver acontecendo porque as notas de seu filho não melhoram, a escola não consegue explicar o que está fazendo ou como está ajudando e a consulta pré-encaminhamento se arrasta por muito tempo. Além disso, esteja ciente de que, no fim do ano, algumas escolas vão afirmar que estão fazendo a consulta pré-encaminhamento e vão prolongá-la até o fim do ano letivo, de modo que o encaminhamento formal não tenha de ser feito até o ano seguinte. Deve haver um equilíbrio entre o pai permitir que a escola conduza a consulta pré-encaminhamento e a escola saber quando basta e realizar o encaminhamento formal.

Como você sabe se a intervenção pré-encaminhamento é apropriada e eficaz? Há dois aspectos da consulta e da intervenção que a escola deve ser capaz de explicar-lhe para demonstrar que ela realmente está conduzindo uma intervenção pré-encaminhamento eficaz: a validade e a integridade do tratamento. A validade do tratamento significa que a intervenção escolhida faz sentido, considerando o problema apresentado pela criança. Por exemplo, se seu filho se nega a realizar tarefas devido a sentimentos de inutilidade associados à depressão (ele acha que não é capaz, portanto nem sequer tenta) e a escola instituir como intervenção a proibição de que ele vá aos passeios da escola se não começar suas tarefas, você deve questionar a validade do tratamento. Isso é uma intervenção punitiva, que abate ainda mais a criança, isola-a de seus colegas e provavelmente acentua a depressão. O tratamento não faz sentido levando em conta o problema da criança. Uma intervenção melhor seria modificar a tarefa, de modo que esteja absolutamente dentro da capacidade da criança e encorajá-la a dar pequenos passos até que complete as lições, resultando no reforço dos sucessos a partir das tarefas acadêmicas. Isso resultará no reforço do conceito acadêmico da criança em relação a si mesma e permitirá que ela se orgulhe de algo, sem resultar em alienação social. Membros da equipe da escola devem ser capazes de explicar o propósito de suas intervenções dessa maneira. Se o fizerem, você deve dar um voto de confiança à intervenção e dar-lhes tempo para implementá-la.

O segundo fator importante na tomada de decisões da consulta pré-encaminhamento, a integridade do tratamento, está relacionado com a implementação de fato da intervenção bem explicada e válida em termos de tratamento. A integridade do tratamento significa que a intervenção prescrita foi realmente implementada e que isso ocorreu de forma adequada. Os professores muitas vezes trabalham com crianças demais e têm dificuldade para encontrar tempo para implementar intervenções. Como resultado, as intervenções recomendadas podem não ser implementadas ou são implementadas de forma inadequada. Tenho uma empatia considerável por essa situação e acredito que esse problema deve ser corrigido em nível nacional com o fornecimento aos professores de recursos e uma quantidade de casos administrável; contudo, isso não é uma desculpa quando se considerar uma criança em particular. Quando você está refletindo se é melhor continuar com a intervenção pré-encaminhamento, você deve considerar se as pessoas responsáveis por implementar a intervenção estão fazendo isso e se fazem-no de modo correto. No exemplo citado anteriormente, de modificar a tarefa da criança para aumentar o êxito acadêmico, o professor agora é responsável por preparar a lição para aquela criança em particular. Isso exige bastante tempo e, se o professor só realiza essa modificação uma vez por semana, a criança não terá o benefício esperado. A modificação deve ser feita todo dia para manter a integridade do tratamento. Quando você estiver sentado com a equipe da escola para tomar decisões, os funcionários devem ser capazes de explicar como estão implementando as intervenções e demonstrar que o fazem da forma como foi indicada.

A integridade do tratamento não se limita aos funcionários da escola. Muitas vezes durante a consulta pré-encaminhamento, espera-se que os pais façam algo, como conferir diária ou semanalmente a lição de casa. Se os pais não fizerem isso e não ajudarem a criança a completar sua lição de casa, haverá uma ruptura na integridade do tratamento e a escola não deve ser considerada a única responsável pelo fracasso da intervenção.

Quando há uma ruptura na validade ou integridade do tratamento, não há a necessidade imediata de iniciar o encaminhamento formal para a educação especial. É melhor certificar-se de que as intervenções recomendadas fazem sentido para a criança e são implementadas corretamente. Entretanto, se após gentilmente recomendar mudanças para melhorar a validade e a integridade do tratamento e essas mudanças revistas não apresentarem uma melhora no problema da criança, você deve pedir para que seja feito um encaminhamento formal, de forma que você tenha do seu lado as proteções das salvaguardas processuais da educação especial.

Encaminhamento Formal

Se o problema da criança persistir após a consulta pré-encaminhamento, o encaminhamento formal para a avaliação de educação especial deve ser feito. Os pais devem assinar um formulário, normalmente fornecido pela zona escolar, permitindo que o processo para a educação especial seja iniciado. O formulário de permissão para avaliar não é absolutamente necessário. Por exemplo, se você encontrar dificuldades para obter esse formulário da zona escolar, você pode simplesmente escrever uma carta que detalhe suas preocupações e peça uma avaliação para a educação especial. A partir da data de assinatura, a escola tem sessenta dias para completar a avaliação e realizar uma reunião para avaliar os resultados do teste e determinar a elegibilidade para a educação especial. Você só precisa fazer isso.

Se você não concorda com os resultados da equipe de avaliação, você pode escrever um bilhete que expresse sua oposição e peça uma avaliação independente. Como se afirmou anteriormente, a escola vai pagar por ela. Esse exame pode ser feito por um segundo avaliador isento empregado pela zona escolar ou realizado fora desta, conforme for considerado apropriado pela escola. Alguns pais acreditam que podem escolher o próprio avaliador independente, que será pago pela escola; esse não é necessariamente o caso. Os pais também não podem consultar diversos avaliadores e escolher o relatório com que mais concordam. Em outras palavras, você não pode "comprar" um diagnóstico; isso não é o melhor para a criança. Se houver a necessidade de uma avaliação independente ou audiência de um processo judicial, é aconselhável que você entre em contato com o responsável pela educação especial. Essa pessoa terá títulos diferentes, como diretor de educação especial ou diretor de pessoal para alunos. Seja qual for o título, a responsabilidade é de alguém. Simplesmente ligue para o escritório da zona escolar em que você mora e pergunte quem é o responsável pela educação especial. Isso também vale para crianças que frequentam escolas particulares, estejam elas na sua zona escolar ou não; isto é, você entra em contato com a zona escolar em que mora.

O outro momento em que se inicia o processo de encaminhamento para a educação especial é quando se suspende repetidamente uma criança da escola e há suspeita de uma deficiência. Isso faz parte da lei do IDEA e, se a escola ou os pais acreditarem que há uma deficiência que explique os repetidos problemas comportamentais, deve-se considerar a educação especial. Por exemplo, se uma criança demonstrar sinais de depressão e começar a opor-se aos professores, resultando em suspensões, os pais podem levantar a possibilidade de que a criança tenha um problema de aprendizado ou emocional. Se a questão for levantada em algum momento em que houver um número significativo de suspensões, a escola deve iniciar a avaliação para a educação especial.

Modificações Típicas na Escola

Há uma grande variedade de intervenções que uma equipe escolar pode realizar para uma criança com depressão. Se a criança for colocada em educação especial e um PEI for escrito, pode haver uma mudança de localização acadêmica. No entanto, antes de tomar esse passo, devem-se tentar algumas intervenções. A seguir encontram-se algumas ideias do que fazer para uma criança com depressão no ambiente escolar no estágio de consulta pré--encaminhamento do processo:

- Para faltas e atrasos, considere estabelecer uma rotina para a realização de tarefas orientadas para o êxito ou uma responsabilidade especial, que seria a primeira coisa a ser feita nos dias de aula. Faça um acordo entre a criança, os pais e a escola, com um horário determinado para acordar, coisas que devem ser feitas de manhã, horário para sair de casa para a escola e o que deve acontecer quando a criança chega à escola.

- Se o aluno não participa das atividades em grupo ou eventos especiais em razão de sua reclusão social, considere permitir que ele escolha o grupo em que gostaria de trabalhar e em que eventos especiais gostaria de participar. Dar controle reduz o conflito por poder que pode ocorrer quando se força uma criança a fazer algo. Além disso, encoraje os colegas a pedir que o aluno participe de um grupo ou compareça a um evento em vez de fazê-lo ouvir isso de um professor.

- Se a criança culpar-se excessivamente por situações que não pode controlar, considere discutir cada situação com a criança para mostrar que ela estava fora de seu controle. Além disso, faça o aluno registrar seu desempenho, bom ou mau, e apresente os padrões naturais desse desempenho. Também forneça críticas verbais e construtivas para todos os alunos da classe, ajudando a criança a perceber que não é a única que passa por dificuldades.

- Se a criança não é motivada por recompensas, a maioria das equipes escolares não sabe o que fazer. Reforçar ou recompensar é uma intervenção pré-encaminhamento tão comum quanto punir. No entanto, pesquisas recentes demonstram uma tendência a enfatizar mais o treinamento de habilidades e a auto-administração. Isso é bom, pois quando o reforço não funciona, é muito fácil usar consequências ou punições. O treinamento de habilidades é a instrução direta e enfatiza a prática em áreas como a manutenção de amizades e o desenvolvimento de habilidades sociais. A auto-administração normalmente se baseia em intervenções cognitivas que ensinam a pessoa a ter autocontrole e a capacidade de monitorar o que a faz perder o controle e como evitar isso. A intervenção pré--encaminhamento mais eficaz para crianças deprimidas que não são motivadas por reforços é tornar as classes interessantes e atraentes para elas. Mesmo em casos de depressão grave, isso pode não funcionar.

- Caso a criança não assuma responsabilidade por comportamentos ou desempenho acadêmico, encoraje-a a pedir esclarecimentos sobre instruções e reduza a ênfase em competições ou comparações do trabalho realizado. Ao fazer perguntas, ela demonstra que está assumindo a responsabilidade e, ao não comparar o trabalho, ela tem pouca ou nenhuma razão para esconder-se por trás de desculpas para suas dificuldades acadêmicas.

- Se o aluno afirma que ninguém gosta dele, considere dar ao aluno a responsabilidade de ajudar um colega com mais dificuldades ou reforce os alunos na classe que fazem afirmações ou gestos positivos e de apoio em relação aos colegas. Forneça instruções diretas ao aluno em pequenos passos sobre como interagir apropriadamente com os colegas, de modo que eventualmente gostem dele.

- Às vezes as crianças deprimidas vão descuidar de sua aparência e deixar de preocupar-se com a higiene pessoal devido a sentimentos de letargia. Se a criança não cuida de sua aparência e higiene pessoal, considere fazer um acordo entre pais, escola e criança que especifique as expectativas em relação à aparência pessoal. Lembre ao aluno de uma maneira respeitosa que ele deve manter sua higiene caso não esteja cuidando dela e elogie o aluno quando ele estiver. Em ambos os casos, discuta questões de higiene em particular.

- Para crianças que não costumam sorrir ou expressar felicidade, considere pedir a ela que sorria e pergunte por que ela não o faz. Levantar essa questão à criança muitas vezes faz com que ela preste atenção a isso quando não está sorrindo. Considere a utilização de histórias em quadrinhos e vídeos breves e bem-humorados e lembre-se de dizer à criança após a aula como foi bom vê-la sorrir.

- Para crianças que têm acessos de mau humor, considere não dar atenção a ela em razão disso; caso isso não funcione, remova a criança da sala de aula por um breve período. Em qualquer um dos casos, a criança deve terminar o que a levou ao acesso de mau humor. Não discuta, argumente ou faça apelos a uma criança com um acesso de mau humor; isso só fará com que o próximo seja ainda pior. Seja consistente e justo e, após o acesso, num momento tranquilo, explique com bastante clareza que isso não fará com que ela consiga o que quer. Reforçar o acesso de mau humor ao ceder é a pior coisa que um professor pode fazer.

- Se o humor do aluno muda rapidamente, considere manter uma atmosfera tranquila na sala de aula e ensine a criança a reconhecer quando sente que uma mudança de humor está prestes a acontecer. Não critique o aluno e encoraje-o a expressar seus sentimentos de um modo socialmente apropriado.

- Se uma criança fica excessivamente triste quando recebe uma crítica construtiva, considere intercalar a crítica com elogios. Por exemplo, um professor pode dizer: "Posso ver que você se esforçou nessa tarefa, mas você precisa fazer algumas mudanças aqui e aqui para melhorá-la. Realmente percebi que você está tentando aumentar seu envolvimento, obrigado". Também ajuda ser bastante claro sobre as expectativas e fornecer ao aluno uma lista que organize os passos da tarefa em itens, evitando a necessidade de correções excessivas.

- A raiva é um problema comum para crianças irritadiças e deprimidas. Nas escolas, considere ensinar a criança a identificar o que a irrita e parar por um instante de forma pró-ativa quando ela se sente irritada.

Capítulo 8

Estratégias para os Pais Diminuírem a Depressão

Até agora discutimos uma variedade de assuntos relacionados à depressão infantil, incluindo sua natureza, causa e tratamento. Independentemente de uma criança estar deprimida ou não, os pais têm um papel vital no cuidado de seus filhos. Como responsáveis pela criança, representam uma parte importante, tanto na prevenção como no tratamento da depressão infantil. O propósito deste capítulo é oferecer estratégias para reduzir o risco ou aliviar os efeitos da depressão infantil por meio de cuidados eficazes por parte dos pais.

O modelo de diátese-estresse da depressão infantil repercutiu ao longo deste livro. Se você examiná-lo atentamente, perceberá que esse modelo enfatiza a relação entre a formação biológica da criança, fatores antigos e imediatos de estresse e os recursos de que a criança dispõe para lidar com o estresse. A base deste texto é oferecer estratégias que os pais podem usar para corrigir as causas da depressão ligadas ao desenvolvimento e ajudar as crianças a combater os estressores. Os assuntos abordados incluem os sinais que você pode usar para avaliar informalmente os sintomas de depressão de seu filho, formas de ajudá-lo a reduzir o risco de depressão ou reduzir os sintomas depressivos e métodos para auxiliá-lo caso ele esteja recebendo tratamento para depressão.

No começo do livro, muitos assuntos importantes sobre a depressão foram discutidos. Como eles são importantes para ajudar a proteger seu filho contra a depressão, eles serão revistos.

O primeiro assunto está relacionado às diferenças entre depressão induzida pelo estresse e depressão que ocorre como resultado de uma recaída. Lembre-se de que alguns episódios de depressão ou mania podem não ter uma causa ambiental clara ou imediata. Desse modo, as circunstâncias de vida da criança são normais nesse caso e parece não haver nenhum estressor evidente na sua vida que possa estar causando a depressão. Como uma mãe me comentou: "Minha filha não tem nenhuma razão para estar deprimida". Essa mãe afirmava que ela e seu marido proporcionavam um lar positivo para sua filha e que ela nunca havia experienciado nenhum dos fatores de risco associados à depressão. Entretanto, por meio de uma avaliação completa, incluindo um histórico social e de desenvolvimento que englobava o exame da árvore genealógica da criança, os pais perceberam que vários membros de suas respectivas famílias experienciaram depressão ou condições associadas à depressão, como alcoolismo ou distúrbios alimentares. Apresentar aos pais a ideia de que sua filha pudesse sofrer de uma forma de depressão de base biológica não apenas aliviou esses pais amáveis e responsáveis de uma culpa considerável, como também mudou o foco da terapia, que era apenas lidar com acontecimentos estressantes da vida da criança, para a consideração do uso de medicamentos e o treinamento da criança em habilidades cognitivas e comportamentais para reduzir os sintomas depressivos. Em vez de gastar tempo modificando o ambiente, trabalhamos juntos para encontrar cuidados médicos competentes e monitorar os efeitos dos medicamentos antidepressivos, além de oferecer à garota explicações alternativas para seus sintomas depressivos. Poucas semanas após começar o tratamento com IRSE e terapia, ela experienciou uma redução considerável da gravidade, frequência e duração dos sintomas da depressão.

Em contraste com situações em que a depressão parece ter poucos antecedentes estressantes, há muito mais casos em que há estressores evidentes que iniciam o ciclo de depressão. Nesses casos, acontecimentos da vida da criança e a forma como ela lida com eles são o principal foco de atenção. Embora medicamentos antidepressivos tenham sido eficazes na redução de sintomas nesse padrão de depressão, seu tratamento exige mudanças no ambiente ao identificar e reduzir os estressores atuais e ensinar à criança habilidades para lidar com pensamentos que a perturbem e estressores futuros. Esses são os pontos a serem atacados que você e seu filho devem conhecer.

Em muitos aspectos, os pais são uma extensão do terapeuta. Por exemplo, antes de buscar ajuda profissional, os pais realizam avaliações informais de seu filho ao observar o comportamento e formular hipóteses em relação a ele. Seria muito raro um pai chegar ao consultório do terapeuta sem nenhuma ideia preliminar sobre os sintomas e suas causas. Normalmente, um pai afirma que seu filho parece ter algum problema e oferece certas explicações para os sintomas, como a perda de um familiar ou uma mudança recente. Nesse sentido, o pai conduziu uma avaliação informal. Descrevi essa avaliação como informal porque o pai não tem a vantagem de um treinamento formal e sistemático na avaliação de crianças e depressão. Apesar dessa desvantagem, o pai pode contribuir com informações valiosas sobre a condição de seu filho e suas causas.

Os pais também podem ser vistos como uma extensão do terapeuta ao observar o progresso de seu filho ao longo do tratamento. Normalmente, durante o tratamento, o terapeuta passa uma ou duas horas por semana com a criança nos limites extremamente controlados e artificiais de um consultório. Como este não é o ambiente natural da criança, é comum que ela se comporte de uma maneira diferente da usual. Até que a criança relaxe com o terapeuta e comece a demonstrar-lhe diretamente os sintomas depressivos, a maioria das informações do terapeuta sobre a criança é obtida por meio do relatório dos pais e diretamente com a criança. Por outro lado, um pai observa abertamente uma criança em casa e ouve comentários sobre seus sintomas de outras fontes, como os funcionários da escola e pais que vivem na vizinhança. Embora os terapeutas sejam treinados para saber o que procurar quando avaliam se o treinamento está funcionando, eles dependem do envolvimento dos pais para avaliar o progresso. Sabendo o que procurar, os pais são um grande auxílio para o tratamento em curso de seu filho.

Uma terceira forma em que os pais podem funcionar como uma extensão do terapeuta é modificando o ambiente da criança para reduzir o risco de recaída ou aliviar seus sintomas. Outra vez, enquanto o terapeuta tem apenas uma ou duas horas por semana para trabalhar com a criança, os pais podem ter horas para formar, moldar e orientar seu filho.

AVALIAÇÃO INFORMAL DO NÍVEL DE DEPRESSÃO DE SEU FILHO

Antes de encaminhar seu filho para ajuda profissional, você realizou algum tipo de avaliação de sua depressão. Antes de procurar ajuda de fora, você levantou questões para você e para os outros, como "O que está errado com meu filho?" "O que fiz de errado como pai?" e "O que devo fazer?" Os pais usam seu poder de observação para perguntarem-se: "Há um problema real aqui?" Esse processo de averiguação é um tipo de avaliação informal.

Mas o que você procura quando conduz sua avaliação? Muitas vezes os pais levam seus filhos ao terapeuta após confiarem em sua sensação de que há algo de errado. Embora os pais normalmente estejam certos em seguir seus instintos de que algo não está certo com seu filho, eles podem se beneficiar com a utilização de um conjunto mais objetivo de fatores a serem considerados, que podem somar-se a seu instinto.

Além da biologia, as causas da depressão incluem fatores cognitivos, comportamentais, afetivos, ambientais e ligados ao desenvolvimento. Então como um pai sabe o que procurar? Tenha em mente que as próprias pessoas que avaliam formalmente seu filho – psiquiatras, psicólogos, orientadores e assistentes sociais – não nasceram com a habilidade para avaliar a depressão em crianças. Eles receberam treinamento, assim como você está obtendo-o ao ler este texto. Esses profissionais buscam sintomas ou manifestações dessas várias causas. Ao delinear as evidências de causas específicas, como um histórico familiar de depressão, determinamos a natureza e gravidade da depressão da criança. Além disso, observando atentamente os sintomas, nós nos orientamos para responder e tratar a forma única de depressão de uma criança.

Sinais Cognitivos da Depressão

À primeira vista, pode parecer difícil identificar sinais cognitivos da depressão de nossos filhos. Espera-se que consigamos ler suas mentes?

Na verdade, os sinais cognitivos da depressão estão entre os mais fáceis de serem detectados. Nossos pensamentos são refletidos diretamente por nossa linguagem.

Os psicólogos cognitivos enfatizam a interpretação de acontecimentos. Albert Ellis procurava por exigência, execração e auto--avaliação. A exigência é a tendência de pensar equivocadamente que devemos ou precisamos ter aquilo que apenas queremos ter; execração é a tendência de pensar que a vida é horrível quando algo não funciona da forma que gostaríamos; e auto-avaliação é a tendência exagerada de classificar-se como bom ou mau por fazer ou deixar de fazer algo que "deveria" ser feito. Todas as três formas equivocadas de pensar podem ser expressas na linguagem da criança caso ela esteja pensando dessa forma. Por exemplo, uma criança exigente pode dizer: "Não vou conseguir viver se não for ao baile de formatura". A criança ilogicamente execradora pode dizer: "Nunca vou poder encarar meus amigos, pois é terrível eu não ter conseguido ir ao baile de formatura", enquanto uma criança auto-avaliadora pode dizer: "Sou grotesca porque ninguém me convidou para ir ao baile de formatura". Como sabemos, há milhões de crianças que não são convidadas a ir ao baile de formatura e tornam-se adultos felizes e bem-ajustados. A chave é ouvir as interpretações extremas e ilógicas da criança para o acontecimento.

O psicólogo cognitivo Aaron Beck recomenda que prestemos atenção nos tipos específicos de erro de lógica discutidos no capítulo 3. Exemplos de pensamento ilógico incluem:

- *dedução arbitrária*: uma criança diz que é um aluno terrível, apesar de tirar As em suas matérias.
- *abstração seletiva*: uma criança diz que odeia a escola porque não tem muitos amigos.
- *generalização excessiva*: uma criança diz que ninguém gosta dela porque não foi a primeira a ser escolhida para o time.
- *exagero ou indiferença*: uma criança concentra-se nos dois pontos que perdeu no teste em vez dos 98 que obteve.
- *personificação*: uma criança pensa que um amigo não ligou de volta porque não gosta dela em vez de pensar que seu amigo está de castigo e não pode usar o telefone.

- *raciocínio tudo-ou-nada*: uma criança pensa que é boa ou má em algo, mas não admite ser apenas razoável.

Conforme você tenta identificar o pensamento ilógico de seu filho, lembre-se que, de acordo com os psicólogos cognitivos, criamos nossa própria realidade emocional ao interpretar o mundo à nossa volta de forma positiva ou negativa. Donald Maichenbaum nos desafia a parar de pensar de forma negativa ao criar interpretações novas e positivas para os acontecimentos de nossa vida. Mais tarde vamos analisar as abordagens cognitivas que você pode usar em casa para ajudar seu filho deprimido.

Sinais Comportamentais da Depressão

Não deve ser uma surpresa para você que os psicólogos comportamentais observam o comportamento evidente como sinal primário da depressão. Mas especificamente o quê? Bem, certamente as tentativas de suicídio são um exemplo, mas há sinais anteriores e menos drásticos de depressão infantil. Além do conjunto de sintomas que definem a depressão de acordo com o *DSM-IV* (distúrbios do sono, mudanças no apetite, choro), os psicólogos comportamentais procuram por antecedentes (gatilhos), pelas consequências (resultados) do comportamento e pelo grau em que a criança tenta satisfazer suas necessidades ou simplesmente desiste, como no desamparo aprendido.

Se você examinar atentamente o comportamento de seu filho, pode perceber que os sintomas estão diretamente relacionados com ambientes específicos; por exemplo, ir à casa de um determinado amigo ou parente. Talvez os sintomas sejam vistos após seu filho voltar da escola. Se você estiver praticando a psicologia comportamental, examinaria com mais cuidado os elementos do ambiente que provocam os sintomas depressivos. Ao encontrar esses elementos, torna-se fácil modificar o ambiente de modo a reduzir os sintomas.

As habilidades sociais de uma criança podem ser examinadas para determinar se ela é capaz de obter reforço do ambiente social. Ela transgride o espaço pessoal dos outros? Ela coopera com seus colegas? Ela sabe como manter uma conversa? Ela se veste de forma adequada? Estas são apenas algumas das questões que você deve fazer quando avalia as habilidades sociais de seu filho. Use como referência o modelo CARES discutido no capítulo 7 para mais sugestões.

Os psicólogos comportamentais que acreditam que a criança aprendeu a partir de sua experiência a ficar desamparada prestam muita atenção na frequência com que as crianças iniciam atividades com outros e que tipo de resposta (aceitação ou rejeição) ocorre entre eles. Por exemplo, se a depressão da criança se deve a tentativas fracassadas de brincar com outros, o seu mundo pode ser modificado para aumentar a probabilidade de outras crianças corresponderem à sua atenção.

Finalmente, estudiosos do aprendizado social, outro grupo de psicólogos comportamentais, podem examinar o papel dos modelos disponíveis para a criança. Muitas vezes ela se baseia no comportamento de seus pais ou o copia. Se um dos pais tiver um histórico de depressão, a criança pode ter aprendido a lidar com o estresse manifestando os sintomas da depressão. Por exemplo, imagine a criança que observa um pai que vai dormir cedo quando teve um dia ruim. Não seria uma surpresa para um estudioso do aprendizado social se a criança apresentasse o mesmo comportamento do tipo depressivo quando estivesse sob estresse. Se este fosse o caso, o psicólogo poderia considerar um trabalho com a criança e o pai para ensinar a ambos formas mais eficazes de lidar com o estresse.

Sinais Afetivos de Depressão

Algumas pessoas diriam que o principal sinal de depressão é o afeto ou a emoção. Então o que os pais devem procurar? Crianças deprimidas podem demonstrar diversos sintomas afetivos diferentes. Elas ficam tristes, chateiam-se facilmente e têm pouca tolerância a pequenos contratempos. Crianças deprimidas, muitas vezes são crianças irritadiças. Não é surpreendente um comentário comum que crianças e adolescentes fazem quando estão experienciando os alívios iniciais dos sintomas: "As coisas que costumavam me perturbar já não que chateiam tanto".

Crianças deprimidas, muitas vezes são emocionalmente instáveis, o que significa que seu humor muda de um estado para outro, sem causas suficientes. Por exemplo, num momento elas podem estar brincando alegremente e no próximo estão bravas ou aos prantos. Muitas vezes elas não sabem a razão pela qual estão aborrecidas. Às vezes elas explicam por que se chatearam, mas a razão não parece ser o bastante para justificar o grau de agitação. A criança literalmente perde o controle de suas emoções, ficando rapidamente brava ou triste sem nenhum motivo aparente. Isso é frustrante tanto para a criança como para os pais que tentam identificar o que provocou essa mudança. Muitas vezes, a busca por uma causa imediata para o aborrecimento não leva a nada.

Outro sinal é a reclusão. A criança se afasta dos outros e não quer deixar a casa ou seu quarto. A reclusão pode ser uma tentativa de regular as emoções, ficar de lado para evitar o contato com um mundo que ela acredita ser intolerável. Normalmente ela não toma uma decisão consciente de evitar os outros. Em vez disso, ela procura o bem-estar em seu quarto ou sua casa, "entrando em um casulo" para distanciar-se dos outros.

Um sinal afetivo de depressão mais sutil, mas profundo, é a incapacidade de ter prazer com coisas que antes considerava prazerosas. Talvez seja mais fácil perceber isso a partir da própria experiência. Se você já experienciou algum grau de depressão, pode lembrar que as coisas de que normalmente gostava deixavam de interessar-lhe tanto. Por exemplo, se você gostava de ir ao cinema com os amigos, você pode ter pedido um reembolso para um espetáculo ao qual não se interessou. Um cenário comum é um pai que chega ao consultório de um terapeuta para dizer que seu filho não aprecia mais as formas de diversão de que costumava gostar. Por exemplo, o pai pode afirmar que seu filho não passa mais tanto tempo falando ao telefone.

Sinais de Problemas Ligados ao Desenvolvimento

Quatro tarefas específicas do início do desenvolvimento foram identificadas, em parte, por meio da pesquisa de crianças de mães deprimidas *(ver capítulo 3)*. Descobriu-se que uma criança pode desenvolver uma sintomatologia depressiva se essas tarefas não fossem promovidas com sucesso. Um pai pode ou não estar deprimido; no entanto, pequenas dificuldades para alcançar essas quatro tarefas de desenvolvimento podem contribuir para a depressão de uma criança. Por exemplo, estressores podem comprometer a capacidade de um pai de atender consistentemente às necessidades da criança ao longo de seu desenvolvimento. Além disso, embora ninguém seja perfeito, os pais que acreditam estar contribuindo para o desenvolvimento da depressão de seu filho devem rebater esse pensamento com o fato de que algo pode ser feito em relação a isso. O fundamental é perceber o que pode ter causado o problema em primeiro lugar e tentar formular uma solução adequada questionando seus comportamentos, ensinando a criança a lidar melhor com problemas e expressar claramente sua preocupação e amor por ela.

Em primeiro lugar, a criança exibe problemas significativos para controlar suas emoções? Ela perde frequentemente o controle quando brinca sozinha ou em situações sociais? Esses comportamentos foram relacionados com problemas de desenvolvimento do controle fisiológico, que derivam do fato de a criança consistentemente não satisfazer suas necessidades fisiológicas e da instabilidade de seu ambiente primário.

Em segundo lugar, a criança expressa uma variedade limitada de emoções? Suas expressões emocionais são indefinidas ou limitadas ao extremo? Esses sintomas foram relacionados com problemas de diferenciação das emoções e dificuldade de regular a estimulação. Durante o desenvolvimento, é importante que os pais expressem uma variedade normal de emoções e imitem as emoções da criança quando for apropriado. Ao fornecer seletivamente atenção e encorajamento, os pais ensinam a criança a expressar-se suas emoções adequadamente em termos de tipo e intensidade. As crianças que não desenvolveram essas habilidades tendem a apresentar expressões emocionais indefinidas ou desistir totalmente do controle emocional em razão da dificuldade de regular suas emoções.

Em terceiro lugar, a criança demonstra ansiedade quando você está longe dela? Ela tem dificuldade para desenvolver relacionamentos com seus colegas? Ela se preocupa com situações interpessoais ou apresenta dificuldade para estabelecer relacionamentos com o sexo oposto? Um vínculo seguro é fundamental para desenvolver um funcionamento interpessoal tranquilo e apropriado. Ele ajuda a criança a desenvolver uma sensação de segurança em relação a ameaças em seu ambiente e confiança para explorar esse ambiente. Isso é alcançado por meio da interiorização dos pais como objetos no desenvolvimento da estrutura cognitiva e emocional da criança. Se um vínculo seguro não for estabelecido nos primeiros dois anos de vida, os pais ainda podem fazer muito para ajudar a mudar essa representação interiorizada que seu filho tem deles.

Em quarto lugar, a criança é excessivamente crítica em relação a si mesma? Ela não tem auto-estima? Esses sintomas podem estar relacionados com a interiorização precoce de auto-avaliações negativas de seus pais. A forma como a criança se imagina e se representa como um objeto interiorizado é determinada, em parte, pela influência inicial das auto-atribuições dos pais e de sua expressão de confiança ou falta dela.

Sinais de Estresse Ambiental

Um fator importante no modelo de diátese-estresse de depressão infantil é o papel das causas ambientais de depressão. Na depressão infantil procuramos por duas fontes de estresse – no microssistema da criança (sua família) e no seu exossistema (sua escola, seu grupo de amigos ou sua comunidade).

As crianças na pré-escola têm poucos estressores exossistêmicos porque ainda não foram à escola, são dependentes de suas famílias e são protegidas de sua comunidade por seus pais. Ao avaliar o grau em que os estressores familiares podem ter afetado seu filho, considere condições crônicas prolongadas, assim como acontecimentos mais imediatos. Ouça atentamente o seu filho. Observe cuidadosamente o modo como sua família funciona. Condições crônicas podem incluir conflitos existentes entre familiares, alcoolismo, preocupações crônicas de saúde, depressão de outro familiar ou lares estruturados de forma insuficiente ou opressiva. Considere o grau em que seu lar é visto por seu filho como estressante, hostil ou incapaz de atender às suas necessidades. Além disso, observe os estresses mais imediatos em sua família. Pergunte-se se recentemente houve alguma mudança perceptível em sua família. Houve uma mudança, uma alteração de rotina ou o acréscimo de um membro à família? Algum familiar teve sua condição alterada (formatura, problemas de saúde), redistribuindo a atenção disponível para a criança? Uma avaliação honesta e franca pode identificar fatores que contribuem para os sintomas depressivos de seu filho. Esse tipo de avaliação honesta também pode identificar pontos importantes de mudança. Os estudiosos dos sistemas familiares vêem a criança deprimida que passa por terapia como um membro de um conjunto de indivíduos. Ela pode ser identificada como o paciente, mas outras partes do sistema ou todo ele podem apresentar problemas. Nesse contexto, a criança é o catalisador para a mudança de todo o microssistema familiar.

Embora a família continue sendo o sistema principal da criança, o exossistema torna-se mais e mais importante à medida que ela amadurece. Duas áreas importantes de preocupação para a criança são a escola e os colegas. Outra vez, ouça atentamente o que seu filho diz sobre esses dois sistemas. Faça você mesmo um levantamento ao falar com funcionários da escola ou ver em primeira mão os amigos de seu filho. Como seu filho está sendo tratado, superando e lidando com essas situações? Ele tem alguma condição, como uma deficiência de aprendizado, que interfira no sucesso e resulte numa percepção negativa de si mesmo na escola? Seu filho está sendo excluído pelos colegas por que interpreta erroneamente estímulos sociais importantes? Considere esses fatores na avaliação informal de seu filho.

Como você pode ver, a depressão infantil não é uma experiência unidimensional. Normalmente há causas múltiplas que interagem entre si. Lembre-se de que um modo importante para compreender a causa e o risco da depressão é pesar os diversos fatores de risco enfrentados por seu filho. Considere sua predisposição biológica, forma de pensar sobre o mundo, grau de desamparo aprendido, estado afetivo e estressores. Ao fazer isso, você pode estimar a gravidade da depressão e identificar quais desses fatores devem ser abordados para aliviar os sintomas.

FORMAS DE VOCÊ REDUZIR A DEPRESSÃO OU O RISCO DE DEPRESSÃO DE SEU FILHO

A avaliação sistemática que você acabou de realizar, embora informal, fornece uma base para você reduzir o risco de seu filho ficar deprimido ou aliviar os sintomas depressivos que atualmente existam. Assim como você era uma extensão de seu terapeuta ao avaliar o grau e as causas de depressão de seu filho, você pode se ver outra vez como uma extensão deste profissional. Nesse caso, você está tomando medidas preventivas ou medidas diretas para aliviar sintomas existentes de depressão. Nesse segundo caso, assume-se que você vai trabalhar em conjunto com um terapeuta profissional.

Os pais têm um papel extremamente importante no tratamento médico de sua crianças. Nenhum medicamento pode ser administrado para seu filho sem que você seja informado e dê seu consentimento. Implícita no termo *informado* está a suposição de que lhe ofereçam explicações de como o medicamento funciona numa linguagem que você possa entender. O médico deve informar-lhe a quantidade de medicação de que seu filho vai precisar, quanto tempo levará para observar-se os resultados e por quanto tempo seu filho precisará tomar o medicamento. Além de saber como funciona o medicamento, você deve compreender os possíveis efeitos colaterais e o que vai acontecer se ele não alcançar os resultados desejados. É importante assumir um papel, estando informado e ativo no monitoramento das medicações utilizadas por seu filho.

Outra razão importante para informar-se sobre os medicamentos de seu filho é estar numa posição melhor para avaliar se ele está ou não melhorando. Antes havia sido ressaltada a diferença na quantidade de contato sua e do terapeuta. Enquanto você vê seu filho diariamente, o terapeuta deve vê-lo uma ou duas vezes por semana. Normalmente os medicamentos são administrados e uma reunião de avaliação é marcada para um a três meses depois. Obviamente você está numa posição melhor para avaliar os efeitos do medicamento na frequência, intensidade e duração dos sintomas.

Uma última razão para você monitorar ativamente a medicação de seu filho é garantir que ele a esteja tomando conforme foi prescrito. Crianças podem ser pouco confiáveis, ao passo que os medicamentos antidepressivos devem ser tomados conforme foi indicado. Imagine se você acreditasse que seu filho está tomando seu antidepressivo todas as manhãs, mas, sem que você saiba, ele o tomasse apenas 75% das vezes. Como a criança ainda apresenta sintomas de depressão, na sua próxima visita ao médico ele provavelmente vai aumentar a dosagem ou mudar a medicação, embora o medicamento e a dosagem iniciais estivessem corretos. É por razões como estas que os pais precisam monitorar cuidadosamente a medicação da criança.

Educando seu Filho sobre Bem-Estar e Depressão

As crianças aprendem sobre o bem-estar e a depressão de diversas formas. Elas aprendem com a experiência direta de tentar algo novo e colher os frutos da própria experiência. Elas também aprendem com as instruções diretas de pessoas importantes a seu redor, como pais, professores e amigos. A mídia e outros agentes em seus ambientes modelam seu conhecimento sobre bem-estar e estratégias para lidar com problemas.

Uma tarefa importante para os pais é ensinar a seus filhos as habilidades necessárias para serem emocionalmente bem-sucedidos no mundo. Essas habilidades são importantes, esteja seu filho deprimido ou não. Se ele não estiver deprimido, as informações podem reduzir o risco da depressão. Se ele estiver, elas podem ajudá-lo a reduzir seus sintomas.

Em qualquer um dos casos, considere o nível de desenvolvimento de seu filho. Ofereça informações que sejam adequadas a seu grau de desenvolvimento. Crianças menores não têm a capacidade intelectual de compreender significados psicológicos complexos. Elas operam em um nível cognitivo que Jean Piaget, um psicólogo francês da corrente ligada ao desenvolvimento, chamou de operações concretas. Antes da puberdade, sua conceituação do mundo é simples e não está particularmente voltada aos aspectos psicológicos. Com essas crianças, as informações e explicações devem ser simples. Mais ou menos na época em que a puberdade começa, as crianças passam por mudanças intelectuais significativas. Piaget chamou essa mudança no desenvolvimento cognitivo de estágio de operações formais. Nesse ponto, a criança é capaz de assimilar novas informações no nível de abstração e complexidade de um adulto.

Além disso, considere as necessidades de seu filho. Ofereça informações que atendam àquilo que ele deseja e acredita precisar. Embora você possa estar certo sobre as necessidades de informação de seu filho, se ele não a quiser, ela não será aceita. Para sustentar essa ideia, simplesmente considere sua vida.

Pense nas vezes em que resistiu e se ressentiu com as pessoas dizendo-lhe o que você precisava. Uma estratégia eficaz é perguntar a seu filho se você tem a permissão dele para dar-lhe algumas sugestões. Até certo ponto isso é uma questão de jeito. O que você aceita mais: "Você precisa ouvir isto" ou "Posso dar-lhe uma sugestão?" Para alguns, a diferença está entre ser obrigado a comer algo e oferecerem algo para você comer. Além disso, quando você considera as necessidades de seu filho, tente ser objetivo ao avaliar se elas são suas necessidades ou as necessidades dele. As crianças, particularmente os adolescentes, são muito sensíveis a essa distinção. Talvez você deva buscar uma segunda opinião de outra pessoa que conheça seu filho, como seu cônjuge ou um amigo próximo. De qualquer modo, ao abordar seu filho ofereça ajuda e apoio em vez de obrigá-lo a isso. Quando se trabalha com crianças deprimidas ou que correm riscos, você realmente ganha mais usando mel em vez de vinagre.

Salvaguardas Cognitivas

Como se afirmou anteriormente, a forma como pensamos determina como nos sentimos. As pessoas procuram continuamente entender, avaliar e apreciar seu mundo. Examinamos constantemente nós mesmos, os outros e o resto do mundo a nosso redor. Alcançar uma sensação de eficácia ou competência é essencial para o ajuste. A sensação de que temos um grau suficiente de domínio do mundo à nossa volta nos leva a ter mais esforço, sucesso e resistência. Uma sensação de incompetência nos leva a diminuir nosso esforço, a fracassar e nos sentirmos desamparados. Um fator fundamental que distingue as crianças que têm uma sensação de competência daquelas que não têm é a diferença entre o grau de pensamento racional e irracional.

Há diversas abordagens que você pode usar para aumentar a competência e a valorização de si mesmo demonstradas por uma criança. Em primeiro lugar, a interrupção do raciocínio, uma técnica atribuída a Meichenbaum, é particularmente eficaz com crianças preocupadas. A interrupção de raciocínio lida com o problema de repetição contínua do mesmo pensamento negativo. Essa ação particular também é descrita como preocupação improdutiva, quando o indivíduo remói várias e várias vezes o mesmo pensamento negativo. O hábito torna-se tão forte que a criança fica frustrada por ser tão incomodada por ele. Como ela pensa nisso centenas ou milhares de vezes mais do que lhe diz, seja sensível em relação a questões que sua criança possa verbalizar ocasionalmente e considere que está ouvindo apenas a ponta do iceberg. Por exemplo, se sua filha lhe disser duas ou três vezes por semana que está gorda demais e se preocupa com seu físico, você pode apostar que ela critica sua aparência centenas de vezes ao dia. Antes de tudo, pergunte à sua filha se ela quer falar sobre a forma como se vê. Se você estiver certo e ela for crítica em relação a seu corpo, ela provavelmente ficará feliz em dizer como está horrível, tornando seus pensamentos reservados e particulares acessíveis para você. Embora você possa ficar tentado a dizer-lhe que seu raciocínio está errado, a experiência nos diz que, a princípio, contestar diretamente o raciocínio provavelmente não será aceito. Se você disser que ela está errada, ela provavelmente vai desconsiderar seu comentário e ater-se à sua auto-avaliação equivocada. Se você mostrar como ela fica frustrada porque não consegue tirar essas ideias da cabeça, você pode ter mais sucesso. Este é um exemplo de como fazê-la descobrir o que ela precisa, não o que ela acha que precisa. Uma vez que ela concorde que suas ideias a perturbam, pergunte se você pode interrompê-la quando ela disser algo negativo e crítico sobre si mesma. Se você puder, tente fazer com que ela encare isso como um jogo. Fale com ela, talvez sobre si mesma, e, quando ela fizer um comentário negativo, interrompa-a e diga: "Pare!" Isso vai lhe mostrar que ela estava sendo apenas crítica em relação a si mesma. Normalmente a criança tentará negar esse aspecto crítico, pois essas considerações sobre si mesma são bastante rotineiras e estão além de sua percepção. Após você evidenciar repetidamente esse raciocínio equivocado de uma forma agradável e apoiadora, sua filha começará a tomar consciência de suas considerações negativas em relação a si mesma. Encoraje sua filha a controlar-se. Uma vez que perceba as próprias considerações negativas, ela vai começar a corrigir-se, dizendo: "Pare!" a si mesma.

Em seu livro *The Optimistic Child*, Martin Seligman, Ph.D., recomenda um processo muito simples para ajudar as crianças a desenvolver um raciocínio mais otimista. Sua técnica é semelhante à interrupção de raciocínio, mas muito mais genérica. Seligman afirma que as crianças precisam transformar percepções negativas em atitudes positivas ao confrontar o próprio raciocínio. Basicamente, uma criança deve primeiro aprender a reconhecer seus pensamentos negativos, catastróficos e acusatórios. Em seguida, ela aprende a contestar os pensamentos negativos, como se outra pessoa estivesse discutindo com ela. Seligman acredita que as crianças têm uma capacidade natural de contestar ou discutir com seus colegas, professores e pais. O que elas precisam fazer é usar em benefício próprio essa habilidade frequentemente bem desenvolvida.

Crianças deprimidas também fazem muitas avaliações negativas; isto é, concentram-se nos problemas das situações ao invés dos aspectos positivos da mesma questão ou situação. Crianças deprimidas consideram que o copo está metade vazio, negando o fato de que ele está metade cheio. Uma estratégia eficiente para os pais é modelar e encorajar a renomeação positiva. Se for desafiado a fazê-lo, um indivíduo pode encontrar algo positivo para dizer sobre praticamente qualquer situação. Embora isso soe à "Poliana", a verdade é que nossos sentimentos e comportamentos acompanham nossos raciocínios. Não espere que uma criança veja apenas o lado positivo. Adultos bem ajustados, muitas vezes vêem o lado negativo de algo. A questão é uma combinação relativa de avaliações negativas e positivas.

Há várias formas de aumentar a frequência de avaliações positivas. Quando sair com seu filho, pergunte o que ele gosta em relação a algo. Por exemplo, quando estiverem em um *shopping center*, pergunte a seu filho: "Qual a sua razão favorita para vir ao *shopping center*?" Na verdade, você obrigou seu filho a fazer uma afirmação positiva.

Se você perguntar: "Você gosta do *shopping center*?" provavelmente ouvirá uma resposta do tipo sim ou não. Tente evitar esse tipo de pergunta, pois você provavelmente vai obter respostas breves e quando se der conta estará fazendo seu filho passar por um "interrogatório".

Outra forma de aumentar as afirmações positivas de uma criança é pedir para que ela diga algo de bom ou que poderia ser melhor em relação a um acontecimento. Por exemplo, na mesa de jantar, comece a conversa perguntando o que aconteceu de bom durante o dia e o que poderia ter sido melhor. Embora essa abordagem pareça encorajar considerações negativas, ela limita a negatividade ao formular a pergunta em termos de "o que poderia ter sido melhor?" e solicitar ativamente uma verbalização positiva.

Estratégias para os Pais Diminuírem a Depressão

Crianças e adultos deprimidos apresentam uma abordagem catastrófica, a tendência de partir de forma extremada e imediata de um pequeno contratempo para chegar a uma catástrofe. Um exemplo simples seria a criança pensar que será encaminhada à sala do diretor e expulsa porque se atrasou um dia. Outro exemplo é o de uma criança que pensa que nunca mais terá um amigo porque seu amigo se mudou. Para crianças com uma abordagem catastrófica, o objetivo é interromper essa precipitação para o julgamento e fazê-las reavaliar a situação. Se isso ajudar, você pode encarar isso como um exercício de probabilidade, administração de crise e reconsideração. Por exemplo, de forma realista, qual a probabilidade de seu filho ser expulso porque chegou atrasado à escola? A não ser que você tenha o conselho escolar mais opressor que se pode imaginar, isso não vai acontecer. Quanto à parte da administração de crise, como seu filho vai lidar com a vergonha de chegar atrasado à sala de aula? Você simplesmente deve treinar seu filho para que ele mostre calmamente o bilhete que você escreveu ao professor, sente-se e abra seu livro. No segundo exemplo, da mudança do amigo de seu filho, se a mudança for local, confronte a lógica de nunca mais ver o amigo e ofereça visitas planejadas. Além disso, sugira que liguem um para o outro. Use a reconsideração: sugira a seu filho que agora ele tem um amigo em outra cidade e suas visitas podem ser uma aventura. O truque é ensinar seu filho a fazer uma limonada a partir dos limões ao orientar seu raciocínio, treiná-lo e modelar você mesmo o pensamento positivo.

Salvaguardas Afetivas

Se há um histórico familiar de depressão, há coisas que você pode fazer para proteger seu recém-nascido. Como foi discutido anteriormente, as emoções têm um papel importante no funcionamento humano. Elas servem como forma de expressão, que permite que outras pessoas ao redor do indivíduo saibam que ele está passando por aflições e transmite a sensação de que as necessidades imediatas não estão sendo atendidas. Como pais, é importante estar atento e responder às mensagens que nossos filhos tentam transmitir por meio da expressão afetiva e encontrar o equilíbrio entre ser complacente demais com uma criança expressiva e não responder a comunicados apropriados de aflição. Se admitirmos que as expressões emocionais são formas de comunicação, ser relativamente responsivo a elas permite que a criança transmita suas necessidades e faça com que elas sejam atendidas. Essa reciprocidade ajuda seu filho pequeno a controlar as próprias emoções.

Os pais também podem ajudar seus filhos ao ensinar-lhes as variedades de respostas afetivas por meio de ações. Frequentemente as crianças são confrontadas com emoções desconhecidas porque seus pais não as demonstraram em sua frente. Expressões adequadas de emoções permitem que a criança reconheça-as e utilize-as sem medo, dúvida ou vergonha. Além da expressão direta de emoções, os pais podem auxiliar seus filhos ao oferecer-lhes uma gradação aceitável de expressões emocionais. Muitas vezes as crianças com distúrbios se encontram em extremos emocionais. Elas podem ser inapropriadamente expressivas ou incapazes de exprimir-se por temerem o efeito da expressão de suas emoções. Pais que demonstram intensidades variadas de emoções ensinam à criança que cada emoção tem toda uma gradação de intensidade e que se pode responder a ela de forma saudável.

Alguns dos sintomas afetivos mais graves, como reclusão, anedonia e instabilidade emocional, podem derivar de cognições negativas. Desse modo, para ajudar uma criança a ser social e menos isolada e acreditar que mereça sucesso e felicidade, um pai deve concentrar-se nas causas cognitivas desses sintomas. O tratamento medicamentoso também pode ser indicado em situações mais graves.

Um método que uso na terapia é chamado de *etiquetar*. A ideia é dizer ou expressar em palavras aquilo que a pessoa está sentindo. As crianças ficam de tal forma envolvidas com seus problemas emocionais que muitas vezes perdem de vista o que está acontecendo com elas. Colocar uma etiqueta no que está acontecendo com elas torna mais fácil falar sobre isso. Desse modo, isso se torna mais uma coisa ou um estágio do que um sentimento dominante e debilitante. Por exemplo, você pode dizer: "Você parece estar triste hoje". A princípio pode não haver resposta, mas após dizer isso algumas vezes sem ser inconveniente, uma criança começará a responder. Outro benefício é que isso ajuda a criança a simbolizar seus sentimentos por meio da linguagem. Elas começam realmente a compreender-se melhor ao saber o que está acontecendo com elas em bom português.

Salvaguardas Comportamentais

Os elementos críticos da compreensão comportamental da depressão infantil incluem o aprendizado por meio de recompensas, consequências e comportamento-modelo. Outro elemento importante é o desamparo aprendido, a sensação de que a criança não tem controle sobre as recompensas e, portanto, desiste de tentar obtê-las. Há várias lições que os pais podem aprender a partir da perspectiva comportamental.

Um problema das crianças com depressão é não ser capaz de identificar ou apreciar os reforços para seu empenho. De fato, com o sintoma de anedonia, elas podem nem sequer buscar ativamente o reforço ou o prazer. Um pai pode intervir diretamente ajudando a criança a identificar e experienciar prazeres. Por exemplo, um pai pode discutir com a criança o sentimento apropriado da felicidade e como ela pode apreciar a sensação de sucesso. Às vezes a criança vai experienciar um sucesso, mas a sensação de desfrutá-lo é apenas breve. Ensinar isso para crianças mais velhas pode ser um desafio. Algo que digo frequentemente para os pais é que eles devem continuar se esforçando na tentativa de ajudar seus filhos adolescentes a encontrar prazer. O típico adolescente mal-humorado é bastante persuasivo quando não quer fazer algo. Ele pode dizer que seus pais são antiquados ou tratam-no como uma criança. O típico adolescente deprimido não se sente motivado. Ele pode achar que não merece ser feliz, inventa desculpas e evita determinadas situações. Com perseverança, os adolescentes podem aprender a apreciar o contato físico e as expressões verbais do amor. Embora as crianças possam inicialmente não querer o contato, elas são inevitavelmente reforçadas e podem sentir-se amadas quando lhe é propiciado esse contato. O mais importante é que os pais devem fazer com que esses esforços se tornem uma rotina. Por meio da prática e da repetição, essas atividades, ações e palavras vão parecer menos antiquadas e mais normais.

Isso resolve a questão dos reforços; agora vou discutir brevemente os antecedentes no behaviorismo. Uma vez identificados, os antecedentes de sentimentos ruins podem ser tratados de duas formas por seu filho: ele pode evitá-los ou preparar-se para lidar com eles. Nenhuma resposta é inerentemente boa ou má, sendo o equilíbrio a melhor abordagem. Não há nada de errado em evitar algumas situações. É apenas quando muitas situações são evitadas, a ponto de reclusão, que surge um problema. Pensar em evitar algo é um redutor fácil e imediato de estresse. Uma vez que a criança sinta-se melhor em relação a si mesma e ganhe mais confiança, ela vai evitar menos situações. De fato, ela pode até esquecer que as evitou um dia.

Quanto a preparar-se para lidar com os antecedentes causadores da depressão, a criança deve obter apoios sociais e adotar uma mentalidade de que pode lidar com isso e possivelmente ser bem-sucedida. Isso é semelhante à ideia de inoculação do estresse, desenvolvida por Michenbaum. Basicamente, a inoculação do estresse é o processo de dar instruções a si mesmo, isto é, dizer o que se deve fazer em certas situações. Por meio das instruções, a criança fica mais preparada para lidar com uma dada situação. Por exemplo, o jogador de beisebol que se encontra entre a segunda e a terceira base não fica simplesmente parado e espera a bola vir até ele. Em vez disso, ele dá instruções a si mesmo sobre o que fazer se a bola for rebatida em sua direção, se ela for passada para ele ou se for rebatida para outro membro de sua equipe e ele precisar participar da jogada. Um jogador considera todas essas possibilidades e sabe o que fazer porque se orienta. O mesmo se aplica para as situações estressantes de um jovem. Uma criança pode se instruir sobre o que fazer caso convide um garoto para ser seu par numa dança na escola, por exemplo. Ela pode dizer que ficará empolgada se ele aceitar ou ser educada se ele rejeitar, desejando encontrá-lo mesmo assim no dia da dança. A ideia é que a criança esteja preparada para o estresse da rejeição e não torne a situação pior ainda.

A teoria do autocontrole foi desenvolvida por Lynn Rehm e é semelhante à inoculação de estresse no sentido de que a criança aprende a dar instruções a si mesma, mas também inclui os aspectos de reforço descritos pelos psicólogos comportamentais. Rehm apresenta um processo simples, de três estágios, que a princípio é ensinado explicitamente à criança na esperança de que ele se torne implícito e automático. Os três estágios são automonitoramento, auto-instrução e auto-reforço.

Usando o conceito de Vygotsky de *zona de desenvolvimento proximal*, vou discutir como esse processo é internalizado. Vygotsky acredita que um pai ensina seu filho por meio de um processo recíproco de questionamento, orientação e resposta. Conforme a criança se torna mais sofisticada, o pai fornece menos informações e encoraja a criança a criar os próprios passos para resolver problemas. Por exemplo, usando a teoria do autocontrole, uma criança fica sobrecarregada com muita lição de casa, o que a leva a sentir-se inútil e deprimida. Ao identificar esse processo antecedente, o pai diz à criança o que percebeu e ensina-lhe como monitorar-se em relação a esses sentimentos. Ela aprende a perceber que experiencia o estresse quando a lição é dada na escola, pensa sobre isso ao voltar para cada e quando começa a fazer a lição em casa. Nesse caso, o pai poderia perguntar: "O que você pode fazer para sobrecarregar-se menos com a lição de casa?" A criança pode não ser capaz de responder, mas o pai responde a essa pergunta retórica e ensina seu filho a resolver os próprios problemas. O pai pode dizer: "Sabe, se você dividir sua lição em pequenas partes, pode não ficar tão sobrecarregado. Você consegue pensar numa forma de dividir sua lição em partes menores?" A criança é incitada e, com a prática, ela internaliza esse processo de identificação do problema e formulação das próprias respostas. Da próxima vez que ocorrer uma situação semelhante, o pai não precisa responder a primeira pergunta retórica, mas sim encorajar a criança a aplicar o que aprendeu da última vez que discutiram o problema. Para concluir o exemplo do autocontrole, quando a criança termina uma pequena parte de sua lição de casa, ela deve se reforçar ligando para um amigo por quinze minutos, enquanto come um lanche ou joga um pouco de videogame. Com cada realização (parte da lição realizada) ela aprende a reforçar-se. Espera-se que a criança precise cada vez menos de reforços externos e comece a gostar de si em razão de suas realizações.

Outra questão importante com a qual uma criança deve trabalhar é o reforço social. A instrução direta de habilidades e práticas sociais pode ajudar muito uma criança a fazer amizades e reforçar-se em situações sociais. Se seu filho é mais velho e resiste aos conselhos dos pais, este pode ser um trabalho para um terapeuta; mas também pode ser útil para os pais saber quais aspectos da habilidade social o seu filho não possui e preparar-se para discutir esses aspectos quando ele tocar no assunto direta ou indiretamente.

Os médicos que se concentram na aquisição de comportamentos por meio da observação têm muito a oferecer aos pais. Antes da década de 1950, a visão predominante da emoção humana era representada pelos psicólogos psicanalistas, como Freud. No seu ponto de vista, emoções como a raiva ou a tristeza estavam confinadas em um labirinto metafórico. Se experienciávamos mais emoções do que expressávamos, acumulávamos emoções que não eram expressas. Armazenar essas emoções não era saudável e resultava numa acentuação ou explosão de emoções, chamada catarse. Armazenar as emoções era ruim, enquanto a catarse era boa. Os psicólogos comportamentais contestaram esse conceito de emoções confinadas e catarse. Numa experiência comportamental histórica, crianças assistiam a um vídeo de um adulto batendo em um "joão-bobo". Conforme o modelo batia no boneco, ele expressava o quão divertido era fazê-lo. Em seguida permitiu-se que as crianças brincassem com o boneco. O experimento demonstrou que o principal fator na expressão de emoções era a influência de um modelo, não a presença de emoções armazenadas. Isso reforça a importância que os pais têm para as crianças na formação da expressão adequada de emoções e estratégias para lidar com estressores. Avalie a qualidade dos exemplos que você oferece para seu filho. Como você lida com situações estressantes? O que você diz e faz? O que seu filho ou sua filha aprendem com seu exemplo? Para esclarecer ainda mais essa questão, o que você aprendeu com seus pais na forma de lidar com contratempos? Como seu pai e sua mãe se comportavam para protegê-lo do estresse?

Seligman, que também foi discutido na seção Salvaguardas Cognitivas, oferece muitas ideias práticas aos pais. Ele introduziu o conceito do desamparo aprendido como uma explicação para a depressão. Ele afirmou que ficávamos deprimidos quando não experienciávamos mais o sucesso e, portanto, desistíamos de obtê-lo. Para Seligman, a chave para resolver a depressão infantil encontra-se na capacidade que os pais têm de fornecer oportunidades para que seus filhos sejam bem-sucedidos e de dar-lhes *escolhas*. Quando se descobre que a criança está deprimida, ela chegou a um ponto em que, não importa o que se faça, ela não será bem-sucedida. É função dos pais encontrar oportunidades para seus filhos serem bem-sucedidos, que sejam adequadas para sua idade. Se você considerar a idade de seu filho, pode avaliar as diversas tarefas que ele deverá dominar para ser bem-sucedido. Por exemplo, uma criança bem pequena deve aprender a ir ao banheiro e a guardar seus brinquedos. Um pouco mais tarde, a criança deve aprender a ser deixada na creche e, um pouco depois, a ir à escola. Essas tarefas de desenvolvimento não são mais do que resquícios de lembranças para nós quando nos tornamos adultos, mas quando éramos jovens elas foram marcos muito importantes.

O desafio para os pais é encontrar o equilíbrio, sem superproteger seus filhos ao apresentar oportunidades que são mais adequadas para crianças mais jovens ou superestimar a capacidade deles e esperar que sejam responsáveis demais para sua idade. Crianças superprotegidas tornam-se dependentes de seus pais porque não se espera que sejam bem-sucedidas em tarefas que estão dentro de sua capacidade. Muitas vezes elas ficam frustradas por não serem capazes de "abrir suas asas". Por outro lado, crianças que são obrigadas a enfrentar desafios que estão além de sua habilidade real muitas vezes reclamam de uma sensação profunda de incerteza e ressentem ter "crescido rápido demais". Os pais devem ser sensíveis para a diferença entre o que se espera que seus filhos façam e o que eles acreditam estar preparados para fazer. A melhor forma de encontrar esse equilíbrio é perguntar a seu filho se ele acha que está preparado para enfrentar determinado desafio.

Trabalhando com Consequências Ligadas ao Desenvolvimento

Remediar as quatro consequências já discutidas, ligadas ao desenvolvimento é desafiador, pois exige mudanças substanciais no comportamento dos próprios pais. Correr o risco de mudar a forma como você interage com seu filho é louvável e necessário para abordar essas questões.

Problemas com regulação emocional podem ser tratados com medicamentos e terapia. Seu papel será ter paciência e ajudar a criança a lidar com a falta de controle emocional. Os pesquisadores fizeram várias afirmações de que métodos comportamentais e cognitivo-comportamentais ajudam uma criança a controlar-se. Esse pode ser o caso para problemas comportamentais de razão mais cognitiva, mas, num nível psicológico básico, estruturar o ambiente de seu filho e desenvolver rotinas podem ajudar tremendamente (seu médico pode ajudá-lo com isso). Talvez você tenha de trabalhar com a escola de seu filho para desenvolver lá uma rotina e estrutura semelhantes. Corrigir esse problema leva tempo e não há respostas fáceis além da medicação e da estrutura. Assim como todas as questões discutidas neste item, acredito que redefinir a interiorização do pai e da mãe pela criança é a abordagem mais racional e psicoterápica. Isso deve ser realizado com a ajuda de um médico que esteja familiarizado com a terapia de relação do objetivo.

Problemas com a expressão emocional e dificuldades para expressar uma gradação completa de cada emoção podem ser tratados com o modelo, o processo de etiquetar e o encorajamento. Como foi discutido nos itens comportamentais e cognitivos deste capítulo, você pode ensinar a seu filho uma gradação completa de emoções por meio de modelos e encorajar a expressão maior e adequada dessas emoções por meio de reforços e automonitoramento.

Questões ligadas ao vínculo e à segurança são abordadas melhor por meio da terapia de relação do objetivo e com a ajuda de um orientador. Os pais podem ser consistentes e ajudar seus filhos a estabelecerem limites para si mesmos por meio de exemplos. Muitas vezes vejo os pais se tornarem complacentes demais quando seus filhos estão deprimidos. O que a criança realmente quer é uma base sólida, a partir da qual poderá lidar com seus problemas. Ao ser consistente, recusando ser manipulado pelas reclamações de seu filho de que está sendo tratado como uma criança, e não permitir que ele perca alguns dias de aula por causa de hipersonia, você mostrará à criança como lidar com os sintomas da depressão. Esse conceito de base sólida é importante para todas as crianças e também é a habilidade mais importante que você pode aprender para atravessar com sucesso a adolescência. Estabeleça limites razoáveis, atenha-se a eles e seja compreensivo, mas consistente – é mais fácil falar do que fazer, mas é necessário de qualquer maneira.

Problemas com a auto-estima e autocrítica podem parecer intratáveis. Além disso, uma vez que você tenha aplicado as técnicas descritas nas seções cognitivas, você verá recaídas que vão frustrá-lo. Por meio de um esforço consistente e certificando-se de que está demonstrando confiança e modelando respostas apropriadas, com o tempo seu filho não terá de se esforçar tanto para se automonitorar e contestar pensamentos negativos.

Salvaguardas Contra Estressores Ambientais

O último assunto na conceituação de diátese-estresse da depressão é seu papel no alívio de estressores presentes e imediatos em casa e fora de casa. Não é incomum que as crianças encaminhadas para orientação tenham problemas significativos em suas famílias. Normalmente, crianças deprimidas têm um histórico familiar de depressão e outras psicopatologias, crises familiares numa frequência maior do que o normal e menos recursos que uma família normal para lidar com esses estressores.

Em caso de estresse familiar, os pais têm o desafio de avaliar-se e corrigir os problemas familiares. Normalmente, as crianças têm pouco controle sobre a razão dos problemas familiares; no entanto, elas muitas vezes são as primeiras a desenvolver complicações psicológicas devido à sua sensação de impotência diante dos problemas da família. Normalmente as crianças deprimidas afirmam passar muito tempo se preocupando com problemas como se seus pais ficarão juntos ou vão pedir o divórcio, se a violência doméstica vai acabar um dia e se seus pais vão parar de beber tanto. Obviamente essas são preocupações que uma criança não pode resolver. Uma forma de reduzir o estresse de uma criança é resolver essas questões familiares.

Estresse na comunidade imediata da criança, incluindo a escola, pode ser reduzido por meio do envolvimento dos pais. É importante que uma criança se sinta ligada à sua comunidade escolar para evitar a depressão. Uma forma de as crianças sentirem-se ligadas a suas escolas é aumentar seu envolvimento em atividades escolares, como clubes, jornais e esportes. Por outro lado, a própria escola pode ser a fonte do estresse da criança. Por exemplo, ela pode ter dificuldade com determinado professor, colega ou matéria. A maioria das escolas encoraja e aprecia uma parceria estreita entre o lar e a escola. Pesquisas demonstraram consistentemente que um trabalho próximo entre os pais e os educadores traz benefícios para as crianças, os pais e os professores. Se seu filho demonstrar dificuldades na escola, considere atuar como seu defensor entrando diretamente em contato com os funcionários da escola.

Conclusões Finais

Ao chegar a este ponto, você foi exposto a uma grande variedade de ideias sobre a depressão infantil. Como pai, você deve ser elogiado, não apenas por assumir um papel pró-ativo no tratamento de seu filho, mas também por dar atenção tanto a você mesmo como à sua família. Fico impressionado com famílias que estão dispostas a olhar para dentro de si no intuito de solucionar os problemas de seus filhos. Você também deve saber que novos tratamentos médicos estão sendo desenvolvidos todos os dias. Estamos compreendendo cada vez mais as causas psicossociais da depressão e, como resultado, os tratamentos de orientação estão mais eficazes. Continua existindo uma esperança real para as crianças com depressão, sendo a consciência e a compreensão o ponto de partida.

Apêndice A

Referências

Brasil

Sociedade Brasileira de Psiquiatria Clínica (SBPC)
Av. Presidente Vargas, 433 CEP: 14020-260 – Ribeirão Preto – SP - Fone: (016) 623-1234 - Fax: (016) 623-2296

Psiqweb
Site com informações sobre psiquiatria que traz *links* para várias clínicas especializadas em diversas cidades do Brasil. *Link* interessante:
— Núcleo de Psicoterapia Cognitivo-Comportamental: <http://www.npcc.com.br/index.html>.
<http://www.psiqweb.med.br/>.

Fundo Nacional da Saúde (FNS)
08006448001
<http://www.fns.saude.org.br>.

Ministério da Saúde
<http://www.saude.gov.br>.

Secretaria Municipal da Saúde Mental da Criança
Rua General Jardim, 36 - SP - Tel. 3218-4000 R: 4110

Organizações Psiquiátricas

American Academy of Child and Adolescent Psychiatry
3615 Wisconsin Avenue NW
Washington, DC 20016
Estados Unidos da América
+1-202-966-7300
http://www.aacap.org/index.htm

American Psychiatric Association
1400 K Street, NW
Washington, DC 20005
Estados Unidos da América
+1-202-682-6000
http://www.psych.org/

APÊNDICE A

Organizações Psicológicas

American Association of Suicidology
4201 Connecticut Avenue, NW
Suite 310
Washington, DC 20008
Estados Unidos da América
Voz: +1-202-237-2280
http://www.cyberpsych.org/ass/index.htm

American Psychological Association
750 First Street, NE
Washington, DC 20002
Estados Unidos da América
+1-202-336-5500
http://www.apa.org/

Depression Awareness, Recognition, and Treatment (D/ART)
5600 Fishers Lane
Rockville, MD 20857
Estados Unidos da América
+1-1-800-421-4211(?não sei se funciona assim)
http://www.nimh.nih.gov/dart/index.htm

National Depressive and Manic-Depressive Association
730 North Franklin Street
Suite 501
Chicago, IL 60610-3526
Estados Unidos da América
+1-312-642-0049
http://www.ndmda.org/

National Foundation for Depressive Illness, Inc.
P.O. Box 2257
New York, NY 10116
Estados Unidos da América
+1-1-800-239-1265
http://www.depression.org/

Organizações de Serviços Psicológicos Relacionados à Escola

The Federal Resource Center for Special Education
1875 Connecticut Avenue NW
Suite 900
Washington, DC 20009
Estados Unidos da América
+1-202-884-8215
http://www.dssc.org/frc/

National Association of School Psychologists
4340 East West Highway
Suite 402
Bethesda, MD 20814-0275
Estados Unidos da América
+1-301-657-0270
http://www.naspweb.org/

Livros

Systematic Training for Effective Parenting
De: Gary McKay, Joyce McKay, Don Dinkmeyer
Uma série de onze livros publicados pelo American Guidance Service

The Caring Child
(The Developing Child Series)
De: Nancy Eisenberg
Publicado pela Harvard University Press

Referências na Internet

Psiquiatria

Dr. Bob's Psychopharmacology Tips
http://uhs.bsd.uchicago.edu/dr-bob/tips/tips.html

Facts for Families
American Academy of Child and Adolescent Psychiatry
http://www.aacap.org/factsFam/

Apêndice B

Siglas Usadas Frequentemente na Educação Especial

TODA	Transtorno de Déficit de Atenção	DDD	Divisão de Deficiências de Desenvolvimento
AAD	Ato dos Americanos com Deficiências	DSS	Departamento de Serviços de Saúde
TDAH	Transtorno de Déficit de Atenção/Hiperatividade	EP	Emocionalmente Perturbado
IE	Idade Equivalente	EI	Emocionalmente Incapacitado
EFA	Educação Física Adaptativa	DE	Deficiência Emocional
PIC	Plano de Intervenção Comportamental	DE	Deficiência Emocional (unidade separada em escolas particulares)
IC	Idade Cronológica		
CRF	Código de Regulação Federal	ISL	Inglês como Segunda Língua

Apêndice B

ALE	Ano Letivo Estendido	PDA	Portador de Deficiência de Aprendizado
EPGA	Educação Pública Gratuita e Adequada	AEL	Agência de Educação Local
ACF	Análise do Comportamento Funcional	PLI	Proficiência Limitada de Inglês
ADEFP	Ato dos Direitos de Educação Familiar e Privacidade	AMR	Ambiente Menos Restritivo
		DM	Deficiência Múltipla
SE	Série Equivalente	PDP	Portador de Deficiência Pública
DA	Deficiente Auditivo		
AID	Ato dos Indivíduos com Deficiências	EME	Equipe Multidisciplinar de Elegibilidade
AEI	Avaliação Educacional Independente	RML	Retardo Mental Leve
		RMM	Retardo Mental Moderado
PEI	Plano de Educação Individualizado	OLS	Outra Limitação de Saúde
PISF	Plano Individualizado de Serviço Familiar	LO	Limitação Ortopédica
		TO	Terapia/Terapeuta Ocupacional
JIA	Juiz Imparcial de Audiência	LP	Lei Pública
QI	Quociente de Inteligência	APEM	Atraso Pré-Escolar Moderado
DA	Deficiência de Aprendizado	APEG	Atraso Pré-Escolar Grave

FT	Fisioterapia/Fisioterapeuta	EAP	Equipe de Apoio ao Professor
CTR	Centro de Tratamento Residencial	LCT	Lesão Cerebral Traumática
Section 504	Refere-se ao Parágrafo 504 do Rehabilitation Act (Ato de Reabilitação) de 1973	DV	Deficiência Visual
DEA	Deficiência Específica de Aprendizado		
LFL	Limitação de Fala/Linguagem		
FA	Fonoaudiólogo		
RMG	Retardo Mental Grave		
EE	Educação Especial		

BIBLIOGRAFIA

ALEXANDER, L. B. et al. "On what bases do patients choose their therapists?" *Journal of Psychotherapy Practice and Research* 2, nº 2, 1993. pp. 135-46.

ALFORD, B. A. e BECK, A. T. *The Integrative Power of Cognitive Therapy*. Nova York: The Guilford Press, 1997.

AMANAT, E. e BUTLER, C. "Oppressive behaviors in the families of depressed children". *Family Therapy* 11, nº 1, 1984. pp. 65-77.

AMBROSE, B. e RHOLES, W. S. "Automatic cognitions and the symptoms of depression and anxiety in children and adolescents: An examination of the content-speciaficity hypothesis". *Cognitive Therapy & Research* 17, nº 2, 1993. pp. 153-71.

———. "Automatic cognitions and the symptoms of depression and anxiety: An examination of the content specificity hypothesis". *Cognitive Therapy & Research* 17, nº 3, 1993. pp. 289-308.

AMERICAN ASSOCIATION OF CHILD AND ADOLESCENT PSYCHIATRY. "Practice parameters for the assessment and treatment of children and adolescents with bipolar disorder". *Journal of the American Academy of Child and Adolescent Psychiatry* 36, nº 10, 1997. pp. 157S-176S.

AMERICAN PSYCHIATRIC ASSOCIATION. *Diagnostic and Statistical Manual of Mental Disorders*. 4ª ed. Washington, D.C.: American Psychiatric Association, 1994.

Bibliografia

ASARNOW, J. R., CARLSON, G. A. e GUTHRIE, D. "Coping strategies, self-perceptions, hopelessness, and perceived family environments in depressed and suicidal children". *Journal of Consulting & Clinical Psychology* 55, nº 3, 1987. pp. 361-66.

BANDURA, A. *Self-efficacy: The Excercise of Control*. Nova York: W. H. Freeman, 1997.

——. *Social Foundations of Thought and Action: A Social Cognitive Theory*. Englewood Cliffs.: Prentice-Hall, 1986.

——. *Social Learning Theory*. Englewood Cliffs, N.J.: Prentice-Hall, 1977.

BARTELL, N. P. e REYNOLDS, W. M. "Depression and self-esteem in academically gifted and nongifted children: A comperison study". *Journal of School Psychology* 24, nº 1, 1986. pp. 55-61.

BEARDSLEE, W. R. et al. "Examination of preventive interventions for families with depression: Evidence of change". *Development and Psychopathology* 9, nº 1, 1997. pp. 109-30.

BEAUDET, M. P. "Depression". *Health Reports* 7, nº 4, 1996. pp. 11-25.

BECK, A. T. *Cognitive Therapy of Depression*. Nova York: The Guilford Press, 1979.

BECKHAM, E. E. e LEBER, W. R. (ed.). *Handbook of Depression*. 2ª ed. Nova York: The Guilford Press, 1995.

BENAVIDEZ, D. e MATSON, J. L. "Assessment of depression in mentally retarded adolescents". *Research in Developmental Disabilities* 14, nº 3, 1993. pp. 179-88.

BERNSTEIN, D. P. et al. "Childhood antecedents of adolescent personality disorders". *American Journal of Psychiatry* 153, nº 7, 1996. pp. 907-13.

BIRMAHER, B. et al. "Childhood and adolescent depression: A review of the past 10 years. Part II". *Journal of the American Academy of Child and Adolescent Psychiatry* 35, nº 12, 1996. pp. 157-83.

——, PEREL, J. e NELSON, B. "Childhood and adolescent depression: A review of the past 10 years. Part I". *Journal of the American Academy of Child and Adolescent Psychiatry* 35, nº 11, 1996. pp. 1427-35.

BOIVIN, M., PULIN, F. e VITARO, F. "Depressed mood and peer rejection in childhood". *Development and Psychopathology* 6, nº 3, 1994. pp. 483-98.

BOWLBY, J. *Attachment and Loss: Vol. 1. Attachment.* 2ª ed. Nova York: Basic Books, 1982.

——. *Attachment and Loss: Vol. 2. Separation, Anxiety and Anger.* Nova York: Basic Books, 1973.

——. *Attachment and Loss: Vol. 3. Loss, Sadness and Depression.* Nova York: Basic Books, 1980.

BREWIN, C. R. "Theoretical foundations of cognitive-behavior therapy for anxiety and depression". Annual Review of Psychology 47, 1996. pp. 33-57.

BROWN, D. T. e PROUT H. T. (ed.). *Counseling and Psychotherapy with Children and Adolescents: Theory and Practice for School and Clinic Settings.* 2ª ed. Brandon.: Clinical Psychology Publishing Co., 1989.

BUSCH, C. R. e ALPERN, H. P. "Depression after mild traumatic brain injury: A review of current research". *Neuropsychology Review* 8, nº 2, 1998. pp. 95-108.

CAMPBELL, R. J. *Psychiatric Dictionary.* 7ª ed. Nova York: Oxford University Press, 1996.

CANTWELL, D. P. e CARLSON, G. A. *Affective Disorders in Childhood and Adolescence: An Update.* Nova York: SP Medical & Scientific Books, 1983.

CAPUZZI, D. e GROSS, D. R. (ed.). *Youth at Risk: A Resource for Counselors, Teachers and Parents.* Alexandria: American Association for Counseling and Development, 1989.

CATANIA, A. C., HARNAD, S. R. e SKINNER, B. F. *The Selection of Behavior: The Operant Behaviorism of B. F. Skinner: Comments and Consequences.* Cambridge: Cambridge University Press, 1988.

CHARMAN, T. "The stability of depressed mood in young adolescents: A school-based survey". *Journal of Affective Disorders* 30, nº 2, 1994. pp. 109-16.

CHESS, S. e THOMAS, A. *Origins and Evolution of Behavior Disorders: From Infancy to Early Adult Life.* Nova York: Brunner/Mazel, 1984.

CHETHIK, M. *Techniques in Child Therapy: Psychodynamic Strategies.* Nova York: The Guilford Press, 1989.

CHORPITA, B. F., ALBANO, A. M. e BARLOW, D. H. "The structure of negative emotions in a clinical sample of children and adolescents". *Journal of Abnormal Psychology* 107, nº 1, 1998. pp. 74-85.

—— e BARLOW, D.H. " The development of anxiety: The role of control in the early environment." *Psychological Bulletin 124*, nº 1, 1998. pp. 3-21.

CICCHETTI, D. e TOTH, S. L. "The development of depression in children and adolescents". *American Psychologist* 53, nº 2, 1998. pp. 221-41.

——. *Developmental perspectives on depression.* Rochester: University of Rochester Press, 1992.

CLARIZIO, H. F. e PAYETTE, K. "A Survey of School Psychologists' Perspectives and Practices with Childhood Depression". *Psychology in the Schools* 27, nº 1, 1990. pp. 57-63.

COHEN, Lawrence H., SARGENT, Meredith M. e SECHREST, Lee B. "Use of psychotherapy research by professional psychologists". *American Psychologist* 41, nº 2, 1986. pp. 198-206.

COLES, R. *The Moral Intelligence of Children*. Nova York: Random House, 1997.

COMPAS, B. "Coping with stress during childhood and adolescence". *Psychological Bulletin* 101, 1987. pp. 393-403.

CROWLEY, S. L. e EMERSON, E. N. "Discriminant validity of self-reported anxiety and depression in children: Negative affectivity or independent constructs?" *Journal of Clinical Child Psychology* 25, nº 2, 1996. pp. 139-46.

CYTRYN, L., GERSHON, E. S. e MCKNEW, D. H. "Childhood depression: Genetic or environmental influences?" *Integrative Psychiatry* 2, nº 1, 1984. pp. 17-23.

CYTRYN, L. e MCKNEW, D. H. *Growing Up Sad: Childhood Depression and Its Treatment*. Nova York: W. W. Norton, 1996.

DALGLEISH, T. et al. "Information processing in clinically depressed and anxious children and adolescents". *Journal of Child Psychology and Psychiatry and Allied Disciplines* 38, nº 5, 1997. pp. 535-41.

DALLEY, M. B. et al. "Depressive symptomatology, attributional style, dysfunctional attitude, and social competency in adolescents with and without learning disabilities". *School Psychology Review* 21, nº 3, 1992. pp. 444-58.

DINKMEYER, D. C. e MCKAY, G. D. *Parenting Teenagers: Systematic Training for Effective Parenting of Teens*. 2ª ed. Circle Pines: American Guidance Service, 1990.

———. *The Parent's Handbook: STEP, Systematic Training for Effective Parenting*. 3ª ed. Circle Pines: American Guidance Service, 1989.

———. *Raising a Responsible Child: How to Prepare Your Child for Today's Complex World*. Ed. rev. Nova York: Simon & Schuster, 1996.

DION, R., GOTOWIEC, A. e BEISER, M. "Depression and conduct disorder in native and non-native children". *Journal of the American Academy of Child and Adolescent Psychiatry* 37, nº 7, 1998. pp. 736-42.

EISENBERG, L. "Psychiatry and health in low-income populations". *Comprehensive Psychiatry* 38, nº 2, 1997. pp. 69-73.

EISENBERG, N. *The Caring Child*. Cambridge: Harvard University Press, 1992.

ELLASON, J. W. et al. "Axis I and II comorbidity and childhood trauma history in chemical dependency". *Bulletin of the Menninger Clinic* 60, nº 1, 1996. pp. 39-51.

ELLIS, A. *Better, Deeper, and More Enduring Brief Therapy: The Rational Emotive Behavior Therapy Approach*. Nova York: Brunner/Mazel Publishers, 1996

———. *How to Stubbornly Refuse to Make Yourself Miserable about Anything – Yes, Anything!* Nova York: Carol Publishing Group, 1990.

ELLIS, A. e MACLAREN, C. *Rational Emotive Behavior Therapy: A Therapist's Guide*. San Luis Obispo: Impact Publishers, 1998.

FOSTER, S. *Herbs for Your Health*. Loveland, Colo: Interweave Press, 1996.

FREUD, A. *Normality and Pathology in Childhood: Assessments of Development*. Nova York: International Universities Press, 1965.

FRIEDMAN, R. C. e CORN, R. "Follow-up five years after attempted suicide at age 7". *American Journal of Psychotherapy* 39, nº 1, 1985. pp. 108-13.

Fristad, M. A., Emery, B. L. e Beck, S. J. "Use and abuse of the Children's Depression Inventory". *Journal of Consulting and Clinical Psychology* 65, nº 4, 1997. pp. 699-702.

Glynn, J. e Miller, J. A. "Suicide Prevention and Response Education (SPARE Program)". Trabalho apresentado na ata da Convenção Anual de 1995 da Texas Association of School Psychologists, Austin, Texas, 1995.

Gresham, F. M. "Best Practices in social skills training". In: Thomas, A. e Grimes, J (ed.). *Best Practices in School Psychology*. Washington, D.C.: The National Association of School Psychologists, 1992.

Hammen, C. L. *Depression Runs in Families: The Social Context of Risk and Resilience in Children of Depressed Mothers*. Nova York: Springer-Verlag, 1991.

Harrington, R. *Depressive Disorder in Childhood and Adolescence*. Nova York: Wiley, 1993.

—— e Clark, A. "Prevention and early intervention for depression in adolescence and early adult life". *European Archives of Psychiatry and Clinical Neuroscience* 248, nº 1, 1998. pp. 32-45.

Hart, S. L. "Childhood Depression: Implication and Options for School Counselors". *Elementary School Guidance and Counseling* 25, nº 4, 1991. pp. 277-89.

Hershberger, W. A. "Control theory and learning theory. Special Issue: Purposeful behavior: The control theory approach". *American Behavioral Scientist* 34, nº 1, 1990. pp. 55-66.

Herskowitz, J. "Cries for Help: Recognizing Childhood Depression". *Learning* 18, nº 5, 1990. pp. 34-37.

Isaac, G. "Is bipolar disorder the most common diagnostic entity in hospitalized adolescents and children?" *Adolescence* 30, nº 118, 1995. pp. 273-76.

JENSEN, Joseph A., MCNAMARA, J. Regis, e GUSTAFSON, Kathryn E. "Parents' and clinicians' attitudes toward the risks and benefits of child psychotherapy: A study of informed-consent content". *Professional Psychology: Research and Practice* 22, nº 2, 1991. pp. 161-70.

JOINER, T. E. "The relations of thematic and nonthematic childhood depression measures to defensiveness and gender". *Journal of Abnormal Child Psychology* 24, nº 6, 1996. pp. 803-13.

JUON, H. S. e ENSMINGER, M. E. "Childhood, adolescent, and young adult predictors of suicidal behaviors: A prospective study of African Americans". *Journal of Child Psychology and Psychiatry and Allied Disciplines* 38, nº 5, 1997. pp. 553-63.

KAFANTARIS, V. "Treatment of bipolar disorder in children and adolescents". *Journal of the American Academy of Child and Adolescent Psychiatry* 34, nº 6, 1995. pp. 732-41.

KANFER, F. H. e KAROLY, P. "Self-control: A behavioristic excursion into the lion's den". *Behavior Therapy* 3, 1972. pp. 398-416.

KAPLAN, C. P. e SHACHTER, E. "Diagnostic and treatment issues with childhood bipolar disorders". *Clinical Social Work Journal* 21, nº 3, 1993. pp. 271-81.

KAPLAN, L. J. *Adolescence: The Farewell to Childhood*. Nova York: Touchstone, 1984.

KASHANI, J. H. "Depression in the preschool child". *Journal of Children in a Contemporary Society* 15, nº 2, 1982. pp. 11-17.

KASLOW, N. J. e REHM, L. P. "Childhood depression". In: KRATOCHWILL, T. R. e MORRIS, R. J. (ed.). *The Practice of Child Therapy*. Needham Heights: Allyn and Bacon, 1991.

KAUFMAN, J. B. et al. "Schedule for Affective Disorders and Schizophrenia for School-Age Children – Present and Lifetime Version (K-SADS-PL): Initial reliability and validity data". *Journal of the American Academy of Child and Adolescent Psychiatry* 36, nº 7, 1997. pp. 980-88.

KAZDIN, A. E. *Child Psychotherapy: Developing and Identifying Effective Treatments*. Nova York: Pergamon Press, 1988.

——. "Childhood depression". *Journal of Child Psychology and Psychiatry* 31, nº 1, 1990. pp. 121-60.

KENDALL, P. C. (ed.) *Child and Adolescent Therapy: Cognitive-Behavioral Procedures*. Nova York: The Guilford Press, 1991.

KERFOOT, M. "Suicide and deliberate self-harm in children and adolescents. A research update. Research review". *Children & Society* 10, nº 3, 1996. pp. 236-41.

KOVACS, M. "The Emanuel Miller Memorial Lecture 1994. Depressive disorders in childhood: An impressionistic landscape". *Journal of Child Psychology and Psychiatry and Allied Discipline* 38, nº 3, 1997. pp. 287-98.

KOVACS, M. et al. "First-episode major depressive and dysthymic disorder in childhood: Clinical and sociodemographic factors in recovery". *Journal of the American Academy of Child and Adolescent Psychiatry* 36, nº 6, 1997. pp. 777-84.

LONIGAN, C. J., CAREY, M. P. e FINCH, A. J. "Anxiety and depression in children and adolescents: Negative affectivity and the utility of self-reports". *Journal of Consulting and Clinical Psychology* 62, nº 5, 1994. pp. 1000-8.

MANASSIS, K. e HOOD, J. "Individual and familial predictors of impairment in childhood anxiety disorders". *Journal of the American Academy of Child and Adolescent Psychiatry* 37, nº 4, 1998. pp. 428-34.

MARTIN, G. e PEAR, J. *Behavior Modification: What It Is and How to Do It*. 5ª ed. Upper Saddle River: Prentice-Hall, 1996.

MARTIN, R. P. *Assessment of personality and behavior problems: Infancy Through Adolescence*. Nova York: The Guilford Press, 1988.

MATSON, J. L. *Treating Depression in Children and Adolescents*. Nova York: Pergamon Press, 1989.

MAUGHAN, B. e MCCARTHY, G. "Childhood adversitites and psychosocial disorders". *British Medical Bulletin* 53, nº 1, 1997. pp. 156-69.

MAZZA, J. J. "School-based suicide prevention programs: Are they effective?" *School Psychology Review* 26, nº 3, 1997. pp. 382-96.

MCKNEW, D. H. e CYTRYN, L. "Historical background in children with affective disorders". *American Journal of Psychiatry* 130, nº 11, 1973. pp. 1278-80.

MEICHENBAUM, D. *Cognitive-Behavior Modification: An Integrative Approach*. Nova York: Plenun Press, 1977.

——. *Exploring Choices: The Psychology of Adjustment*. Glenview: Scott Foresman, 1988.

MEICHENBAUM, D. e BIEMILLER, A. *Nurturing Independent Learners: Helping Students Take Charge of Their Learning*. Cambridge: Brookline Books, 1998.

—— e JAREMKO, M. E. *Stress Reduction and Prevention*. Nova York: Plenum Press, 1983.

MELLER, W. H. e BORCHARDT, C. M. "Comorbidity of major depression and conduct disorder". *Journal of Affective Disorders* 39, nº 2, 1996. pp. 123-26.

MILLER, A. *Prisoners of Childhood: The Drama of the Gifted Child and Search for the True Self*. Nova York: Basic Books, 1981.

MILLER, P. A. et al. "Longitudinal study of socialization practices from preschool to early childhood". Trabalho apresentado na ata da Convenção Anual de 1991 da Society for Research in Child Development.

MORRISON, H. L. *Children of Depressed Parents: Risk, Identification, and Intervention*. Nova York: Grune & Stratton, 1983.

MURPHY, E. *The Developing Child: Using Jungian Type to Understand Children*. Palo Alto: Consulting Psychologists Press, 1992.

NEMEROFF, C. B. "The neurobiology of depression". *Scientific American* 278, nº 6, 1998. pp. 42-49.

NILZON, K. R. e PALMERUS, K. "The influence of familial factors on anxiety and depression in childhood and early adolescence". *Adolescence* 32, nº 128, 1997. pp. 935-43.

NYE, R. D. *Three Psychologies: Perspectives from Freud, Skinner and Rogers*. 4ª ed. Pacific Grove: Brooks/Cole, 1992.

PERVIN, L. A. (ed.). *Handbook of Personality: Theory and Research*. Nova York: The Guilford Press, 1990.

PETERSON, C., MAIER, S. F. e SELIGMAN, M. E. P. *Learned Helplessness: A Theory for the Age of Personal Control*. Nova York: Oxford University Press, 1993.

PINE, D. S., COHEN, P. e BROOK, J. "The association between major depression and headache: Results of a longitudinal epidemiologic study in youth". *Journal of Child and Adolescent Psychopharmacology* 6, nº 3, 1996. pp. 153-64.

PITCHER, G. D. e POLAND, S. *Crisis Intervention in the Schools*. Nova York: The Guilford Press, 1992.

POLAND, S. *Suicide Intervention in the Schools*. Nova York: The Guilford Press, 1989.

PORTEGIJS, P. J. et al. "A troubled youth: Relations with somatization, depression and anxiety in adulthood". *Family Practice* 13, nº 1,

1996. pp. 1-11.

POZNANSKI, E. O. "Controversy and conflicts in childhood depression". *Journal of Children in a Contemporary Society* 15, nº 2, 1982. pp. 3-10.

PROCTOR, R. W. e WEEKS, D. J. *The Goal of B. F. Skinner and Behavior Analysis*. Nova York: Springer-Verlag, 1990.

PROSSER, J. e MCARDLE, P. "The changing mental health of children and adolescents: Evidence for a deterioration?" *Psychological Medicine* 26, nº 4, 1996. pp. 715-25.

QUINN, B. *The Depression Sourcebook*. Los Angeles: Lowell House, 1997.

RADCLIFFE, J. et al. "Adjustment in childhood brain tumor survival: child, mother, and teacher report". *Journal of Pediatric Psychology* 21, nº 4, 1996. pp. 529-39.

REHM, L. P. "A self-control model of depression". *Behavior Therapy* 8, 1977. pp. 787-804.

RENOUF, A. G., KOVACS, M. e MUKERJI, P. "Relationship of depressive, conduct, and comorbid disorders and social functioning in childhood". *Journal of the American Academy of Child and Adolescent Psychiatry* 36, nº 7, 1997. pp. 998-1004.

REYNOLDS, C. R. e GUTKIN, T. B. (ed.). *The Handbook of School Psychology*. 3ª ed. Nova York: Wiley, 1999.

REYNOLDS, W. M. "Depression in children and adolescents: Phenomenology, evaluation and treatment". *School Psychology Review* 13, nº 2, 1984. pp. 171-82.

—— (ed.). *Internalizing Disorders in Children and Adolescents*. Nova York: Wiley, 1992.

—— e JOHNSTON, H. F. *Handbook of Depression in Children and Adolescents*. Nova York: Plenum Press, 1994.

RINSLEY, D. B. *Treatment of the Severely Disturbed Adolescent*. Northvale: Jason Aronson, 1994.

ROBERTS, A. R. (ed.). *Crisis Intervention Handbook: Assessment, Treatment, and Research*. Belmont: Wadsworth, 1990.

ROBERTS, F. M. *The Therapy Sourcebook*. Los Angeles: Lowell House, 1997.

RONAN, K. R., KENDALL, P. C. e ROWE, M. "Negative affectivity in children: Development and validation of a self-statement questionnaire". *Cognitive Therapy and Research* 18, nº 6, 1994. pp. 509-28.

RUTTER, M., IZARD, C. E. e READ, P. B. *Depression in Young People: Developmental and Clinical Perspectives*. Nova York: The Guilford Press, 1986.

SALER, L. e SKOLNICK, N. "Childhood parental death and depression in adulthood: Roles of surviving parent and family environment". *American Journal of Orthopsychiatry* 62, nº 4, 1992. pp. 504-16.

SALZMAN, J. P. "Primary attachment in female adolescents: Association with depression, self-esteem, and maternal identification". *Psychiatry* 59, nº 1, 1996. pp. 20-33.

SATTLER, J. M. *Assessment of Children*. 3ª ed. San Diego: Jerome M. Sattler, 1992.

———. *Clinical and Forensic Interviewing of Children and Families: Guidelines for the Mental Health, Education, Pediatric, and Child Maltreatment Fields*. San Diego: Jerome M. Sattler, 1998.

SCHARFF, D. E. e SCHARFF, J. S. *Object Relations Family Therapy*. Northvale: Jason Aronson, 1991.

SELIGMAN, M. E. P. *Helplessness: On Depression, Development and Death*. Nova York. W. H. Freeman, 1992.

———, REIVICH, K., JAYCOX, L. e GILLHAM, J. *The Optmistic Child*. Nova

York, HarperPerennial, 1996.

——. *Learned Optimism*. Nova York: Knopf, 1991.

SHAFII, M. e SHAFII, S. L. *Clinical Guide to Depression in Children and Adolescents*. Washington, D.C.: American Psychiatric Press, 1992.

SHAH, F. e MORGAN, S. B. "Teachers' Ratings of Social Competence of Children with High Versus Low Levels of Depressive Symptoms". *Journal of School Psychology* 34, nº 4, 1996. pp. 337-49.

SHIRK, S. R. e RUSSELL, R. L. *Change Processes in Child Psychotherapy: Revitalizing Treatment and Research*. Nova York: The Guilford Press, 1996.

SPITZ, R. A. e WOLF, K. M. "Anaclitic depression; an inquiry into the genesis of psychiatric conditions in early childhood, II". *Psychoanalytic Study of the Child* 2, 1946. pp. 313-42.

STARK, K. D. *Childhood Depression: School-Based Intervention*. Nova York: The Guilford Press, 1990.

TAYLOR, G. J., BAGBY, R. M. e PARKER, J. D. A. *Disorders of Affect Regulation: Alexithymia in Medical and Psychiatric Illness*. Cambridge: Cambridge University Press, 1997.

THIENEMANN, M., SHAW, R. J. e STEINER, H. "Defense style and family environment". *Child Psychiatry and Human Development* 28, nº 3, 1998. pp. 189-98.

THOMAS, A. e GRIMES, J. (ed.). *Best Practices in School Psychology*. 3ª ed. Washington, D.C.: The National Association of School Psychologists, 1995.

TRAD, P. V. *Infant and Childhood Depression: Developmental Factors*. Nova York: Wiley, 1987.

TYLER, V. E. *Herbs of Choice: The Therapeutic Use of Phytomedicinals*.

Binghamton: Haworth Press, 1994.

WEBSTER's *Medical Desk Dictionary*. Springfield: Merriam-Webster, 1986.

WEEMS, C. F., HAMMOND-LAURENCE, K., SILVERMAN, W. K. e FERGUSON, C. "The relation between anxiety sensitivity and depression in children and adolescents referred for anxiety". *Behaviour Research and Therapy* 35, nº 10, 1997. pp. 961-66.

WEISS, B., SUSSER, K. e CATRON, T. "Common and specific features of childhood psychopathology". *Journal of Abnormal Psychology* 107, nº 1, 1998. pp. 118-27.

WHYBROW, P. C. *A Mood Apart: Depression, Mania and Other Afflictions of the Self*. Nova York: Basic Books, 1997.

—— e PARLATORE, A. "Melancholia, a model in madness: A discussion of recent psychobiologic research into depressive illness." *International Journal of Psychiatry in Medicine 4*, nº 4, 1973. pp.351-78.

WINNICOTT, C., SHEPHARD, R. e DAVIS, M. (ed.). *Psychoanalytic explorations: D. W. Winnicott*. Cambridge: Harvard University Press, 1989.

WOLFE, V. V. et al. "Negative affectivity in children: A multitrait-multimethod investigation". *Journal of Consulting and Clinical Psychology* 55, nº 2, 1987. pp. 245-50.

WORKMAN, C. G. e PRIOR, M. "Depression and suicide in young children". *Issues in Comprehensive Pediatric Nursing* 20, nº 2, 1997. pp. 125-32.

ZAHN-WAXLER, C. e RADKE-YARROW, M. "The origins of empathetic concern". *Motivation and Emotion* 14, nº 2, 1990. pp. 107-30.

ZEANAH, C. H. (ed.). *Handbook of Infant Mental Health*. Nova York: The Guilford Press, 1993.

ÍNDICE

absenteísmo, 179
 intervenções para, 211
abuso
 infantis, 119
aconselhamento genético, 67
aconselhamento, 36, 37, 115, 116, 126
 diferenças entre crianças e adultos na, 115, 118
 objetivos do, 118, 121,122
 processo, 119, 120
 término, 120-121
 tipos de, 126-131
adaptação, 8, 45
adolescência, 7, 8, 30, 31, 32, 34, 247, 248
adolescentes. *Ver* adolescência.
afetividade negativa, 34, 35, 84, 85
 Ver também, ansiedade, e depressão.
afeto. *Ver* emoções.
agressão, 162, 171, 182
 funcional, 173

intervenção, 133, 174, 175
 para lidar com situações, 92, 172
 tipos de, 173
Ainsworth, Mary, 48, 49
alucinações, 33
ambiente menos restritivo, 138, 195
ambientes sem internação, 136
American Association of Suicidology, 163
American Board of Professional Psychology (ABPP), 110, 111
American Counseling Association (ACA), 107
American Foundation for Suicide Prevention, 163
American Psychological Association, 110, 111
amizades, 181, 182
Anafranil, 132
ansiedade com estranhos, 49, 50

ÍNDICE

ansiedade na separação, 49, 50, 87, 88, 225
ansiedade
   e vínculo. *Ver* vínculo.
   diagnóstico da, 83, 88
   tratamento medicamentoso da, 138
   separação. *Ver* ansiedade da separação.
   estranho. *Ver* ansiedade do estranho.
   sintomas da, 85, 86
   e depressão, 6, 33, 34, 73
antidepressivos, 68, 69, 231
   carbonato de lítio. *Ver* carbonato de lítio.
   inibidor de reabsorção serotonina-específico (IRSR), 69, 132, 133, 136, 218, 219
   inibidores de monoamina oxidase (IMAOs), 133
   tricíclicos (TCA), 131, 132
apoio social, 64
   perda de, 12
aprendizado de tentativa e erro. *Ver* condicionamento operante.
área de atuação, 143
armas de fogo, 157-158
armas. *Ver* armas de fogo.
armazenamento, 54, 55
Artigo 504, 201, 203

e depressão, 203, 204
Assistente Social Independente Certificado, 108-109
assistentes sociais, 108-109
Associação Nacional de Assistentes Sociais, 109
ateiam fogo, 96
atenção
   buscando, 162, 175,
   seletiva, 61
Ativan, 135
atividade
   cotidiana, 10, 38
   escolar. *Ver* atividade escolar.
   problemas de, 31
atraso, 179
   intervenções para, 211
auto-avaliação, 78
autoconsciência. *Ver* diferenciação.
auto-estima, 21, 60, 64, 220
automedicação, 101
autonomia, 49
avaliação ampla, 39, 40
avaliação comportamental funcional, 38, 199
avaliação padrão, 36, 39
Bandura, Albert, 75, 129. *Ver também* teoria do aprendizado social.
Beck, Aaron, 79

behaviorismo. *Ver* condicionamento operante.
Beta-bloqueadores, 173
Bowlby, John, 6, 48, 54, 129
Bronfenbrenner, Urie, 129
buscando sensações, 33
Buspar, 135, 173
Buss, Arnold, 51
Centrax, 135
Chess, Stella, 51
Cicchetti, Dante, 55, 56, 60, 68, 63
cláusulas de mordaça, 147
clima político, 62
clínico, 146
clínicos. *Ver* médicos; orientadores; assistentes sociais; psicólogos.
comorbidade
  incidência de, 83-85
comportamento agressivo, 172
comportamento parassuicida, 152
comportamento
  controle, 54
  organizar do, 50
compulsões. *Ver* distúrbio obsessivo-compulsivo.
concentração, 42
condicionamento clássico, 72, 73
condicionamento operante, 72, 74

Ver também recompensas, punições, terapia comportamental.
confiança, 46
confidência, 117, 118-122, 195
Conselho Nacional de Orientadores Certificados (CNOC), 105, 106
consequências lógicas, 176
consideração sobre si mesmo, 128, 179, 235
consulta, pré-encaminhamento, 205, 206
controle de tempo, 76
correndo risco, 155
CRF (fatores neurotransmissores serotonina), 70, 71, 162
criança, 46, 48, 49, 50, 238
crianças
  no ensino fundamental e médio, 185, 189
  pré-escolar, 182-185
criminalidade. *Ver* distúrbio de conduta.
críticas, aceitando, 210
cromossomos, 66, 67
Cyrano de Bergerac, 18
Cytryn, Leon, 6
dedução arbitrária 79, 222
déficit de aquisição, 181
déficit de desempenho, 181

ÍNDICE

delinquência. *Ver também* distúrbios de conduta; agressão.
demora-para-esquentar. *Ver* temperamento.
dependência, 49
dependência, sentimentos de intenso, 46
depressão dos pais. *Ver* família, psicopatologia.
depressão encoberta, 7
depressão
   avaliação da, 35-42
   causas da
      biológicas, 7, 22, 31
      de desenvolvimento, 7, 44
      de estresse, 10, 14
      do ambiente, 6, 22, 31, 37
      genéticas, 6, 36, 64, 66, 161
   conceitos equivocados sobre, 3
   critérios de diagnóstico, 5, 22-30
   diferenças entre adultos e crianças quanto aos sintomas da, 5, 7-10
   episódios
   frequência da, 7
   identificação da,
      precoce, 8, 151
   lidando com, 13, 141, 154
   manifestação da, 2
   prevenção da, 43, 143
   primeiros critérios, 5, 6
   processo de diagnóstico, 10, 16, 17, 36, 42, 122, 138
      depressivos, 17-20, 26, 82
      maníacos, 20-22
   sintomas da, 15-22, 35, 36, 70
      comportamentos, 19, 223, 224
      pensamentos, 17-18, 31, 42
      psicológicos, 19, 20
      sentimentos, 16, 19, 32, 225, 226
   tratamento da. *Ver* tratamento da depressão.
   tipos de
      afetividade negativa. *Ver* afetividade negativa.
      bipolar. *Ver* distúrbio bipolar, 2
      depressão agitada, 33, 55, 56
      depressão atípica, 134
      depressão dupla, 33, 84
      depressão encoberta, 3-5
      depressão endógena, 32, 33
      depressão exógena, 32, 33
      depressão grave, 22-24, 29, 33, 169
      depressão morosa, 33, 56
      depressão neurótica, 32

depressão psicótica, 32
depressão reativa, 11, 12, 32
depressão situacional, 32
distimia. *Ver* distúrbio
distímico
   distúrbio ciclotímico. *Ver*
   distúrbio ciclotímico.
   maníaco-depressivo. *Ver*
   distúrbio bipolar.
   unipolar, 1
   vulnerabilidade à,
     biológica, 13, 34
     genética, 11-12
depressogênico. *Ver* organização depressotípica.
desamparo aprendido, 81, 127, 244-245
   Ver também Seligman, Martin.
desatenção, 97-98
descoberta de crianças, 187-188
dessensibilização sistemática, 128
desenvolvimento
   adolescente, 9. *Ver também* adolescentes.
   ao longo da vida, 46
   emocional, 4
   perspectivas de tratamento, 129-130, 227-229
   primeiras tarefas do, 13, 55-59, 83, 226
desequilíbrio químico, 68
Desyrel, 132

devaneio, 180
diátese, 12, 13, 32, 65, 228, 238
diferenciação
   afeto, 57-58
   si mesmo e os outros, 48, 58-60, 62, 172
dificuldades sociais, 178-180
discussão de incidente crítico, 169-170
discutir o histórico, 36
distração, 21
distúrbio bipolar
   conversão para, 10
   diagnóstico do, 26-28
   e genética, 67
   episódios
     hipomaníaco, 26, 29
     maníaco, 1-2, 21, 26, 27, 28
   incidência, 67-68
   sintomas do
     comportamentos, 21-22
     fisiológico, 22
     pensamentos, 20-21
     psicótico, 32
     sentimentos, 21
   tipos de
     bipolar I, 26
     bipolar II, 26
     ciclotimia. *Ver* distúrbio ciclotímico.
   tratamento medicamentoso do, 130-139

distúrbio ciclotímico, 16, 29-30
distúrbio de ansiedade generalizada (DAG), 92
distúrbio de conduta, 95, 96, 97, 98, 173
distúrbio de pânico, 88-89, 90
 tratamento médico do, 130
distúrbio distímico, 24-25, 33, 84
distúrbio obsessivo-compulsivo (DOC), 90, 91, 172
 tratamento médico do, 131, 132
distúrbio oposicionista-desafiador (DOD), 94-95-96
distúrbios alterador, 92-98
distúrbios de ajuste, 11
DNA (ácido desoxirribonucléico), 66
dois terríveis, 49
drogas
 ilícitas. *Ver* substâncias.
 para tratamento. *Ver* medicamentos.
DSM-IV (Diagnostic and Statistical Manual of Mental Disorders, Fourth Edition), 15-16, 19, 31,32, 83, 190, 191, 223
ecologia da criança. *Ver* família.
educação especial, 184-201
 decidindo sobre colocação, 200,201

elegibilidade para, 189, 190
encaminhamento para, 205, 206- 210, 211
serviços relacionados, 196,197
efeito da lua-de-mel, 140
efeitos colaterais da medicação, 131-135
Effexor, 70, 133
Eisenberg, Nancy, 174
eixo HHA (hipotalâmico-hipofisário-adrenal), 70,71
Elavil, 131
Elliott, Stephen, 182
Ellis, Albert, 17, 77,79
emocional
 inabilidade, 193,194
 inteligência, 37
emoções
 como linguagem (comunicação), 52, 58
 controle das, 44, 227, 244
 desenvolvimento (organização) das, 50-52, 60, 63
 expressão das, 60
 funções da, 53
 Ver depressão, sintomas da, sentimentos.
emotividade, 51
empatia, 38, 59, 174-176, 183
energia, falta de. *Ver* fadiga.

EPGA (educação pública gratuita e adequada), 195, 202, 203
equipe multidisciplinar, 188, 202
Erikson, Erik, 46, 129
Escala de Inteligência para Crianças de Wechsler, 40
escala para avaliação do professor, 37
escola
 comunidade, 61
 disciplina, 198, 199
 envolvimento dos pais, 42, 210, 211, 248
 funcionamento, 37, 65, 84,85
 largar a, 180
 série, 197
 serviços, 61, 64, 104
 Ver também educação especial.
escolhas, 243, 244
escolhendo um terapeuta, 110-113
espaço pessoal, 182
esquema. *Ver* objetos.
esquizofrenia (através de distúrbios), 32, 37, 95,86
estágio oral, 46
estimulação, 59, 60
estresse, 10-13, 71
 inoculação, 161, 240
etiquetar, 239

etólogos, 48
exame da situação mental, 38
execração, 78
exigência, 78
exossistema, 62-63, 228-230
expressar-se. *Ver* distúrbios alteradores.
Fadiga, 20
faltar às aulas, 96
família
 em crise, 61, 176, 177, 247
 estresse, 228-230, 247-248
 histórico, 61, 65, 99, 100, 247, 248
 psicopatologia, 61
farmacoterapia. *Ver* tratamento da depressão, medicamentos.
fenômeno do aparecimento, 172
ferimento na cabeça. *Ver* lesão cerebral traumática.
figuras de autoridade, 59
fobia
 diagnóstico da, 88, 89
 social, 89, 90
folie du doute. *Ver* mania de dúvida.
Freud, Sigmund, 3-4, 44-46, 129, 242
fuga, 96, 176, 177
gêmeos, 67
generalização excessiva, 79, 80, 222

glândula, 70
Grande Depressão, 63
grandiosidade, 21
gratificação oral, 46-47
Gresham, Frank, 182
habilidades organizacionais, 181
habilidades sociais, 119, 182-183, 242
Harlow, Harry, 46-47
HCFA (Administração de Financiamento de Tratamento de Saúde), 147
higiene, 214, 215
hiperatividade, 96, 97
hiperfolin, 136
hipericin, 136
hipersônia, 20, 246
hipófise, 70
hipotálamo, 70
histórico de depressão infantil, 3-5
homeostase, 56, 57
hormônios, 66, 70, 71
humilhação pública, 160
id, 44
ilusões, 32
IMAOs (inibidores demonoamina oxidase), 69, 133, 134
imitação, 58
impressão, 47-48
impulsividade, 22, 57, 97
Inderal, 173
indução, 174-175

iniciativa na educação regular. *Ver* movimento de inclusão.
insônia, 20
interação
  pai-filho, 48-53, 59, 158, 159, 232-247
interferência arbitrária, 79, 222
internação psiquiátrica, 141, 142, 170, 171, 180
interromper o pensamento, 81, 233-235
inutilidade, sensação de, 17-18
ISRE (inibidor de reabsorção serotonina-específico). *Ver* antidepressivos.
Klonopin, 135
Kovacs, Maria, 5-8
Kraeplin, Emil, 9-11
Lei de Educação de Indivíduos com Deficiências, 185, 186
  Ver também educação especial.
Lei dos Americanos com Deficiências. *Ver* Seção 504.
Lei Pública 94-142. *Ver* Lei de Educação de Indivíduos com Deficiências.
lesão cerebral traumática, 40-41, 192
Levantamento de Depressão Infantil, 37

Levantamento de Personalidade para Crianças, 36
Levantamento Multifásico de Personalidade de Minnesota – Adolescentes, 38
Librium, 135
ligação. *Ver* vínculo.
Lista de Comportamento Infantil de Achenbach, 37
Lorenz, Konrad, 47, 48
lutar ou fugir, 70
Luvox, 70, 133
macrossistema, 63, 65, 116
magnificação e minimização, 80, 225
Mahler, Margaret, 48
mania de dúvida, 91
maníaco-depressivo. *Ver* distúrbio bipolar.
mau humor, 215
mecanismos de defesa, 44, 140
medicação. *Ver* tratamentos da depressão, medicação.
médicos da família. Ver médicos.
médicos, 113-115, 130
e não-médicos, 105-106
médicos, *Veja* médicos
medos, normais, 86, 87
Meichenbaum, Donald, 77, 80, 161, 233-240
memória, 41

microssistema, 61, 65, 228, 229
milfurada, 137, 138
modelos animais de depressão, 47, 71, 72
modificações no trabalho escolar, 210-214
monitoramento diário, 76
monoaminas, 71, 72
morte de um ente querido, 10, 54, 160
movimento de inclusão, 189
mudança, 10, 73, 125, 161, 219
não-identificação, 8
não-médicos. *Ver* orientadores; assistentes sociais; psicólogos
Nardil, 133
necessidades básicas, 51, 57, 66, 245-247
Nemeroff, Charles, 71
neuropsicologia, 40-41
neurotransmissores, 68-70, 162, 173
noroepinefrina, 68, 69
Norpramin, 132
objetivo do tratamento. *Ver* plano de tratamento.
objetos, internalização de, 44, 58, 59, 227
organização depressotípica (depressogênica)

Orientador Profissional Certificado (OPC), 108
orientadores, 107, 108, 123
otimismo, 76, 234
outros problemas de saúde, 194
PAF (Programa de Auxílio ao Funcionário), 150, 151
pais, 11, 46
  e alcoolismo, 71-73
  intervenções afetivas, 237, 238,
  intervenções cognitivas, 233-237
  intervenções comportamentais, 239-245
  intervenções de desenvolvimento, 245-247
Pamelor, 132
Pavlov, Ivan, 72-74
Paxil, 70, 133
PEI (Plano de Educação Individualizada), 194-199
pensamento
  erro no, 17-18, 20, 21, 79, 128
  interno-estável-global, 79, 80
  irracional, 76, 77, 91, 161, 225, 226
  negativa, 34, 76, 77
  subjetivo, 17, 74, 75
pensamentos autodepreciativos, 89, 155, 220
pensamentos rápidos, 20
perda de pessoas, 31, 62, 125, 159, 160, 221
Ver também morte.
período crítico, 48
personalidade
  desenvolvimento da, 44-45, 84
  distúrbios de, 94-96
personalização, 78, 225
perturbação do sono. *Ver* hipersonia; insônia.
Piaget, Jean, 129, 232
PKU (fenilcetonúria), 189
Plomin, Robert, 51
prazer
  aumentando, 74. *Ver também* pais.
  envolvimento excessivo, 21
  perda do, 19. *Ver também* anedonia.
pré-escola
  atraso moderado e grave, 190
  atrasos na conversação/linguagem, 190
  exame. *Ver* descoberta de crianças.
preocupação, 46, 89, 92, 233, 234
problemas acadêmicos, 40, 172-181
problemas de aprendizado, 39-40, 193

problemas de conversação/linguagem, 191
problemas físicos, 5
processo judicial, 187-188
prognóstico. *Ver* resultados.
programas de tratamento diário, 139, 140
programas de tratamento noturno. *Ver* programas de tratamento diário.
promiscuidade, 33
Prozac, 70, 133
PSFI (Plano de Serviço Familiar Individualizado), 188, 189
psicanálise. *Ver* terapia introspectiva.
psicólogos ecológicos, 128
psicólogos, 109, 110
psicomotora
　agitação, 19, 21, 32, 97
psicoterapia. *Ver* aconselhamento.
psiquiatras. *Ver* médicos.
punição, 71, 207. *Ver* também condicionamento operante; terapia comportamental
questionários, 36-38
raciocínio tudo-ou-nada, 78, 79, 225
raiva, intervenções para, 207
reaproximação, 49
recaída, 9, 10, 84

recarregamento emocional, 49
reclusão, 5-6, 175
recompensas, 72, 212. *Ver também* condicionamento operante; terapia comportamental.
reconsideração, 79, 236, 237
regulação
　auto-regulação, 57, 64
　fisiológica, 57
Rehm, Lynn, 242
relações interpessoais, 59, 227
relações
　criança-terapeuta, 127
　pai, escola, 206-210
　pai-criança, 175
　pai-terapeuta, 115, 116
　professor-criança, 160
relatório de avaliação psicológica, 41-42
relatório de avaliação. *Ver* relatório de avaliação psicológica.
resultados
　de comorbidades, 84, 85, 97
　de consulta, 208
retardo mental, 193-194
revisão da utilização, 146
revoada de ideias, 20
segurança
　física, 50
　psicológica, 50

seguro, 144-151
　de pagamento pelo serviço, 1344, 145
　OCS (Organização de Conservação da Saúde), 149, 150
　OMP (Organização de Médicos Preferenciais), 148, 149
　planos de saúde, 145-147
　requisição, 29
Seligman, Martin, 17, 77, 81
Serax, 135
serotonina, 68, 69, 161, 170
serviços comunitários de saúde mental, 61, 108, 142, 143
serviços extensivos, 62, 63. *Ver também* escolas.
Serzone, 70, 133
sinapse, 68, 69
Sinequan, 131
sintomas somáticos. *Ver* depressão, sintomas da, psicológicos.
sintomas vegetativos. *Ver* depressão, sintomas da, psicológicos.
Sistema de Avaliação Comportamental para Crianças, 36, 37, 38
sistema nervoso central, 12
Skinner, B. F., 74

Ver também condicionamento operante; terapia comportamental.
sociabilidade, 51
socialização, 63
Spitz, René, 6
status socioeconômico (SSE), 61
substâncias
　dependência de, 99-101
　distúrbios relacionados, 99-101
　uso excessivo de, 99, 100
　uso pelos pais de, 58
suicídio, 153, 173
　causas do, 62-64
　e escolas, 163, 164
　falando sobre, 162, 163
　incidência de, 156, 157
　intervenção, 164-168
　pensamentos sobre (ideação), 18, 141, 178, 179
　plano, 155, 156
superego, 4, 44-45
TCA (antidepressivos tricíclicos). *Ver* antidepressivos.
TDAH (transtorno de déficit de atenção/ hiperatividade), 96, 97, 191
telefone de emergência para crises, 164

temperamento
  deprimido, 16, 22, 24, 33
  distúrbio de, 15
  intensidade do, 51
  labilidade, 134, 211, 212
temperamento, 51, 52
  tipos de, 51
tempo de recuperação, 11
teoria do aprendizado social, 71-76
teorias de depressão
  biológica, 64, 69, 84
  comportamental, 71-74
  de desenvolvimento, 44-65
  diátese-estresse, 11-13, 32, 217, 228
  modificação cognitiva de comportamento, 78, 245
  racional emotiva, 17, 77- 79
  Ver também, Ellis, Albert.
  teoria cognitiva, 17, 76, 81
  Ver também, Beck, Aaron.
terapia cognitiva, 129, 130
terapia comportamental, 71-75, 128, 129
terapia de jogos, 111, 128, 131, 132
terapia introspectiva, 45, 46, 116-128
terapia. *Ver* tratamento da depressão.
Teste de Apercepção Temática, 39

teste de completar frases, 39
teste de desempenho acadêmico, 40
Teste de Desempenho de Woodcock-Johnson, 41
Teste de Desempenho Individual de Wechsler, 41
teste do borrão. *Ver* Teste Psicodiagnóstico de Rorschach.
Teste Psicodiagnóstico de Rorschach, 39
testes de banda estreita, 38
testes de banda larga, 37
testes de inteligência, 38-40
testes de personalidade, 38
Thomas, Alexander, 52
Tofranil, 132
tolerância a frustrações, 180
toque reconfortante, 47, 64
Tranxene, 135
tratamento da depressão, 16, 43, 101
  medicação (farmacológica), 33, 36, 112, 131-136, 230, 231
  médicos no, 103-110
  preparação para, 137-144
  terapia da conversa. *Ver* aconselhamento.
tratamento residencial, 139-141
tratamento
  integridade, 208, 209

plano, 40, 139-142
validade, 207
treinamento de autocontrole, 214, 241, 242
treinamento de relaxamento, 75
tríade negativa, 78
Valium, 135
variáveis culturais, 63
vida no campo, 62
vínculo, 5, 46-51
   e agressão, 173
   inseguro-esquivo (ansioso--esquivo), 49-50, 53, 58
   inseguro-resistente (ansioso--resistente), 49-50, 53, 58
   perda do, 12, 53, 54
   seguro, 49-50, 53, 56, 58, 59, 99, 227, 246
Vygotsky, Lev, 129, 242
Weinberg, Warren, 3
Wellbutrin, 133
Western Psychiatric Institute and Clinic, 5
Whybrow, Peter, 12
Winnicott, D. W., 4
Xanax, 135
Zoloft, 70, 133
zona de desenvolvimento proximal, 233-242